21世纪经济管理新形态教材
航空物流系列

航空货物运输

刘 彬 袁 媛 ◎主 编
祁 宁 赵礼强 ◎副主编

U0360444

清華大學出版社
北 京

内 容 简 介

　　本书介绍了航空货物运输的基本知识，深入阐述了航空货物运输的各个环节，包括货物接收、进出口流程、特种货物运输、货物的不正常运输、航空运价和运费等，并探讨了未来的发展趋势。书中涵盖了航空货物运输领域的重要概念和实践案例，具有一定的理论性和实用性，旨在为学生、从业者和研究人员提供参考，帮助他们深入探讨航空货物运输的关键问题。书中每章均配有习题、案例和相关阅读资料，便于学生理解和应用相关知识，具有一定的创新性和可操作性。

图书在版编目（CIP）数据

　　航空货物运输/刘彬，袁媛主编. —— 北京：清华
大学出版社，2024.7. —— (21世纪经济管理新形态教材).
　　ISBN 978-7-302-66588-5

　　Ⅰ．F560.84

　　中国国家版本馆 CIP 数据核字第 2024FK8151 号

责任编辑：陆浥晨
封面设计：汉风唐韵
责任校对：王荣静
责任印制：丛怀宇

出版发行：清华大学出版社
　　　　　网　　　址：https://www.tup.com.cn，https://www.wqxuetang.com
　　　　　地　　　址：北京清华大学学研大厦 A 座　　　　　邮　　编：100084
　　　　　社 总 机：010-83470000　　　　　　　　　　　邮　　购：010-62786544
　　　　　投稿与读者服务：010-62776969，c-service@tup.tsinghua.edu.cn
　　　　　质 量 反 馈：010-62772015，zhiliang@tup.tsinghua.edu.cn
　　　　　课 件 下 载：https://www.tup.com.cn，010-83470332
印 装 者：三河市人民印务有限公司
经　　销：全国新华书店
开　　本：185mm×260mm　　　　　印　张：16.75　　　字　　数：403 千字
版　　次：2024 年 7 月第 1 版　　　　　　　　　　印　　次：2024 年 7 月第 1 次印刷
定　　价：49.00 元

产品编号：097050-01

前　言

一直以来，民航业都是以客运为主、货运为辅的模式运营。随着经济的发展，航空货运开始在民航业中崭露头角，航空运输的货物已经不局限于最初的航空邮件，而是逐渐深入社会需求的方方面面，在冷链物流、跨境电商等行业都出现了航空货运业务。自2018年以来，国务院办公厅、民航局、国家发改委、交通运输部等部门陆续出台了多个政策文件，鼓励航空公司和机场发展航空货运业务。在国家政策的支持和引导下，航空公司积极向第三方物流转型，而快递企业、货运代理企业开始向航空承运端延伸，积极加强航空运输能力建设。由此可见，航空货运作为现代物流体系的重要组成部分，在我国的内外贸易中承担着重要的责任，并成为国内国际双循环的重要力量。因此，航空货运人才培养尤显重要。为此，我院组织相关专家、教师，通过对市场的调研和相关研究的梳理，在多年教学经验的基础上，编写了这本教材，力求本书能够适应人才培养的需要。

在编写过程中，秉承理论联系实际、以行业标准为基准、求真务实的基本原则，每章均设置了相应的案例作为引导，既强调理论的重要性，又兼顾了实际的应用，同时参阅了行业标准来设置相应的内容，力求追踪当前航空货运发展状况来撰写本书。

本书共分为九章：第1章航空货物运输概述；第2章航空货运代理；第3章航空货物运输的构成要素；第4章航空货物收运及检查；第5章航空货物进出口流程；第6章货物运输与交付；第7章特种货物运输；第8章货物的不正常运输与赔偿；第9章航空货物运价与运费。本书整合了国内和国际航空货运的内容，基本上涵盖了航空货运的各个流程，具有一定的理论性和实用性，同时，每章均配有习题、案例和相关阅读资料，便于学生对相关知识的理解和应用，具有一定的创新性和可操作性。

本书由沈阳航空航天大学的刘彬教授、袁媛副教授担任主编，祁宁副教授、赵礼强教授担任副主编，刘彬教授负责统稿和定稿。各章节具体分工如下：第1章，赵礼强；第3、第4章，刘彬；第2、第6、第9章，袁媛；第5、第7、第8章，祁宁。本书的出版得到了清华大学出版社的大力支持，我们对编辑的辛勤工作表示衷心的感谢。编写中，我们参考了大量的文献资料，在此，我们向参考过的文献的作者们表示最诚挚的谢意。由于时间仓促，编者水平有限，书中疏漏与不当之处在所难免，敬请广大读者批评指正。

本书配有精心制作的教学课件，读者可到清华大学出版社网站下载。

编　者
2023年12月

目 录

第 1 章

航空货物运输概述

【学习目标】

- 掌握航空货物运输的概念及特点；
- 掌握航空货物运输的分类；
- 掌握航空货物运输的业务流程；
- 了解航空运输行业组织及相关法律；
- 了解航空货运的发展。

顺丰航空的国内国际双布局

2022 年 6 月 16 日，随着第 72 架全货机（B-222D、B767-300BCF）正式投入运行，顺丰航空宽体机比例持续扩大，机队运能快速提升，为优化国内航线网络、拓展国际航线范围提供了关键支撑。航空是顺丰的核心竞争力之一，顺丰在 2021 年的航空总货运量高达 192 万吨，占全行业总货运量的 26%以上，其中国内货运量占全国航空货邮运输量的 35.5%。航空也是顺丰全球化的重要利器。受消费升级、制造业转型升级、全球供应链重构等影响，跨境航空物流需求持续保持旺盛，航空物流在全球供应链中的重要地位愈发凸显。同时，我国空运货物结构也在发生显著变化，在出口货物中，高科技产品、消费品、制造业设备、生物医药、汽车及零部件等高附加值、高时效性商品货量快速提升，增速均在 20%以上，我国航空物流逐渐迈入高质量发展阶段。加快构建国际物流供应链体系，特别是加快发展航空货运、打造"全球 123 快货物流圈"已经成为国家的重要战略，顺丰也将此作为自身发展的主要方向。

近年来，顺丰航空已构建以深圳、杭州为双枢纽，辐射全国的货运航线网络，点对点的运输方式正在向枢纽辐射式进化。截至 2021 年年末，顺丰航空作为国内最大的货运航空公司，覆盖 53 个国内站点。2022 年 1 月 17 日，顺丰航空"乌鲁木齐—西宁—杭州"货运航线正式开通运行，这是顺丰航空在西宁开通的首条经营性质的全货运航线。目前，顺丰航空的货运航线网络已覆盖国内 30 余个城市。

此外，顺丰航空积极响应国家"一带一路"的倡议，已逐步搭建起覆盖国内、辐射亚洲、触达欧美的货运航线网络，陆续开通了由国内飞往德国法兰克福、比利时列日、克罗地亚萨格勒布等地的欧洲航线。2021 年，顺丰航空开通"深圳—洛杉矶"定期货运航线。截至 2021 年年末，顺丰通达 35 个国际及地区站点，全球累计运营 111 条航线，5.78 万次航班。2021 年财务报告显示，由于顺丰国际快递、顺丰丰豪及新夏晖供应链业务的增长，和四季度嘉里物流营收并表，导致其供应链及国际业务快速扩张。对于即将落成的鄂州机场，顺丰制订了 2022 年以东南亚为核心的出海计划，将开通鄂州始发 9 条国际直飞航线，连接日韩、亚太、欧洲及北美，逐步完善全球化布局。

（资料来源：顺丰航空的当打之年. https://www.sohu.com/a/544589399_100226593）

【案例思考题】

（1）随着世界经济形式的变化，顺丰航空做了哪些工作？

（2）航空货运在经济发展中的作用是什么？

（3）通过案例，进一步分析航空货运货物类型、经营方式等。

1.1　航空货物运输基础知识

1909 年 11 月 16 日世界第一家商业性民用航空运输公司——德国飞船运输有限公司的成立，宣告了民航运输已经走进了人类的生产和生活。随着时代的进步、国际贸易的蓬勃发展，世界市场在不断变迁，产品多样化、个性化需求也在快速增长，我国航空货物运输业也在随之发生着翻天覆地的变化，从经营主体、经营模式到货运流程、货物形态都在发生着巨大的改变。一方面，国家经济转型和制造业的升级在不断推进，人们的生活水平有了极大的提高，生活和消费方式都有了显著的变化，商业活动、电子商务、跨境电商、应急救援等无不对航空货运的发展提出了越来越多的需求；另一方面，数字化、信息化、智能化技术的不断进步和应用也为航空货运的发展提供了积极的支持。可以说，航空货物运输已经成为了当今重要的运输形式之一，未来仍将在运输界扮演重要的角色。

1.1.1　航空货物运输的概念及特点

1. 航空货物运输的基本概念

航空货物运输，也叫航空货运或空运，是使用飞机、直升机及其他航空器运送物资从一地到另一地，实现物在空间上的位移，也是现代物流的重要组成部分，其提供的是安全、快捷、方便和优质的服务，是一种高速、快捷的运输方式，也是当今世界上最为现代化的运输方式。拥有高效率和能提供综合性物流服务的航空货运站在降低商品生产和经营成本、提高产品质量、保护生态环境、加速商品周转等方面将发挥重要作用。因此，除了货物外，航空货运站、航空货运飞机、航空货运设施与设备是航空货运的构成要素。

航空货物运输的经营范围是定期航班和不定期航班的货物、邮件、航空快递的收运、承运、到达与交付。其中，货物包括高附加值、深加工、技术密集型、适时生产的产品、普通货物、急件货物、特种货物、鲜活易腐货物、贵重物品、危险品、活体动物等。

我国航空货物运输主要服务于五个行业：鲜活产品（如水果、鲜花）、精密机械产品（如医疗器械）、电子产品（如计算机）、商务文件、通信产品（如手机）。随着服务开放的不断深入，书籍、药品、软件、玩具等也已逐渐成为航空物流的服务行业。

2. 航空货物运输的特点

（1）运送速度快

运送速度快是航空货物运输的最大特点和优势，并且距离越长，所能节省的时间越多，其快速的特点也越有优势，从而使货物在途风险降低，因此许多贵重物品、精密仪器、急件运输、鲜活易腐货物等也往往采用航空运输的形式。当今国际市场竞争激烈，航空运输所提供的快速服务也使得供货商可以对国外市场瞬息万变的行情即刻做出反应，迅速推出适销产品占领市场，获得较好的经济效益。随着近年来我国民航运输业对先进机型的不断引进，速度快的特点也会更加明显。

（2）不受地面条件影响，机动性强

航空运输利用天空这一自然通道，不受地理条件的限制，对于地面条件恶劣、交通不便的内陆地区非常适合，有利于当地资源的出口，促进当地经济的发展。航空运输使本地与世界相连，对外的辐射面广，而且航空运输与公路运输及铁路运输相比占用土地少，对寸土寸金、地域狭小的地区发展对外交通无疑是十分适合的。另外，应急救援、灾区的应急物资供应，偏远地区的医疗急救，近海油田的后勤支援，多数情况也需要依靠航空运输来完成。

（3）安全性好、破损率低

与其他运输方式比，航空运输的安全性较高。飞机发生事故的概率是 $0.05‰\sim0.1‰$，远远低于地面或水上运输，即安全系数比较高。由于现代喷气式运输机的飞行高度一般在 1 万米以上，不受低空气流的影响，飞行平稳，可以减少运输过程中由于挤压等原因造成的货物损坏现象。另外，航空公司的运输管理制度也比较完善，货物的破损率较低，如果采用空运集装箱的方式运送货物，则更为安全。因此，航空货运更适用于精密仪器及价值高、易碎货物等的运输。

（4）节约包装、保险、利息等费用

由于采用航空运输方式，货物在途时间短，周转速度快，企业库存可以相应地减少，一方面有利于资金回收，减少利息支出；另一方面，企业仓储费用也可以降低。另外航空货物运输安全、准确，货损、货差少，保险费用较低。与其他运输方式相比，航空运输的包装简单，包装成本减少。这些都会使企业隐性成本下降，收益增加。

当然，航空运输也有自己的局限性，主要表现在航空货运的运输费用较其他运输方式更高，不适合低价值货物；航空运载工具，即飞机的舱容有限，对大件货物或大批量货物的运输有一定的限制；飞机飞行安全容易受恶劣气候的影响等。对于使用航空运输的用户来说，航空运费偏高造成的不利因素完全可以被综合经济效益的提高所抵消，同时，管理者也更加重视运输的及时性、可靠性，因此，航空货物运输是现代多种交通运输方式中较为理想的运输方式，相信航空货运将会有更大的发展前景。

1.1.2　航空货物运输的分类

1. 按运输组织分类

（1）班机运输

班机运输是指在固定航线上按预定时间定期航行的方式，即有固定的始发站、经停站和目的站的航班所进行的运输。

班机运输由于固定航线、固定停靠港和定期开飞航班，因此国际货物流通多使用班机运输方式，能安全迅速地到达世界上各通航地点，便于收、发货人确切掌握货物起运和到达的时间。班机运输一般使用客货混合型飞机，舱位有限，大批量的货物不能及时运出，往往需要分期分批运输。

（2）包机运输

包机运输是托运人为一定目的包用空运企业的飞机载运货物的一种运输形式，有整包机和部分包机两种形式。

①整包机是指航空公司按照与租机人事先约定的条件及费用，将整架飞机租给包机人，从一个或几个航空港装运货物再运至目的地的一种运输方式。

②部分包机是指由几家航空货运公司或发货人联合包租一架飞机或者由航空公司把一架飞机的舱位分别卖给几家航空货运公司装载货物，其适用于托运量不足一架整机，但载货量又较重的货物运输。

（3）包舱运输

托运人所托运的货物在一定时间内需要单独占用飞机货舱，承运人需要采取专门措施给予保证的一种运输方式。

（4）联合运输

联合运输又称陆空联运，使用飞机、火车、卡车等运输工具的联合运输方式，简称TAT（train-air-truck）。仅使用飞机和火车进行运输的联合运输方式，简称TA（train-air）。

（5）集中托运

集中托运人将若干批单独发运的、发往同一方向的货物集中起来作为一票货物交付承运人，采用一份航空总运单集中发运到同一目的站，由集中托运人在目的地指定的代理收货，由分拨代理商统一办理海关手续后，再根据集中托运人签发的航空分运单分别将货物交付给不同收货人。

集中托运是航空货物运输中最为普遍的一种运输方式，可以节省运费，收货人提货也方便，是航空货运代理（简称货代）的主要业务之一。但是并不是所有货物都可以采取此种运输方式，例如，附加等级的货物一般不能集中托运，对可以享受航空公司优惠运价的货物来讲，使用集中托运的形式可能不仅享受不到运费的节约，反而使托运人运费负担加重。

2. 从运输形式上分

（1）急件运输

托运人要求以最早航班或限定时间运达目的地，并经承运人同意受理的一种运输形式。

（2）特种运输

活体动物、鲜活易腐物品、贵重物品、危险品等的运输。

（3）货主押运

根据货物的性质，在运输过程中需要专人照料监护的货物，应当由托运人派人随机押运的一种运输方式。

（4）航空快递

由承运人（航空公司、货代公司或快递公司）组织专门人员，负责把文件、样品、小包裹等快递件以最早的航班或其他最快方式运送到收货人手中。目前，航空快递有机场到机场、门到门和专人随机送货几种形式。

航空快递和其他货物运输的区别如下。

①收件的范围不同。航空快递的收件范围主要有文件和包裹两大类，其中文件主要是指商业文件和各种印刷品，对于包裹一般要求毛重不超过 32 千克（含 32 千克）或外包装单边不超过 102 厘米，三边相加不超过 175 厘米。

②经营者不同。经营国际航空快递的大多为跨国公司，这些公司以独资或合资的形式将业务深入世界各地建立起全球网络，航空快件的传送基本都是在跨国公司内部完成。国际邮政业务则以万国邮政联盟的形式使世界上大多数国家的邮政机构之间达成合作，邮件通过两个以上国家邮政当局的合作完成传送。

③经营者内部的组织形式不同。航空快递公司大多都采用中心分拨理论或称转盘分拨理论组织起全球的网络，简单来讲就是快递公司根据自己业务的实际情况在中心地区设立分拨中心。

④使用的单据不同。航空货运使用的是航空运单，邮政使用的是包裹单，航空快递业也有自己的独特的运输单据——交付凭证（proof of delivery，POD）。交付凭证一式四份。第一联留在始发地并用于出口报关；第二联贴附在货物表面，随货同行，收件人可以在此联签字表示收到货物（交付凭证由此得名），但通常快件的收件人在快递公司提供的送货记录上签字，而将此联保留；第三联作为快递公司内部结算的依据；第四联作为发件凭证留存发件人处，同时该联印有背面条款，一旦产生争议时可作为判定当事各方权益、解决争议的依据。

1.1.3　航空货物运输关系

航空货物运输关系是指由特定的运输主体、运输客体和运输内容三大部分相互联系、相互依存而构成的特定运输关系。

1. 航空货物运输活动的主体

航空货物运输活动的主体是指航空货物运输活动的当事人或者参与者。

航空货运承运人：指包括接收托运人填开航空货运单或保存货物记录的航空承运人及运送或从事承运货物或提供该运输的任何其他服务的所有航空承运人。一般是承担货物运输的航空公司的法人代表。

承运人的责任一般说来主要是保证所运输的货物按时、安全地送达目的地。因此，承运人应对货物在运输过程中发生的货物灭失、短少、污染、损坏等负责。一旦发生此类情况，应按实际损失给予赔偿。这种损失必须发生在承运人的责任期间内。承运人的责任期间一般是从货物由托运人交付承运人时起，至货物由承运人交付收货人为止。

托运人：在货物运输合同中，将货物托付承运人按照合同约定的时间运送到指定地点，向承运人支付相应报酬的一方当事人，称为托运人。托运人一般是货物的发货人，托运人有可能是货主，有可能不是，如网购中的货主为最终用户，商品供应商是托运人，航空快递公司是承运人。因此，网购中的托运人就不能等同于货主。

收货人：航空货运单上指明的货物收取的一方。收货人的情况较为复杂，有可能是货主，有可能是货代，也有可能是进口商。

代理人：指在航空货物运输中，经授权代表承认的任何人。

2. 航空货物运输活动的客体

航空货物运输活动的客体是指航空货物运输主体的经济行为所指向的对象。

3. 航空货物运输活动的内容

航空货物运输活动的内容是指航空货物运输主体和客体两者结合所构成的特定运输行为。货物的航空运输行为包括：托运人或收货人的交货、收货行为；代理人的揽接货、订舱、制单等报关行为；航空公司的货物运送行为。

4. 航空货物运输的相关环节

航空货物运输的相关环节包括海关、检验检疫、保险。

（1）海关

海关是国家在对外开放的口岸和海关监管业务集中的地点设立的机关。海关总署隶属于国务院领导，对全国各地的海关机构实行垂直领导，不受行政区划的分割和限制。海关的基本任务是：监管、征收关税和其他税费、查缉走私、编制海关统计。

（2）检验检疫

为维护各国对外贸易的信誉，保护各国的自身利益不受侵害，世界各国普遍制定了有关法律，对进出口商品实行强制性的检验、检疫制度。由国家授权有关机关实施管理。进、出口列入检验范围的货物，必须有检验、检疫机关签发的批准证件，海关才准许验放货物。

（3）保险

航空货物运输保险是航空运输保险人与被保险人，即保险公司与航空货物的进出口商之间订立的一项保险契约。在被保险人交纳了保险费后，保险人根据契约的规定，对货物在运输过程中发生的损失给予被保险人经济上的补偿。航空货物运输保险属于财产保险的范畴，它随着航空货物运输的发展而发展，但又反过来促进航空货物运输的发展。

1.2 民航运输行业组织及相关法律

1.2.1 民航货运行业组织

行业组织是行业成员利益的代言人和维护者，亦是行业成员与政府之间的沟通者和协调者，行业成员通过行业组织，实现了其与政府之间博弈的组织化和理性化，从而有效地克服了行业成员因个人博弈带来的弱势化和非理性的缺点。航空货物运输本身也是航空物流服务行业，这些企业在提供物流服务的同时，要严格按照行业的相关规章和制度来运营，并遵守相关的法律和法规，从而促进行业的发展。为此，民航货运行业成立了相关的组织机构并制定了相关的法律法规，用来规范整个行业内的活动，各个航空运输企业必须遵守。

1. 国际民用航空组织

国际民用航空组织（International Civil Aviation Organization，ICAO）是联合国的一个专门机构，是协调各国有关民航经济和法律义务，并制定各种民航技术标准和航行规则的国际组织。1944 年 11 月 1 日，共 52 个国家和地区的政府在美国芝加哥举行会议，并于 12 月 7 日签订《国际民用航空公约》（又称为《芝加哥公约》）。根据该公约，国际民用航空组织于 1947 年 4 月 4 日正式成立，是负责具体实施的常设机构。1947 年 5 月 13 日起，该组织成为联合国所属的专门机构。我国于 1974 年正式加入该组织，也是理事国之一。

ICAO 总部设在加拿大的蒙特利尔，在全球范围设有七个地区办事处，负责协调区域内相关航空问题，分别是：西非和中非地区办事处（达卡）、亚洲和大洋洲地区办事处（曼谷）、欧洲和北大西洋地区办事处（巴黎）、中东地区办事处（开罗）、东非和南非地区办事处（内罗毕）、北美和加勒比地区办事处（墨西哥城）、南美地区办事处（利马）。

ICAO 主要负责国际航空运输的技术、航行及法规建设等方面。它所通过的文件具有法律效力，各成员须恪守。组织的最高权力机构是三年一次的全体成员大会，理事会是大会的常设机构，对大会负责，由每三年一次选举出的 36 个成员组成。理事会设主席一人，不限于只从理事国中产生，任期三年，可以连选连任。秘书处是国际民航组织的工作机构，由空中航行局、航空运输局、法律局、技术合作局和行政事务局组成。秘书处经理事会同意后由理事会主席任命。上述机构统一在秘书长领导下负责国际民航组织的日常工作。

ICAO 的宗旨和目的在于发展国际空中航行的原则和技术，促进国际航空运输业的规划和发展，主要职责是确保全世界国际民用航空安全有序地发展；鼓励以和平用途为目的，提高航空器的设计和操作水平；鼓励用于国际民用航空的航路、机场和航行设施的发展；满足全世界人民对安全、正常、高效、经济的航空运输的需要；防止因不合理竞争造成经济上的浪费；保证缔约各国的权利得到充分尊重，每一缔约国均有经营国际航线的公平机会；避免缔约各国之间的差别待遇；促进国际空中航行的飞行安全；促进国际民用航空各方面的发展。

2. 国际航空运输协会

国际航空运输协会（International Air Transport Association，IATA，简称国际航协）是世界航空运输企业自愿联合组成的非政府性的国际组织。凡是国际民用航空组织成员国所颁发执照的任一经营定期航班的航空公司，经本国政府的许可都能成为该协会的成员。经营国际航班的航空公司为正式会员，只经营国内航班的航空公司为准会员。第二次世界大战后，为了解决民用航空业迅速增长中所出现的问题，世界上 58 家较大的航空公司于 1945 年 4 月在哈瓦那自发组织成立了国际航空运输协会，同年 12 月，加拿大皇室批准了议会通过的关于建立国际航空运输协会的特别法案，国际航空运输协会正式成立。

IATA 的总部在加拿大蒙特利尔，在日内瓦设有总办事处和清算所，在伦敦和新加坡设有办事机构。协会还在安曼、雅典、曼谷、达卡、香港、雅加达、吉达、吉隆坡、内罗毕、纽约、波多黎各、里约热内卢、圣地亚哥、华沙和华盛顿设有办事处，处理相关事宜。

IATA 的最高权力机构是全体会议，全体会议由协会正式会员代表组成，每年召开一次。执行委员会是根据协会章程规定，由全体会议选举产生。它在协会章程条款规定的范围内行使协会的行政职能及全体会议决议随时授予的附加权力。执行委员会下设运输、财政、法律和技术四个专门委员会。委员会的组成人员由会员航空公司提名的专家组成，并经执委会和大会批准。其宗旨和目的是全世界人民的利益，促进安全、正常和经济的航空运输的发展，支持航空商业的发展并研究与之相关的问题，为直接或间接从事国际航空运输服务的各航空运输企业提供合作的途径；与国际民航组织和其他国际组织合作。

根据 1978 年国际航空运输特别大会决定，IATA 的活动主要分为行业协会活动和运价协调活动两大类。除此以外，还有其他种类的活动，如航空公司培训、技术活动、与其他行业协调；航空公司与其代理人（包括客票销售代理人和货运代理人）之间就银行结算计划，提供计算机账目处理自动化技术，如 BSP、CASS 系统等；由航空公司协调班期时刻和机场间隙及多边联运业务协议等。

自成立以来，IATA 充分利用航空公司的专业知识在多个方面做出了重大贡献，这中间包括推动地空通信、导航、航空器安全飞行等新技术；制定机场噪声、油料排放等环境政策；与国际民航组织密切联系并制定一系列国际公约；协助航空公司处理有关法律纠纷，筹建国际航空清算组织；推进行业自动化，促进交流；对发展中国家航空运输企业提供从技术咨询到人员培训的各种帮助；在航空货运方面制定空运集装箱技术说明及航空货运服务有关规章；培训国际航协代理人等。另外，定期召开的 IATA 会议还为会员提供了讨论航空运输规则、协调运价、统一单证、财务结算等问题的场所。

目前，中国内地已有几家航空公司成为 IATA 会员航空公司：1993 年，中国国际航空公司、中国东方航空公司、中国南方航空公司同时加入了 IATA；1996 年，中国北方航空公司、中国西北航空公司和中国西南航空公司加入了 IATA；1998 年，中国新疆航空公司、中国云南航空公司、上海航空公司和厦门航空公司加入了 IATA；海南航空公司、山东航空公司和深圳航空公司分别在 2000 年、2001 年和 2002 年加入了 IATA。1999 年，中国航空结算中心和中国航空信息技术有限公司加入了 IATA，成为 IATA 的行业伙伴。

3. 国际货运代理协会联合会

国际货运代理协会联合会（International Federation of Freight Forwarders Association，FIATA）是国际货运代理的行业组织，于 1926 年 5 月 31 日在奥地利维也纳成立，总部设在瑞士苏黎世，创立的目的是解决由于日益发展的国际货运代理业务所产生的问题，保障和提高国际货运代理在全球的利益，提高货运代理服务的质量。它是公认的国际货运代理的代表，是世界范围内运输领域中最大的非政府性和非营利性组织。

FIATA 有自己的章程，根据章程设立各级组织并开展活动。FIATA 每年举行一次世界性的代表大会，这一国际性的活动将运输界和货运代理紧密联合在一起，适时地引导货物运输的整体经济发展。大会除主要处理 FIATA 内部事务外，还为国际货运代理界人士提供了社交的场合及业务交流的机会。

FIATA 从 19 世纪 60 年代起先后成立了若干咨询委员会及常设机构，他们分别是研究有关国际货物运输热点问题的多式联运机构、海关简化机构和货物空运机构，以及危险货物咨询委员会、法律事务咨询委员会、职业培训咨询委员会、公共关系咨询委员会和信息技术咨询委员会。

国际货运代理协会联合会的宗旨和任务如下。

①协调和联合各国的货运代理组织和行业协会。

②代表和维护货物发运人的利益。

③协调航空货运经营人与航空承运人、政府和其他组织之间的关系。

④航空运输委员会的任务是促进和维护航空货运代理的利益。

⑤与国际航协一起，设计并制订货运代理业的培训计划。

该协会的一般会员由国家货运代理协会或有关行业组织或在这个国家中独立注册登记的且为唯一的国际货运代理公司组成，另有为数众多的国际货运代理公司或其他私营企业作为其个体会员。其成员不局限于国际货运代理行业，而且包括报关行、船舶代理、仓储、包装、车辆集中托运等运输企业。

4. 国际航空电信协会

国际航空电信协会（Society International de Telecommunication Aero-nautiques，SITA）是联合国民航组织认可的一个非营利性组织，是世界上航空运输业领先的电信和信息技术解决方案的集成供应商。SITA 成立于 1949 年，目前在全世界拥有 650 家航空公司会员，其网络覆盖全球 180 个国家和地区，SITA 的发展目标就是带动全球航空业使用信息技术的能力，并提高全球航空公司的竞争能力，SITA 不仅为航空公司提供网络通信服务，还可为其提供服务查询系统，如机场系统、行李查询系统、货运系统、国际票价系统等。

SITA 为适应航空运输的快速发展，其发展策略由原来的网络提供者转变为一个整体方案的提供者，未来 SITA 将为航空业提供互联网与公司内部网络之间完整的整合性解决方案、委派服务、工作站整合、机场系统及各种解决方案。

SITA 从 20 世纪 80 年代初在中国成立办事处，中国会员已达 11 家。SITA 货运系统已在中国国际航空公司、中国货运航空有限公司使用。系统开通后，与外地营业部、驻外办事处联网，货运工作人员可以及时地将航班信息、运单信息、入库信息、装载信息、货物到达信息及中转信息等数据输进系统，系统在航班关闭后自动给沿途各站派发舱单、运单等货运电报。沿途各站只要打开系统网络，就能够全程追踪货物的运输情况，从而为货主查询联程货物和进口货物提供了极大的方便。

5. 中国航空运输协会

中国航空运输协会（China Air Transport Association，CATA）是依据我国有关法律规定，以民用航空公司为主体，由企事业法人和社团法人自愿参加结成的行业性的、不以营利为目的的，经中华人民共和国民政部核准登记注册的全国性社团法人。该协会由国航、东航、南航、海航、上航、中国民用航空学院（2006 年更名为中国民航大学）、厦航、深航、四川航空公司等九家单位发起，于 2005 年 9 月 26 日在北京成立。

CATA 的基本宗旨是：遵守宪法、法律法规和国家的方针政策，按照社会主义市场经济体制要求，努力为航空运输企业服务，为会员单位服务，为旅客和货主服务，维护行业和航空运输企业的合法权益，促进中国民航事业健康、快速、持续地发展。CATA 的工作方针为：以党和国家的民航政策为指导，以服务为主线，以会员单位为工作重点，积极、主动、扎实、有效地为会员单位服务，促进提高经济效益，努力创造公平竞争、互利互惠、共同发展的健康和谐的航空运输环境。

中国民航业经过不断地深化改革，已初步建立起了符合社会主义市场经济要求的新型管理体制。随着中国正式加入世贸组织，国际航空运输市场竞争日趋白热化，航空公司非常需要有一个通晓国际运输规则，能够维护自己合法权益的组织。中国航空运输协会的建立完全适应了我国航空运输企业的自身发展要求。因此，中国航空运输协会将在以下五个方面发挥作用。

①宣传贯彻党和国家、民航局关于中国民航建设的方针、政策及法规。

②主动、积极听取会员单位的意见和建议，及时向政府和国家反映航空运输企业在发展、经营中存在的困难和问题，争取政策支持。

③协调和协助解决航空运输市场的矛盾和纠纷，协调政府与会员单位、会员单位与会员单位之间的经济关系。

④通过组织交流、参观考察、理论研究、提供咨询等形式，不断学习和推广国际国内先进管理方式和经验。

⑤通过建立自律机制，规范市场行为，反对不正当竞争，维护会员单位合法权益，促进航空运输企业健康有序地快速发展。

6. 中国民用航空局

中国民用航空局简称中国民航局或民航局（Civil Aviation Administration of China，CAAC）是中华人民共和国民用航空事业的主管部门，归交通运输部管理。2008 年以前是由国务院管理的中国民用航空总局，2008 年 3 月，由国务院直属机构改制为部委管理的国家局，同时更名为中国民用航空局。其主要职责如下。

①提出民航行业发展战略和中长期规划、与综合运输体系相关的专项规划建议，按规定拟订民航有关规划和年度计划并组织实施和监督检查。起草相关法律法规草案、规章草案、政策和标准，推进民航行业体制改革工作。

②承担民航飞行安全和地面安全监管责任。负责民用航空器运营人、航空人员训练机构、民用航空产品及维修单位的审定和监督检查，负责危险品航空运输监管、民用航空器国籍登记和运行评审工作，负责机场飞行程序和运行最低标准监督管理工作，承担

民航航空人员资格和民用航空卫生监督管理工作。

③负责民航空中交通管理工作。编制民航空域规划，负责民航航路的建设和管理，负责民航通信导航监视、航行情报、航空气象的监督管理。

④承担民航空防安全监管责任。负责民航安全保卫的监督管理，承担处置劫机、炸机及其他非法干扰民航的事件相关工作，负责民航安全检查、机场公安及消防救援的监督管理。

⑤拟订民用航空器事故及事故征候标准，按规定调查处理民用航空器事故。组织协调民航突发事件应急处置，组织协调重大航空运输和通用航空任务，承担国防动员有关工作。

⑥负责民航机场建设和安全运行的监督管理。负责民用机场的场址、总体规划、工程设计审批和使用许可管理工作，承担民用机场的环境保护、土地使用、净空保护管理有关工作，负责民航专业工程质量的监督管理。

⑦承担航空运输和通用航空市场监管责任。监督检查民航运输服务标准及质量，维护航空消费者权益，负责航空运输和通用航空活动有关许可管理工作。

⑧拟订民航行业价格、收费政策并监督实施，提出民航行业财税等政策建议。按规定权限负责民航建设项目的投资和管理，审核（审批）购租民用航空器的申请。监测民航行业经济效益和运行情况，负责民航行业统计工作。

⑨组织民航重大科技项目开发与应用，推进信息化建设。指导民航行业人力资源开发、科技研究、教育培训和节能减排工作。

⑩负责民航国际合作与外事工作，维护国家航空权益，开展与港澳台的交流与合作。

⑪管理民航地区行政机构、直属公安机构和空中警察队伍。

⑫承办国务院及交通运输部交办的其他事项。

7. 民航地区管理局

目前，我国拥有七个民用航空管理局，分别是：华北地区管理局、东北地区管理局、华东地区管理局、中南地区管理局、西南地区管理局、西北地区管理局、新疆管理局。相对应地管辖所属地区。其职责如下。

①研究并提出民航事业发展的方针、政策和战略；拟订民航法律、法规草案，经批准后监督执行；推进和指导民航行业体制改革和企业改革工作。

②编制民航行业中长期发展规划；对行业实施宏观管理；负责全行业综合统计和信息化工作。

③制定保障民用航空安全的方针政策和规章制度，监督管理民航行业的飞行安全和地面安全；制定航空器飞行事故和事故征候标准，按规定调查处理航空器飞行事故。

④制定民用航空飞行标准及管理规章制度，对民用航空器运营人实施运行合格审定和持续监督检查，负责民用航空飞行人员、飞行签派人员的资格管理；审批机场飞行程序和运行最低标准；管理民用航空卫生工作。

⑤制定民用航空器适航管理标准和规章制度，负责民用航空器型号合格审定、生产许可审定、适航审查、国籍登记、维修许可审定和维修人员资格管理并持续监督检查。

⑥制定民用航空空中交通管理标准和规章制度，编制民用航空空域规划，负责民航航路的建设和管理，对民用航空器实施空中交通管理，负责空中交通管制人员的资格管理；管理民航导航通信、航行情报和航空气象工作。

⑦制定民用机场建设和安全运行标准及规章制度，监督管理机场建设和安全运行；审批机场总体规划，对民用机场实行使用许可管理；实施对民用机场飞行区适用性、环境保护和土地使用的行业管理。

⑧制定民航安全保卫管理标准和规章，管理民航空防安全；监督检查防范和处置劫机、炸机预案，指导和处理非法干扰民航安全的重大事件；管理和指导机场安检、治安及消防救援工作。

⑨制定航空运输、通用航空政策和规章制度，管理航空运输和通用航空市场；对民航企业实行经营许可管理；组织协调重要运输任务。

⑩研究并提出民航行业价格政策及经济调节办法，监测民航行业经济效益，管理有关预算资金；审核、报批企业购买和租赁民用飞机的申请；研究并提出民航行业劳动工资政策，管理和指导直属单位劳动工资工作。

⑪领导民航地区、自治区、直辖市管理局和管理民航直属院校等事业单位；按规定范围管理干部；组织和指导培训教育工作。

⑫代表国家处理涉外民航事务，负责对外航空谈判、签约并监督实施，维护国家航空权益；参加 ICAO 活动和涉及民航事务的政府间国际组织和多边活动；处理涉及香港、澳门特别行政区及台湾地区的民航事务。

⑬负责民航党群工作和思想政治工作。

1.2.2　民航货运国际公约及法规

1.《芝加哥公约》

《芝加哥公约》全称为《国际民用航空公约》，于 1944 年 12 月 7 日在美国芝加哥签订，自 1947 年 4 月 4 日起生效，是当前国际上被广泛接受的国际公约之一。我国是《芝加哥公约》的缔约国，于 1974 年 2 月 15 日通知 ICAO，承认《芝加哥公约》并参加该组织的活动。

《芝加哥公约》是国际航空领域的一个宪章性文件，它对国际民航领域的基本问题作了规定。除序言外，分为空中航行、ICAO、国际航空运输和最后条款四部分，以及有关国际标准和建议措施的 18 个附件。它规定了五种空中自由权，具体如下。

①不降停而飞越其领土的权利。

②非商业性降停的权利，即只作技术性降停，如增加燃油、检修飞机等而不上下旅客、货物、邮件的权利。

③卸下来自航空器国籍国领土的旅客、货物、邮件的权利。

④装载前往航空器国籍国领土的旅客、货物、邮件的权利。

⑤装卸前往或来自任何其他缔约国领土的旅客、货物、邮件的权利。

五种空中自由权的第三、第四种自由权是两国通航的最基本原则。第五种自由权需经双方政府谈判并达成协议。

2.《华沙公约》

《华沙公约》的全称为《统一国际航空运输某些规则的公约》。该公约于 1929 年 10 月 12 日签订于波兰华沙，1933 年 2 月 13 日生效。《华沙公约》的规定主要涉及国际运输中的两个方面，即航空运输凭证与航空承运人损害赔偿责任。我国是华沙公约的参加国。

在航空运输凭证规定中《华沙公约》规定了运输凭证的法定形式、法定内容、法定效力、对违反规定的承运人实施的法律制裁，并体现了航空运输以合同为准则的基本原则。

在航空承运人损害赔偿责任规则中，《华沙公约》规定了承运人承担损害赔偿责任的范围、一般原则、损害赔偿原则、消费者索赔期限与诉讼期限、损害赔偿责任争议司法管辖与程序，以及仲裁等事宜。

另外，随着历史的不断发展，《华沙公约》中的有些规定已显陈旧，相关修订文件陆续出现。《海牙议定书》，全称为《修改 1929 年 10 月 12 日在华沙签订的统一国际航空运输某些规则的公约的议定书》，是关于国际航空运输凭证和承运人责任的协议，是对华沙公约的修改和补充。1955 年 9 月 28 日在海牙订立，1963 年 8 月 1 日生效，共 3 章 27 条。其主要内容是对《华沙公约》的修改：简化了运输凭证。我国于 1975 年 8 月 20 日加入该公约。后续在 1961 年签订的《瓜达拉哈拉公约》、1971 年签订的《危地马拉议定书》、1975 年签订的《蒙特利尔议定书》都是对华沙公约的修订，因此上述五项文件被统称为华沙公约文件。

3.《蒙特利尔协议》

为了使华沙公约及其相关文件现代化和一体化，ICAO 起草定稿了蒙特利尔公约。1975 年在蒙特利尔共签订了四个议定书。蒙特利尔第一、二、三号附加议定书，以与《华沙公约》和经《海牙议定书》《危地马拉议定书》修正的《华沙公约》接轨为目的，对《华沙公约》中以法国法郎为标准货币单位规定的损害赔偿金最高限额做出了变更。根据以上议定书规定，《华沙公约》缔约国如为国际货币基金组织的成员国，或本国是可以使用特别提款权的国家，《华沙公约》中以法国法郎为货币单位规定的承运人损害赔偿金最高限额，均改为以国际货币基金组织特别提款权表示。特别提款权（special drawing rights，SDR），是指国际货币基金组织所指定的货币计算单位，它是由美元、英镑、法国法郎、德国马克和日元五种货币，通过加权方式计算出来的。特别提款权可以折合成为某个特定国家的货币。

蒙特利尔第四号附加议定书做出的最重大举措，是将客观责任原则适用于货物运输。该议定书规定：由于灭失、遗失、毁损等原因导致的货物损害，只要损害事件发生于航空运输期间，除非承运人能够证明损害的发生是由于货物属性、品质、缺陷；承运人或其雇佣人、代理人以外的人包装货物的，货物包装不良；战争或武装冲突；政府有关部门实施的有关货物出境、入境、过境的行为所致。不然，承运人应当承担损害赔偿责任。不适用于客观责任的，如对由延误导致的货物损害，如果承运人能够证明，为避免损害已经采取了一切必要措施或不可能采取此种措施时，承运人可不承担损害赔偿责任。对由索赔方的过失导致或促成的货物损害，如经承运人举证，承运人也可以被全部或部分免除其损害赔偿责任。

4.《中华人民共和国民用航空法》

《中华人民共和国民用航空法》由中华人民共和国第八届人民代表大会常务委员会第十六次会议于 1995 年 10 月 30 日通过，自 1996 年 3 月 1 日起正式施行。在对航空货物运输的有关规定中，民航法吸收了《华沙公约》的主要精神，如国际航空运输的定义、承运人责任期间，发、收货人的权利和义务、诉讼时效等，同时采纳了《海牙议定书》中的合理内容，删除了承运人的驾驶过失免责，延长了索赔的时效。针对承运人对货物灭失或损坏的责任，采用了更为严格的措施，即不是以是否存在过失来判断承运人是否负责，而是以严格责任制为基础。

为了加强对货物国际航空运输的管理，保护承运人、托运人和收货人的合法权益，维护正常的国际航空运输秩序，根据《中华人民共和国民用航空法》第九章公共航空运输的有关规定，制定了《中国民用航空货物国际运输规则》（CCAR—274），自 2000 年 8 月 1 日起施行。同时，为了加强航空货物运输的管理，维护正常的航空运输秩序，根据《中华人民共和国民用航空法》的规定，制定了《中国民用航空货物国内运输规则》，本规则自 1996 年 3 月 1 日起施行，同时废止中国民用航空局 1985 年制定发布的《中国民用航空局货物国内运输规则》。

1.2.3　ITAT 区域及其分区范围

为了便于航空公司之间的合作和业务关系，制定国际空运中运价的计算规则，国际航空运输协会 IATA 将世界划分为三个航空运输业务区，称为"traffic conference"，三个业务区又可以进行次一级的分区（或称"次区"）。IATA 将全球分为 Area TC1、Area TC2、Area TC3 三个大区，分别简称为 TC1、TC2、TC3。下面具体介绍各业务区域的界限和包含的国家与地区。

1. Area TC1

Area TC1 又可细分为以下四个次区。

（1）北美洲次区：包括加拿大、美国、墨西哥、圣皮埃尔和密克隆。

（2）中美洲次区：包括伯利兹、哥斯达黎加、萨尔瓦多、危地马拉、洪都拉斯、尼加拉瓜。

（3）南美洲次区：包括阿根廷、玻利维亚、巴西、智利、哥伦比亚、厄瓜多尔、法属圭亚那、圭亚那、巴拿马、巴拉圭、秘鲁、苏里南、乌拉圭、委内瑞拉。

（4）加勒比次区：包括安圭拉、荷属安地列斯群岛、安提瓜和巴布达、阿鲁巴岛、巴巴多斯、古巴、多米尼亚共和国、多米尼加、格林纳达、瓜德罗普岛、牙买加、圣基茨—尼维斯、开曼群岛、圣卢西亚、蒙特塞拉特岛、马提尼克、海地、特克斯岛和凯科斯岛、特立尼达和多巴哥、圣文森特和格林纳丁斯、英属维尔京群岛。

2. Area TC2

包括欧洲（包括俄罗斯的欧洲部分）及其相邻岛屿、冰岛、亚速尔群岛，非洲全部及其相邻岛屿、亚松森群岛、包括伊朗及其以西的亚洲部分。

①欧洲次区：包括欧洲全部（包括俄罗斯的欧洲部分）及其近邻岛屿，冰岛、亚速尔群岛，亚松森群岛，包括伊朗在内及其以西的亚洲部分。

②中东次区：包括巴林、埃及、伊朗、伊拉克、以色列、约旦、科威特、黎巴嫩、阿曼、巴勒斯坦被占领土地、卡塔尔、沙特阿拉伯、苏丹、叙利亚（阿拉伯共和国）、阿拉伯联合酋长国（由阿布扎比、阿基曼、迪拜、富查伊拉、哈伊马角、沙迦、乌姆盖万等组成）、也门。

③非洲次区：包括中非、东非、印度洋群岛、利比亚的加米里亚、南非和西部非洲。

3. Area TC3

包括整个亚洲及未包括在二区范围内的相邻岛屿、东印度群岛、澳大利亚、新西兰及其相邻岛屿以及未包括在一区的太平洋岛屿。

①南亚次大陆次区：包括阿富汗、孟加拉、不丹、印度（包括安达曼群岛）、马尔代夫群岛、尼泊尔、巴基斯坦、斯里兰卡在内的地区。

②东南亚次区：包括文莱、中国、密克罗尼西亚、关岛、印度尼西亚、吉尔吉斯斯坦、柬埔寨、哈萨克斯坦、老挝、马绍尔群岛、缅甸、蒙古、北马里亚纳群岛（包括马力亚纳群岛，不包括关岛）、马来西亚、菲律宾、贝劳、俄罗斯（乌拉尔山以东）、新加坡、泰国、塔吉克斯坦、东帝汶、土库曼斯坦、乌兹别克斯坦、越南在内的地区。

③西南太平洋次区：包括美属萨摩亚、澳大利亚、库克群岛、斐济群岛、法属玻利尼西亚、基里巴斯、瑙鲁、新喀里多尼亚、新西兰（包括洛亚蒂群岛）、纽埃、巴布亚新几内亚、萨摩亚、新罗门群岛、汤加、图瓦卢、瓦努阿图、瓦利斯和法国图那群岛在内的地区。

④日本/朝鲜次区：包括日本、韩国、朝鲜在内的地区。

1.3　航空货运发展历程

1.3.1　世界航空货运的发展

1. 世界航空货运的起源

在航空货运中，货主的需求与航空承运人实施该需求的承诺所产生的等价交换关系形成了航空运输市场。实际上，民用航空运输市场是一定区域范围内航空运输需求与实现这种需求的协调与组织的过程，也是航空承运人向客户提供航空运输服务的过程。

人类很早就有利用航空进行运输的理想。自 1783 年蒙特哥尔非埃第一个热气球升空到 1903 年第一架飞机试飞成功,一个多世纪中许多国家都进行了实验和努力。

1911 年 2 月 8 日,是航空史上一个划时代的日子。英国飞行员亨利·佩奎驾驶一架法国生产的索默式飞机,携带 6500 封信函,从印度的阿拉哈巴德起飞,飞往 8000 米外的悉尼,从而完成了人类历史上最早的空中邮政飞行,当然也是最早的民用航空飞行。

1911 年 7 月,也就是在人类首次邮政飞行出现 5 个月后,最早的客运和货运飞机开始出现。

1914 年美国试验性地在佛罗里达州建立了世界上第一条定期飞行的航线。由于航空技术尚不发达,飞机的速度、载运量和航程都十分有限,很难与地面交通工具竞争,在得不到政府高额财政补贴的情况下,第一条试验性的航线很快就夭折了。

1919 年 1 月,德国建立了第一条国内的商业航线,即从汉堡到阿莫瑞卡。同年 2 月 5 日又开通了从柏林到魏玛的航线,航程 192 千米,飞行时间 2 个小时。1919 年 2 月 8 日巴黎和伦敦之间第一次进行了国际航班的飞行。在整个 1919 年,德国共开辟了 9 条商业航线。1920 年开办柏林与马尔摩(瑞典)、柏林与阿姆斯特丹的国际航线。1920 年美国开办西雅图和温哥华,基威斯特和哈瓦那的两条国际航线。

法国民用航空几乎是与德国同时起步的,法国政府设立了主持航空运输的专门机构,负责航空技术的研究、飞机的生产、空中的导航及航空气象方面的工作。1919 年,法国航空公司共进行了 2400 次商业飞行,建立了 8 条航线。

国际航空运输的大发展还是在第一次世界大战后开始的。第一次世界大战后各国纷纷成立航空公司。荷兰皇家航空公司创建于 1919 年,是世界上最早的而且迄今没有改变名称的航空公司。德国的汉莎航空公司建立于 1926 年,而其前身可以追溯到 1919 年。瑞士航空公司建立于 1931 年,其前身巴尔航空公司在 1919 年也已经成立了。

1921 年,英国政府决定向经营伦敦至巴黎航线的英国公司汉德莱·佩季公司提供 25000 英镑的资助。1924 年,其他一些英国航空公司合并成立了帝国航空公司,成为第一家由政府支持、在全国占据垄断地位的航空公司,从而使英国在航空运输业的国际竞争中占有较大的优势。

除了德国、法国和英国外,其他欧洲国家也纷纷发展起自己的民航事业,特别是意大利的航空事业发展很快,在 30 年代运量已仅次于德国和法国位于欧洲第三位。

20 世纪 20 年代里世界上成立了不少航空公司,如芬兰航空公司(1923 年)、比利时航空公司(SABENA,1923 年)、捷克航空公司(CSA,1923 年)、瑞典航空公司(ABA,1924 年)、美国三角航空公司(1925 年)、美国东方航空公司(1926 年)、美利坚航空公司(1926 年,前身为毕特凯恩航空公司)、西北航空公司(1926 年)、泛美航空公司(1927 年)、西班牙航空公司(IBERIA,1927 年)、巴西航空公司(VARIG,1927 年)、波兰航空公司(LOT,1927 年)、智利航空公司(1929 年)等。20 世纪 30 年代以后各国成立的航空公司更多了。旧中国的中国航空公司和欧亚航空公司也是在 20 世纪 30 年代初成立的(中国航空公司成立于 1931 年 8 月 1 日,欧亚航空公司成立于 1930 年 2 月 21 日)。

美国是当今世界上航空运输最发达的国家。但是在第一次世界大战结束后,美国人对航空的兴趣仅仅集中在邮政运输上。然而,正是航空邮政事业的发展为美国民用航空开辟了道路、奠定了基础，使美国的民用航空事业在 20 世纪 20 年代末就超过了欧洲。

1918 年 5 月 15 日是美国航空邮政和美国商业航空的诞生日。

从 1918 年 5 月到 1927 年 8 月，在约 9 年的时间里，美国邮政部共花费了 1768 万美元，建立了横贯美国大陆的航空邮政干线，运送了近 3 亿封信件，创造了美国民用航空史上也是世界民用航空史上第一个成功的范例。它所创建的机场灯光、导航设备和通信系统是现代民用航空的基石。

1927 年 10 月，泛美航空公司建立了美国第一条国际航空邮政航路，即美国至哈瓦那的航线，它预示着一张触角伸向全球的航空网即将铺开。

1937 年泛美建立了世界上最大的航线网，它不仅囊括了加勒比地区、南美各太平洋沿岸，而且把触角延伸到了欧洲。可以毫不夸张地说，泛美的飞机飞遍了世界各个地区，当时没有一家航空公司可与之匹敌。

航空运输发展初期，由于技术上和经营管理上不够成熟，除国家直接经营外，一般都受政府的补助和扶植。补助的方式很多，有的通过邮运直接补助，有的通过机场建设、通信导航、气象服务、减免税收及飞行公里等进行补助。1926—1930 年，美国邮局付给国内航空公司的邮运费是 31283005 美元，而邮局从航空邮资中得到的收入为 14781570 美元。这就是说，美国通过邮运向航空运输业补贴了 16501435 美元。

洲际民航航线的纷纷建立，使地球变小了，飞机在国际政治、商业中的作用日益增强。但是，由于早期民航飞机的航程有限，载运量不大，因此刚刚诞生还只有 30 年历史的飞机远远不能满足迅速扩大的社会需要，正是这种需要，进一步促使飞机研究和发展工作跃上新台阶。航空科技的进步和社会的需求，终于在 20 世纪 30 年代促成现代民航飞机的出现。

2. 世界航空货运的发展过程

大半个世纪以来，航空货运的发展是很快的。第二次世界大战前，航空货物运输仅限于运输一些航空邮件和紧急物资。1939—1945 年，由于军事需求，航空器的性能取得了突破性的发展。战争结束后，军用飞机逐渐转向民用航空运输业，为主要的商业地区提供了快速、经济的运输服务。西方发达资本主义国家开始大力发展航空工业，开辟国际航线，逐步建立起全球性的航空运输网络。第二次世界大战促进了航空邮件和货物的递送效率，航空运输逐步成为物流，尤其是成为军事运输的一种重要手段。

到了 20 世纪 60 年代，全球市场经济又成为驱动航空货运快速发展的新动力。1972 年波音公司的 B747-200F 大型专用货机在大西洋航线上投入运营，并采用了标准的集装箱装载系统，实现了国际标准集装箱的航空运输，揭开了航空集装箱运输的序幕。随着宽体飞机和全货机的不断更新、发展，航空业已成为国际运输系统中重要的组成部分。

根据国际民航组织公布的定期航空运输业资料可以看出，1950—2000 年间，运输总周转量从 34.9 亿吨公里增长到 4007.8 亿吨公里，年均增长 10.46%，其中，货运周转量从 1950 年的 7.3 亿吨公里发展到 2000 年的 2386.14 亿吨公里，年均增长 10.4%，略低于运输总周转量。进入 21 世纪以来，随着全球经济一体化，全球航空业也越来越重视航空货运市场。根据国际货币基金组织统计的数据，随着全球经济形势好转，2017年全球贸易呈现增长趋势，且增长趋势较为强劲，增速达到 4.3%。制造业出口需求强劲，全球企业为了补充库存、缩短交货期，对航空货运的需求也相应增加，航空货运是联通全球国际化的主要力量，2016 年全球航空货运量为 5430 万吨，占全球贸易货物总运输量的不到 1%，但航空货运贸易额总值占全球贸易额总值的 33%左右，2017 年全球航空货物运输量为 5537 万吨。根据国际航空运输协会统计数据，2017 年全球航空公司货运收入是 507 亿美元，较 2016 年上涨 6.5%，2017 年航空货运收入的回升主要是来自航空货运需求增长的驱动，全球航空货运收入正走向复苏。

根据 IATA 网站公布的最新数据（如图 1-1 所示，2017—2022 年 4 月）自 2017 年，航空货运量保持增长的态势。在航空货运市场中，亚太、北美、中东三大地区合计市场份额达到 81.7%，三大地区的贸易和经济的增长都将对全球航空货运的增长产生较大影响。2018 年，全球大部分地区航空公司货运需求均得到增长，其中 2018 年 12 月，按货运吨千米计算，亚太地区航空货运需求同比下降 4.5%，货运需求增长乏力，导致其全年货运需求仅增长 1.7%，在各地区中表现最弱。2020 年，新冠肺炎疫情的全球性暴发对航空运输业造成了较大的影响，航空货运量在图中出现了剧烈的变动，但是之后仍维持了攀升的态势。2022 年年初的变动则是由于俄乌战争等因素造成的，2022 年 4 月份全行业货运吨千米（CTKs）比去年同期下降 11.2%，经季节性调整的成交量连续第二个月萎缩，比 3 月份的水平低 2.7%。尽管航空货运量有所下降，但在收入方面，2021年全球航空货运创造了 1290 亿美元的收入，约占航空公司总收入的 1/3，与疫情前相比增长了 10%～15%。2021 年航空货运收入进一步增长至 1750 亿美元，2022 年预计将维持近 1690 亿美元的水平。另据 IATA 公布的 2021 年第四季度航空公司商业信心指数调查结果，大部分受访者对未来一年的货运行业持乐观态度。有近 2/3 的受访者预计未来货运量会进一步提升，29%的受访者则预计货运量不会有任何改变。IATA 在多哈举行的年度会议上表示，2022 年，全球航空公司营业额将"大幅改善"，2023 年可能恢复盈利，但同时存在一定的挑战，2024 年将恢复到疫情前的水平。

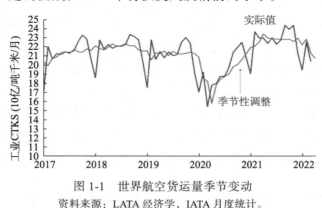

图 1-1   世界航空货运量季节变动
资料来源：LATA 经济学，IATA 月度统计。

航空货运的发展除了需求的不断增长，也需要航空公司、航空运力的支撑。统计资料显示，1991—2000 年间，世界各国投入运营的商业运输飞机数量从 18544 架增加到19469 架，增幅为 5%（不包括最大起飞重量少于 9 吨的飞机）。其中，喷气式涡轮飞机从 15192 架增加到 16045 架，增幅为 6%。

2019 年，国际航空运输已经走过了第一个百年，整个行业从运输规模到航空承运人的运营模式都发生了很大变化。过去的 10 年间，低成本的扩张和新飞机的技术革新逐渐成为令人瞩目的焦点。根据 IATA 数据显示，全球航空公司的机队规模从 2014 年的 2.5 万架增加至 2019 年的 2.9 万架，增长幅度约为 16%。从航空公司发展来看，大型航空公司的规模仍在进一步扩大（图 1-2），美国四大航仍然占据榜首位置，中国航司在近 10 年间发展迅猛，中东地区航司逐渐崭露头角。根据奥纬咨询公司（Oliver Wyman）和 IATA 预测，未来 10 年全球机队规模年增长速度约为 3.6%，而收入客千米（revenue passenger kilometer，RPK）增长则维持在 4%左右。全球新飞机交付量预计为 2.1 万架，其中货机 413 架，45%的新飞机将用来替换退役机队。

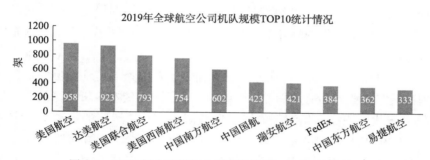

图 1-2　2019 年全球航空公司机队规模 TOP10 统计情况
资料来源：前瞻产业研究院

截至 2020 年 2 月，通过整理全球主要航空公司的货机机队情况发现：一是全球货机运力主要集中在联邦快递（Fedex）、敦豪（DHL）和美国联合包裹运送服务公司（United Parcel Service，UPS）这三大综合物流服务提供商。Fedex 运营货机 681 架，DHL 运营货机 270 架，UPS 运营货机 261 架。为了满足不同距离的货邮运输需要，这三大综合物流服务提供商的货机机队均由具备近、中、远程不同运输能力的货机组成。二是顺丰航空目前正在向综合物流服务提供商迈进，货机机队由 B747F、B767F、B757F 和 B737F 组成。货机机队规模 58 架，远程货机 2 架，与三大综合物流服务提供商相比，还有很远的路要走。三是阿特拉斯航空是全球拥有 B747F/777F 洲际远程货机最多的公司，约有 63 架。阿特拉斯航空以 ACMI、CMI、包机、干租等业务为主。四是除综合物流服务提供商外，全球只运营全货机的货运航空公司不多，包括拥有 27 架 B747F 系列货机的卢森堡货航、拥有 18 架 B747F 系列货机的俄罗斯空桥航空和拥有 10 架 B747F 系列货机的阿塞拜疆丝绸之路西部航空。这几家有个共性，就是都运营 B747F 系列远程货机，运营的大部分都是洲际货运航线。

1.3.2　我国航空货运的发展

1. 我国航空货运的起源

中国民用航空运输业的发展，已有 80 多年的历史。1918 年，第一次世界大战结束后，西方国家急于摆脱军事化工业生产带来的萧条困境，竞相输出资本与技术。为了寻求国际市场，在世界范围内掀起了发展商业航空运输的热潮。当时的中国正处于军阀混战状态之中。为了政治和军事的需要，1919 年 3 月，中国北洋政府交通部成立了"筹办航空事宜处"（1921 年 2 月改为航空署），隶属于军政部，并陆续购买美国的飞机，招聘外籍飞行员，制定了各项运输规章制度，同邮政总局签订了承运邮件的合同，并初步拟订了在全国开辟五条航线的计划。1920 年 5 月 8 日开通了北京—天津的中国第一条民用航线，1921 年 7 月 1 日北京—济南民用航线投入运营，航空署还举办过北京—北戴河的暑期临时航班及参观海滨和长城风景区的游览飞行。但是，所有这些航空运输业务在 1924 年便陆续停办了。

1923 年，在孙中山先生"航空救国"的倡导下，著名旅美华侨飞行家和飞机制造师杨仙逸，奉孙中山先生的委派，在美国购买了飞机和器材，并物色了在美学习的陈卓林、林伟成等人一起回广州创办航空学校。1924 年，中国国民党和中国共产党实现了第一次合作，在孙中山先生的领导下，在广州的大沙头开办了航空学校，这是中国最早培养航空人才的摇篮。

1929 年发生的世界经济危机使西方国家面临工业萧条的境地，但为了扩充军备的需要，各国在航空工业方面有所加强。与此同时，各主要资本主义国家的航空运输企业都加快了发展步伐，积极开拓洲际航线。在各国兴办航空运输的推动下，南京国民政府交通部于 1929 年 5 月成立了沪蓉航空线管理处，开辟了沪蓉航线的上海—南京航段，但这个航段的飞行很不正常，总计飞行仅一年多，仅载运旅客 1477 人次和邮件 20 余千克。

由于当时的国民政府缺乏必要的财力、物力和人力，举办航空运输遇到不少困难。因此，美国和德国的民航资本便乘虚而入，尤其是日本军国主义者，明火执仗地侵占中国东北各省。

1929 年 4 月，国民政府铁道部部长孙科以筹建中的中国航空公司董事长的身份，同美国航空开拓公司代表签订了"航空运输及航空邮务合同"。1929 年 5 月 1 日，中国航空公司宣告成立，该公司在孙科主持下运营不到 9 个月，仅载运旅客 211 人次，邮件 3560 千克。

在美国资本的支持下，国民政府于 1930 年 8 月撤销了沪蓉航空线管理处，并将其业务并入由交通部与美商中国飞运公司合资经营的、新成立的中国航空公司。该公司资本总额为 1000 万元，中方股份占 55%，美方股份占 45%。该公司成立及其存在的 20 年，由于得到国民政府的支持和给予的优惠条件，无论在技术设施还是业务经营等方面，同国内其他几个航空公司相比，都处于领先地位。

1931 年 2 月，德国和中国合资经营的欧亚航空公司正式成立。德国汉莎航空公司与国民政府交通部签订了欧亚航空邮运合同和合资经营欧亚航空公司的合同。从 1931 年到 1937 年，欧亚航空公司的运量逐年增长，该公司的货物运量从 4.15 吨上升至 189.07 吨，邮件运量从 0.41 吨上升到 101.01 吨。

1937—1945 年的抗日战争期间，中国民航事业经历了两个不同的发展阶段。前四年处于战局动荡中，航空公司力求维持各自的业务水平；后四年中国航空公司得到迅速发展，而欧亚航空公司则陷入重重危机之中。1942—1945 年，中国航空公司的货运量从 4298.3 吨上升到 27307.6 吨，邮件运量从 55.0 吨上升到 256.6 吨。

在抗日战争结束到中华人民共和国成立以前，"中航"和"央航"都走过了一段畸形发展的道路，并通过两航起义找到了理想的归宿。

1919—1949 年，中国民用航空业的发展十分缓慢，从有文字记录的统计资料（1936—1949 年）来看，1949 年，中国定期航班运输年周转量还不到 1 亿吨千米。

2. 我国航空货运发展阶段

新中国民航事业是从小到大逐渐发展起来的。它是国民经济组成部分之一，是直接为国民经济和社会发展服务的。国家政治形势与经济状况的好坏，都直接或间接、或先或后地影响着民航事业的发展进程。同其他事业一样，民航事业也经历了曲折、坎坷的发展过程。

新中国民航业始于 20 世纪 50 年代初期。政府行政部门、贸易及旅游人士均需要航空运输服务。然而，在 1979 年之前的航空业务尚不能称为行业，而是一个准军事组织。当时，中国民航局还是空军部门，监管四层机构：民航总局本身、六大地区民航管理局、23 个省级民航管理局及 78 个民用航空站。中国民航总局不但是民航监管机构，同时直接管理航空运输服务，包括航班营运、机场管理及空中交通导航与管制，下属营运部门并不需要自负盈亏。民航业从各方面受制于航空运输条例，包括市场参与、航线批准、起降频率、票价，甚至旅客的资格批核等。

中央计划经济体制为中国民航业发展带来种种困难。尽管政府不断施以津贴补助，1953—1977 年业务依旧连年亏损。1968—1974 年连续 7 年亏损达 3.6 亿元人民币。在很大程度上，当时的航空运输是为了服务政府行政部门及大型国有企业，而少有作商业用途。商业上的需求匮乏，一方面使民航市场狭小，另一方面航空业务及机场的军事化管理所带来的落后服务，使民航业更雪上加霜。20 世纪 50—80 年代，在国内各城市间总运输数量中，空运的市场占有率一直停滞在 1%左右。自 50 年代民航业创立以来，中国民航总局经历 24 年才重新达到中国空运史上的最高水平。新中国民航的发展历程，结合中国民航管理体制的改革来看，总体上经历了四个重要阶段。

第一阶段是从新中国成立到 20 世纪 70 年代末，主要是军队管民航，经营上采取高度集中的计划经济体制，航空运输规模较小且发展缓慢。新中国成立之初，我国民航规模很小，基础十分薄弱，仅有 12 架小型飞机、12 条短程航线和 40 多个小型机场。1950年航空运输总周转量 157 万吨千米，旅客运输量 1 万人。从建国初期到 70 年代初期，航空运量增长较低，每年增长绝对量很小。由于管理模式的限制，生产发展受到约束，且票价相对较高，人民生活水平低及自然灾害多发，再加上飞机小、运力不足，使得航空运输不能取得较大发展。从 1973 年开始，随着 B707 和伊尔-62 等大型喷气飞机的引进，以及航线的增加，特别是中欧、中美长途国际航线和香港地区航线的开辟，促使我国航空运输有了较快的增长。

第二阶段是 1978—1992 年。20 世纪 70 年代末，国家实施对外开放政策，经济、外资、旅游得到了发展，加速了航空运输增长。民航改革是在 1978 年 12 月召开中共十一届三中全会所提出的改革计划的一部分。当时，中央政府决定将工作重点集中到经济建设上，并且着手国家经济结构及监管体制改革。改革的目标是将中央计划经济逐步转变为市场经济，其中最为艰难也是最为重要的部分，就是如何将数千家大中型国有企业转为营利机构。

整个 20 世纪 80 年代是我国航空运输持续快速发展的时期，国家深入实施改革开放政策，国民经济和社会发展加快，对外贸易和旅游都以较快速度增长。同时，民航实行管理体制改革，国家改变民航隶属关系，成立了新的地区管理局、国家骨干航空公司和一些区域性的航空公司。先后成立了七大民用航空地区管理局和七大国家骨干航空公司。民航开始实行企业化经营，同时，放宽行业及航线参与标准，鼓励新航空公司参与市场，鼓励航空公司开辟新航线。运量较大的机场也独立出来，为各航空公司提供服务。同时，建设机场及空中交通管理和机务维修等设施，加强专业技术人才培训，为航空运输提供了更大的保障能力。特别是引进 B747 和一大批中型飞机，更使得航空运输突飞猛进。但航空运输市场是卖方市场，运力仍呈短缺状态，旅客买票难的问题普遍存在，供需矛盾相当尖锐。

第三阶段是 1992—1998 年。"八五"期间，在 1992 年邓小平南方谈话的鼓舞下，全国经济发展和对外开放出现新高潮。这期间经国家批准组建了以中国国际、中国东方和中国南方航空公司为核心的企业集团，涌现出一批地方性的航空运输企业。部分航空公司进行了股份制改造并在国内外上市。这一阶段，伴随沿海经济特区特别是开发海南热潮，国内航空旅游兴起，极大地带动了航空运输业发展，航空运输平均增长 23.4%。但这一时期航空运输事故频发，在一定程度上影响了航空运输的增长；"九五"期间是航空运输在民航发展史上呈现起伏波动、形势多变而且也是引起较多争议的时期。尽管航空运输仍保持增长，但幅度有所减缓。航空运输总周转量年均增长 11.4%。民航发展经历了前所未有的复杂局面，航空运输完全从卖方市场转向买方市场，供需关系发生变化；航空运输市场有效需求不足，处于低迷状态；住房、医疗、劳保、就业、教育等制度改革，影响人们的消费与预期；各种交通运输方式竞争激烈，铁路提速和高速公路建设，对航空客运特别是中短途客运影响甚大；亚洲金融危机，对航空旅客和货物运输带来重大不利影响，尤其是国际和中国香港地区航线由于航空运输市场状况不好，航空公司削价竞争，大打价格战，加之缺乏有效的市场规范和监督机制，市场竞争无序，航空运输生产和经济效益降低，引发颇多社会异议。

第四阶段是 1998 年至今，按照社会主义市场经济的要求，实施新一轮的管理体制改革，重点是政企彻底分开、民航总局与所属企业彻底脱钩，使企业真正走上市场，成为市场主体。实施大公司、大集团战略，进行重大的行业结构调整，组建航空运输集团；机场实行属地化管理，以充分调动和发挥地方建设民航的积极性。1978 年以后的三次民航体制改革，奠定了我国航空运输业做大做强的基础，为我国航空货运业的跨越式发展提供了政策支持。1998 年 8 月 18 日，中国货运航空公司的诞生，成为我国航空货运发展史上最具有里程碑意义的事件。从此，航空货运的战略地位逐步提升。

1.3.3　航空货运发展趋势

1. 全球市场环境的不确定性影响航空货运发展

2020 年，全球新冠疫情的暴发，给航空货运行业带来了巨大的影响，由于腹舱运力的不足，全球航空货运量在短期内出现了非常明显的缩减，比 2019 年同期低了 53%以上，全年可营运力比同期低 20%以上。2021 年以来，随着新冠疫苗的普及和各国防疫经验的积累，新冠疫情对经济活动的冲击逐步减弱，但是不断变异的新冠病毒毒株让疫情走势充满了不确定性。近年来贸易保护主义、产业政策调整等对全球供应链产生了影响，新冠疫情的冲击加剧了供应链供给与需求的不平衡，让供应链遭遇断裂风险。与此同时，全球经济发展存在经济周期下行、贸易衰退、全球化停滞、俄乌战争的爆发、原油价格的上涨、通胀加剧等多种不确定性的存在，对航空货运的发展提出了增强自主可控能力的要求。另外，未来一段时期内，随着全球经济缓慢复苏，贸易格局调整加速，产业链向着区域化、多元化转型，稳定供应链将成为各国产业发展、经济复苏的重要举措。

2. 降本增效推动我国航空货运形成新发展格局

进入新发展阶段，我国协同推进强大国内市场和贸易强国建设，贯通升级生产、分配、流通、消费等环节，着力构建以国内大循环为主体、国内国际双循环相互促进的新发展格局，要求航空物流适应现代产业体系对多元化、专业化服务的需求，以降本增效作为供给侧结构性改革的重要任务，提升供给体系对内需的适配性。我国经济进入高质量发展阶段，城乡居民消费不断升级，对品质化、精细化、个性化的服务需求日益增长，跨境电商、快递、医药、冷链生鲜等将蓬勃发展，末端即时配送无人化兴起，航空物流发展空间广阔，要求航空物流优化供给结构、改善供给质量、丰富供给产品，以高品质供给引领和创造新需求。用户群体对时效和成本提出更高的要求，头部快递公司有能力用规模优势有效降低成本，用信息技术及硬件创新继续提升效率，加快向现代航空物流的转变。

3. 实现航空货运的信息化、智慧化发展

随着经济全球化的推进，航空货运业也面临着剧烈的变革，而信息化作为一种新兴手段，对快捷、高效的航物物流作用巨大，它为航空公司效率的提升、资源的整合发挥了重要的作用，使得航空公司能够以更加便捷的手续、更快的速度、更安全的方式完成货物运输的整个过程。显而易见，未来的航空物流竞争将是信息技术的竞争。现代物流发展之所以如此迅速，快捷统一的信息交流平台功不可没。传统的航空货运企业在向航空物流企业发展的过程中，应首先从基础的管理开始，构建一个规范化的航空货运信息体系，从而实现广阔的网络覆盖和密集的航班频率、平稳传递和快速准确的吞吐量、大货主的个性化服务和快速响应等竞争优势，使物流服务更具时效性和延展性。重视信息化建设，实现网络化、信息化、现代化的航空物流需要构建电子数据交换平台和电子商务的物流信息服务平台，航空物流信息平台主要包括以下两个方面。第一，建立航空物流系统。利用信息技术，将货物的信息及时录入和管理，合理安排业务流程，实现航空物流的公开、透明，将物流信息在业务共享链上共享。第二，建立物流商务信息平台。运用互联网技术完成公司局域网和内部网络的建设，实现货运业的网络交易平台，服务对象包括公司、组织和个人。

4. 碳达峰、碳中和战略目标对我国航空货运发展的影响

实现碳达峰、碳中和的战略目标要求建立健全绿色低碳航空物流体系。"十四五"时期，我国生态文明建设进入以降碳为重点战略方向、促进经济社会发展全面绿色转型的关键时期，要求航空物流全面落实绿色发展理念，向绿色、低碳、循环发展方式转型，加快建成资源节约型、环境友好型物流体系。民航运输业作为资源密集型行业，是构建低环境负荷物流系统的重要领域。未来航空物流需要尽快形成绿色发展的制度机制，围绕国家碳达峰目标、碳中和愿景，全面落实绿色发展理念，向绿色化、低碳化、生态化发展方式转型，加快建成资源节约型、环境友好型航空物流体系。

从事航空货物运输，尤其是国际运输的时候，会涉及一些相关航空货物运输资料、手册的使用和查询。下面对有关资料作一简单介绍。

1. 《国际航空货物运价手册》

《国际航空货物运价手册》（*The Air Cargo Tariff*，TACT），由国际航空运输协会出版社出版发行，主要提供与航空运输相关的货运业务信息。为方便使用，TACT 运输手册分为规则手册和运价手册。

2.《航空货物运输指南》

《航空货物运输指南》（*Official Airline Guide Cargo*，OAG）是集中了世界各大航空公司货物运输航班时刻表和运价等信息的一本月刊，航空公司、货运代理人和用户能够很方便地查询和使用该资料。

3. 世界主要航空线路及航空港情况

全球十大主要国际航空线精解（图文对照）_空运学园_北京飞捷腾达货运代理有限公司国际货代空运　（fjtd-logistics.com）

资料来源：世界主要航空港和航线（最新）. 豆丁网　（docin.com）

UPS 的航空货运新模式——商务同步协调

UPS 是目前世界上最大的快递承运商与包裹递送公司，其商标是世界上较知名的商标之一。现在的 UPS 正在演绎着一个全新的商业模式，即商务同步协调。UPS 在全世界建立了十多个航空运输的中转中心，在 200 多个国家和地区建立了几万个快递中心。UPS 公司的员工达到几十万人，年营业额可达到几百亿美元，在世界快递业中享有较高的声誉。

UPS 与耐克品牌的合作反映了航空货运业对全球供应链转变的巨大贡献。UPS 与耐克建立了无缝合作关系，耐克的分销由 UPS 执行，当消费者在网上订购了耐克的鞋子后，订单自动传到 UPS，在耐克的一些订购点，如美国得克萨斯州的圣安东尼市，当消费者打电话跟耐克进行订货时，其实接电话的是 UPS 的员工，由他们来帮耐克公司与客户进行沟通，直接接受客户的电话订单，然后由 UPS 的工作人员直接帮客户配货、发货，依靠 UPS 强大的现代物流作业系统和强大的航空货运能力，在最短的时间内把客户订购的耐克鞋运送到客户的手中。

可以说，全球供应链因航空货运的发展而改变，其使传统的生产—分销—零售—用户的供应链模式变得简单，生产商得以直接面对最终用户，实现了航空货运业与客户的商务同步融合。

航空货物运输是民用航空的一个组成部分，在经济的发展中占有越来越重要的地位。在各种运输方式中，因其速度快、机动性强、破损率低等特点，成为现代多种交通运输方式中较为理想的运输方式。从运输组织上可以分为班机、包机、包舱、联合运输、集中托运等运输方式，从运输形式上可以分为急件运输、特种运输、货主押运、航空快递。航空货运的业务流程基本上分为两种：出口和进口。出口业务流程相对复杂，包含了 18 个环节，进口业务流程包含 7 个环节。

民航运输行业组织是行业成员利益的代言人和维护者，这些组织机构的建立通过制定相关的法律法规，为行业发展提供了依据和准绳，维护行业的有序发展。世界民用航空的发展为航空货运的发展奠定了基础，我国航空货运的发展经历了四个阶段，目前进入了稳定增长期。

1. 简述航空货物运输的概念及特点。

2. 航空货物运输的分类。

3. 简述航空货物运输的业务流程。

4. IATA 将全球分为哪些区域？

5. 简述集中托运与直接托运的区别。

6. 简述 ICAO 的宗旨和目的。

7. 根据我国航空货运发展历程，结合你所了解的情况，谈谈我国航空货运企业在发展中所面临的问题。

自学自测　扫描此码

第 2 章

航空货运代理

【学习目标】

- 了解货运代理的概念及发展历程；
- 理解航空货运代理的概念和分类；
- 掌握航空货运代理企业的业务范围；
- 了解航空货运代理企业的发展历程。

中国外运股份有限公司

　　中国外运股份有限公司（以下简称"中国外运"）是招商局集团物流业务统一运营平台和统一品牌。根据 2022 年 12 月 20 日中国国际货运代理协会（China International Freight Forwarders Association，CIFA）公布的"2021 年度中国货代物流行业数据"，中国外运以 1243.5 亿元人民币的营业总收入排名第一，这已是中国外运多年蝉联中国货代物流百强榜首。中国外运以打造世界一流智慧物流平台企业为愿景，聚焦客户需求和深层次的商业压力与挑战，以最佳的解决方案和服务持续创造商业价值和社会价值，形成了以专业物流、代理及相关业务、电商业务为主的三大业务板块，打造了以海陆空货运体系为支撑、以战略资产为依托的一体化综合物流服务平台，为客户提供端到端的全程供应链方案和服务。

　　中国外运空运板块主营空运进口、出口及国内业务，拥有强大的国内外服务网络，可以为客户提供中国通往全球 200 多个国家的门到门服务。以华北、华东、华南、西部及香港五大区域运控中心为支撑，与重点航空公司、核心海外代理及国内物流服务商建立了稳定的战略合作关系，有效掌控了国际干线运力资源，所把控的海外渠道具备头程及末端取、派件能力，为客户提供全程化、可视化、标准化的全供应链物流服务，通过"产品+解决方案"提升客户供应链效率。

　　（资料来源：中国外运官网及中国国际货运代理协会网站）

【案例思考题】

（1）中国外运业务范围是什么？

（2）中国外运的竞争优势有哪些？

（3）中国外运在哪些方面存在不足？

2.1　货运代理的概念及发展历程

2.1.1　货运代理的基本概念

随着国际贸易和多式联运的迅猛发展，国际货运代理应运而生。国际货运代理不仅通过大批量装载获得较低费率，而且仰仗所掌握的渠道和信息，在"门到门"运输、转运及其服务方面较客户直接找公共承运人更具优势。早期，国际货运代理仅指代表进出口商完成货物的装卸、储存与安排运输、收取货款等日常业务的代理机构，且大多被视为代理人，而非实际承运人，其性质更类似一种"货物中间人"，既代表货方，保护货方利益，又代表承运人，协调承运人工作，从中获取附加价值或附加收益。

为此，不同组织和机构给出了有代表性的定义。国际货运代理协会联合会（International Federation of Freight Forwards Association，FIATA，简称菲亚塔）认为：货运代理人（freight forwarder，或 forwarding agent，或 cargo agent）是根据客户的指示，并为客户的利益而揽取货物运输的人，其本身并不是承运人。依据这些条件，货运代理可以从事与运输与合同有关的活动，如储货（也含寄存）、报关、验收、收款等。

联合国亚太经济和社会理事会（United Nations Economic and Social Commission for Asia and the Pacific，UNESCAP，简称亚太经社会）认为：货运代理企业是代表其客户装卸货物、储存货物、安排当地运输，为客户索要应付款项等业务活动的佣金代理者，而本身并不是承运人。

我国在《国际货物运输代理业管理规定》（1995）中认为：货运代理企业是接受进出口货物收货人、发货人（托运人）的委托，以委托人的名义或者以自己的名义，为委托人办理国际货物运输及相关业务并收取服务报酬的企业。

由于清关是货运代理最主要的业务之一，为此，很多国家称呼货运代理为"关税厅代理人""清关代理人""关税经营人""通关代理行""报关代理人"等。在我国，货运代理人也被称作"运输代理人""货物运输行""运送承揽人""运输承揽人"或"货运承揽人"等。不同于船代是代表船方利益的，货代主要是为货主服务，代表货主利益。

迈入 21 世纪，货运代理的服务范围和服务业务不断扩大，在国际贸易和国际运输中的地位日益突出。一方面，随着多式联运经营人的出现，货运代理承担的责任范围也随之扩大；另一方面，为更方便地安排运输和赚取更多收益，许多货运代理企业开始拥有自己的运输工具，并签发多式联运提单，甚至开展综合物流服务。

为此，FIATA 对国际货运代理作为承运人时的责任，做出明确规定：货运代理无论是直接使用自己的运输工具进行运输（如取货和送货服务中扮演实际承运人角色），还是仅签发自己的运输单证，都已经明示或默示地做出了承担承运人责任的承诺（扮演契约承运人角色）。这使得国际货运代理的外延有所扩大，无论从其所从事的业务范围，还是从国际国内立法、司法审判的实践来看，货运代理由中间人向契约承运人的演变不可逆转，有必要对国际货运代理的内涵分别从代理人和当事人的角度进行重新诠释和定义。

2004 年我国修订的《国际货物运输代理业管理规定实施细则》将国际货运代理企业分别界定为：可以作为进出口货物收货人、发货人的代理人，也可以作为独立经营人，从事国际货运代理业务。作为代理人从事国际货运代理业务，是指国际货运代理企业接受进出口货物收货人、发货人或其代理人的委托，以委托人名义或者以自己的名义办理有关业务，收取代理费（从货主）或佣金（从航空公司）的行为。作为独立经营人从事国际货运代理业务，是指国际货运代理企业接受进出口货物收货人、发货人或其代理人的委托，签发运输单证，履行运输合同，并收取运费及服务费的行为。

2.1.2　货运代理业的发展历程

国际货运代理行业早在公元 10 世纪就开始萌芽。货运代理业初期为报关行业，从业人员多从国际贸易转行而来，人员素质较高，能为货主代办相当一部分国际贸易业务和运输事宜。随着贸易发展，货运代理业逐渐派生出一个个专门行业。而空运代理随着二战后商业航空的出现迅速发展起来。

在我国，早在丝绸之路与欧亚各地通商时就有报关行业。1949 年新中国成立后，我国政府规定中国对外贸易运输总公司（简称"中外运"）及其分公司独家经营我国进出口贸易的所有货运代理业务，同时中外运成为国内航空公司的唯一合法代理。1958 年我国加入《统一国际航空运输某些规则的公约》（简称《华沙公约》），陆续同许多国家建立起航空运输业务关系。1962 年成立的中外运北京空运公司，是我国最早的航空货代企业。1999 年 10 月，我国成立中外运空运发展股份有限公司（简称"外运发展"），并于 2000 年在上海证券交易所上市（上市代码：600270），成为国内航空货代行业首家上市公司。

1984 年 10 月，国务院出台《关于改革我国国际海洋运输管理工作的通知》。1988 年 3 月，我国开始逐步放开货代市场，鼓励多家经营、互相兼营，经济成分由全民所有制发展为中外合资、外商独资、股份制、有限责任公司等多种所有制形式。此后，1992 年国务院出台《关于进一步改革国际海洋运输管理工作的通知》，明确放开货代、船代，允许多家经营，鼓励竞争。国内货代市场迈入发展的高峰期。

从 1994 年下半年开始，国际货运开始呈现薄利多运的态势，货代企业面临日益加剧的竞争，被迫转向以信誉、服务质量和时效为主的服务竞争，然而拖欠运费现象严重。面对新形势，1995 年 6 月 6 日，国务院批准《中华人民共和国国际货物运输代理业管理规定》。2004 年，民航局颁布《关于加快发展国内航空货运若干政策的意见》，同期商务部出台《国际货物运输代理业管理规定实施细则》，为货运代理业的发展提供了直接的政策指导。2001 年中国加入 WTO，明确了进一步开放的承诺。2005 年 4 月 1 日，商务部颁布《国际货物运输代理企业备案暂行办法》，将国际货运代理企业经营资格审批制改为备案制，企业通过运用电子政务自主备案，实现全国联网管理，商务部借助"国际货运代理企业信息管理系统"（http://ife.mofcom.gov.cn/）采集国际货运代理行业的信息数据，至此货代行业全面对外开放。2015 年中国航协发布实施《航空运输销售代理资质认可办法（修订）》，明确了取得航空运输销售代理资质（航空铜牌）须具备的条件。

截至 2016 年 12 月底，在商务部备案的国际货代企业已达 46608 家，形成了由市场主导的中资、中外合资、外商投资及本土民营等多种所有制企业同等竞争的局面；但是，备案的货代物流企业中，76% 的企业规模较小，注册资本在 150 万美元以内。目前，我国大约 80% 的进出口贸易货物运输和中转业务（其中散杂货 70%，集装箱货 90%），90%的国际空运货物均通过国际货运代理企业完成。

2.2　航空货运代理的概念及分类

航空货运代理是社会分工和专业化发展的结果。第二次世界大战后，航空货物运输才开始出现。早先的货物运输主要依靠航空公司自己开拓市场。随着国际贸易和航空货物运输市场的发展，一些经营海运和旅游代理业务的公司便在公司内部加设空运代理部门，专营空运代理业务，很快就出现了一个个独立的专门性空运代理公司，并逐步发展为空运代理行业。

2.2.1　航空货运代理的概念

航空货运代理是指接受航空公司或托运人的委托，专门从事航空货物运输的组织工作（如揽货、订舱、制单、报关、交运等），提供各种服务，从而获取一定报酬的企业或个人，它是航空货物运输市场中连接托运人和航空公司的重要桥梁。

航空货运代理专门从事航空货运的代理工作，业务娴熟，经验丰富，精通运输、贸易、保险和法律等方面的知识，与运输、贸易、银行、保险、商检等部门有广泛的联系，在市场开拓等方面拥有巨大的优势。对于托运人来说，只需要少量的佣金，就可以得到空运代理人的专业优质服务，既省时又省力；对航空公司来说，不需要投资或者只使用较少投资，就可以获得具备专业知识的货运代理的专业服务，提高其经济效益。

航空货运代理公司的主要业务就是代理集中托运，即把若干单独发运的货物组成一整批货物、用同一份总运单发运到同一到达站，由其在当地的代理人负责接货，报关后分拨给实际收货人。这种集中托运方式可以从航空公司争取到较低的运价，代理公司和货主都可以从这种服务中获益，航空公司也可以从代理公司的服务中获利。虽然航空公司要向代理公司支付一定的酬金，但是代理公司为其组织了成批货源，承揽了大批客户，将各个客户的货物集中起来托运，为其节省了大量的人力、物力和时间，从而有助于其进一步开拓空运市场。同时，收货人和发货人可以从货运代理那里得到方便、快捷的全过程的增值服务，可以节约成本、提高效率，增强其在本行业的竞争能力。

航空货运代理公司作为货主和航空公司之间的桥梁和纽带，可以是货主的代理，代替货主向航空公司办理托运或提取货物；也可以是航空公司的代理，代替航空公司接收货物，出具航空公司的总运单和自己的分运单。航空货运代理在为航空公司开拓国际国内航空货运市场，促进航空货物运输市场的发展等方面发挥了相当大的作用。目前航空货物运输代理人已经渗透到航空货物运输的各个角落，成为航空货物运输事业不可缺少的组成部分（图 2-1）。

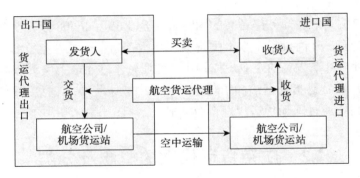

图 2-1　航空货运代理的概念

2.2.2　航空货运代理的分类

目前，世界各国的航空货运代理数量众多，类型不一。选择的划分依据不同，会有不同的分类结果。

1. 按是否加入 IATA 划分：航协代理和非航协代理

航空货运代理根据是否加入 IATA 可分为航协代理（IATA cargo agent）和非航协代理（Non - IATA cargo agent）。航协代理经国际航协注册，获得 IATA 成员航空公司的认可和授权，并代表航空公司从事相关活动；非航协代理通常接受托运人的委托，代表托运人处理各项事务。我国的航空货运代理大多具有双重身份。

2. 按服务对象划分：集运商和分运商

集运商，即集中托运商，又称出口货物代理人，是指从事将多个托运人的货物集中起来作为一票货物交付给承运人，并使用较低运价的代理人。分运商，即分拨代理商，又称进口货物代理人，是指将多个收货人的货物分拆并分别发给不同收货人的代理人。

集中托运商将多票单独发运的、目的地相同或相近的货物集中起来作为一票货物，交给承运人发运到同一目的地点。航空承运人就整票货物向集中托运人开具货运主单，集中托运人向各个分散的货主开具分运单。在有些国家，集中托运商必须得到政府主管部门的批准，获得营业执照才能开业。它所提供的服务项目如下。

①办理集中托运业务。

②对所接受货物运输的全部过程负责，从托运、转运直到货物妥善交收货人接收为止。

③将散货拼装成大批量的货物以使用包机或包舱。

④将货物装入集装器，交给航空公司发运。

⑤对再出口货物办理退关税手续。

集中托运人利用航空公司制定的各种不同运价，通过从大量托运人处收取散货结成整批，集中向航空公司托运而获得较低的运价，从而赚取运费差价。对于航空公司而言，它是托运人，是大客户；对于真正的货主来说，它实际上具有承运人的身份。

3. 按代理权限划分：销售总代理和核心销售代理

航空货运代理根据代理权限可分为销售总代理和核心销售代理。

销售总代理（general sales agent，GSA），是指在某个城市或地区为某个航空公司代理销售全部舱位的总代理。年吞吐量在 2 万吨以内的小机场、运量少的地区，航空公司一般会选择机场地面代理公司作为 GSA，其收入包括舱位销售差价、代理点装载舱位的配载权、吨控权等。GSA 被其他代理称为订舱口，因为其他代理只能通过 GSA 拿舱位。例如，一架外航的航班飞往北京，这家外航在北京的办事处主要负责航班的安全正点，正常运转。该外航需要委托北京首都国际机场的地面代理装卸货物、分解处理货物和集装箱板；为飞机加油、飞机维修检查、配餐、清洁飞机，以及为旅客办理乘机手续、托运行李等工作。

核心销售代理是航空公司根据业务量和对自身重要性的设定，经航空公司授权代替航空公司接受货物、出具航空公司主单和自己的分单，或从事地面操作业务的代理人，一般可设定多家。

4. 按代理资质划分：一级代理和非一级代理

一级代理：经过商务部、中国民航局批准认可的，获得货运航空铜牌（航空资质）的货运代理人，可以直接从航空公司领运单，直接报关、交接，是航空公司的主要分销商。一级代理主要的业务权限如下。

①可经营国际航线或港、澳、台地区航线的民用航空运输销售代理业务，代理客运销售量 2000 人次客票或者代理货运销售量 100 吨。

②交接权是一种许可权，需要一级代理向当地的机场地面代理公司申请。

③领单权，可以向航空公司领取货运单并以自己的名义签发货运主单。

④订舱权，可以向航空公司订舱交货。

⑤可以向海关申请监管仓库，也可以接受其他货运代理同行的委托。

⑥有代理销售权，是航空公司主要的分销商，可以从航空公司处获取佣金或返利。

非一级代理：未经过商务部、中国民航局批准从事货运代理业务的代理人，自身没有直接的订舱权、地面交接权、领单权、报关权和申请监管仓库等权利，这些公司的优势一般在于直接面对客户或者海外代理，是一级代理的主要货源之一。非一级代理的业务权限如下。

①非一级代理经营国内航线的民用航空运输销售代理业务，代理客运销售量 5000 人次客票或者代理货运销售量 200 吨。

②非一级代理是由各省级交通主管部门批准设立的货运业务代理人。

③非一级代理的业务权限必须由一级代理授权才能取得。

一般海外代理指定货物比较多，是非一级代理公司的主要货源之一，这些公司如果和航空公司关系良好也可以直接向航空公司订舱位，取得优惠运价，甚至价格比一级代理的价格还要便宜，但是他们没有交接权，必须找一家一级代理公司做挂靠，用其名义去交接，即由一级代理代其向当地的机场地面代理公司交易。

5. 危险品代理资质

中国航协受民航局委托开展危险品货物航空运输销售代理资质认可工作,并向符合相关条件的货运销售代理企业颁发"危险品货物航空运输销售代理业务资质认可证书"。一般来说,取得货运销售代理资质经营满 10 年且无严重违规记录的航空运输销售代理,经过中国民航危险品运输管理中心的安全能力评估,可以申请危险品货物航空运输销售代理资质,获得资质后方可从事危险品运输代理。

6. 地面代理

地面代理本质上也属于货运代理,主要由机场货站(cargo terminal operator,CTO)或航空公司货站来完成。

货站在航空货运中的角色分两种:出港操作中扮演货代角色,发挥单证审核、安全检验、货物暂时储存、货舱配载、货舱装卸等作用;进港操作中主要发挥货舱装卸、货物入港检验、单证审核、货物暂时储存,以及通知收货人或代理提货等作用。

2.2.3　航空货运代理存在的必然性

随着航空货运业务的发展,航空货运代理业便应运而生。航空货运代理业之所以能得以存在并发展,是因为它所提供的服务为货主及航空公司双方均带来便利。

①航空货运代理使航空公司更好地发展主业。航空公司的主要业务为飞行保障,它们受人力、物力等诸多因素影响,难以直接面对众多的客户,处理航运前和航运后繁杂的服务项目,这就需要航空货运代理公司为航空公司出口揽货、组织货源、出具运单、收取运费、进口疏港、报关报验、送货、中转,使航空公司可集中精力,做好自身业务,进一步开拓航空运输业务。

②航空货运代理使货主不必花费大量的精力去熟悉繁复的空运操作流程。采用航空货运形式进出口货物,需要办理一定的手续,例如,出口货物在始发地交航空公司承运前的出舱、储存、制单、报关、交运等;进口货物在目的地机场的航空公司或机场接货、监管储存、制单、报关、送货及转运等。航空公司一般不负责上述业务,收、发货人可通过航空货运代理公司办理航空货运业务,也可自行到航空公司办理航空货运业务。

③航空货运代理在办理航空托运方面具有无可比拟的优势。航空货运代理大多对航空运输环节和有关规章制度十分熟悉,并与各航空公司、机场、海关、商检、卫检、动植检及其他运输部门有广泛而密切的联系;具有代办航空货运的各种设施和必备条件;同时各航空货运代理公司在世界各地或有分支机构,或有代理网络,能够及时联络,掌握货物运输的全过程。因此,货主委托航空货运代理公司办理进出口货物运输比自行安排货物出运更为便利。

2.2.4　航空货运代理的发展概况

1. 国内航空货运代理

国内航空货物运输代理业务是指对出发地、约定的经停地和目的地均在中华人民共和国境内的民用航空货物运输的代理业务。在代理业务的操作过程中，适用《中华人民共和国民用航空法》《中国民用航空货物国内运输规则》及各航空公司运输总条款。国内航空货物运输代理业务主要分为国内空运出港业务、国内空运进港业务及国际联程货物运输业务等。

国内航空货物运输是现代物流的主要组成部分之一，在现代物流中起着重要作用。作为经济发展和社会生活的联系纽带，国内航空货物运输是连通市场生产与供给的渠道之一。由于具备迅速、安全等优点，国内航空货物运输成为在传统运输方式无法满足货物运输要求时的一种优质选择。

中国的航空货运代理业是随着我国改革开放和对外贸易的发展逐步发展起来的。1984 年以前，中国对外贸易运输总公司及其各分公司是我国唯一的货运代理，是对外经贸部下属的各专业进出口公司的货运总代理，也是航空公司的代理。

改革开放后的中国国际货运代理行业，由中外运独家代理变为多家经营，经济成分由全民所有制发展为中外合资、外商独资、股份制、有限责任公司等所有制形式。1991—1994 年是中国国际货运市场发展的高峰时期，承运人和货运代理收益颇丰，1992 年 7 月底，经营航空货运代理业务的公司有 290 多家。近年来，我国货运代理行业迅速发展，规模不断扩大，2021 年度中国货代物流空运前 50 强排名，见表 2-1。

表 2-1　2021 年度中国货代物流空运前 50 强

排位	企业名称	营业额/万元
1	敦豪全球货运（中国）有限公司	1819872.00
2	爱派克斯国际物流（中国）有限公司	1812733.00
3	中国外运股份有限公司	1516049.19
4	港中旅华贸国际物流股份有限公司	959668.00
5	嘉里物流（中国）投资有限公司	864069.00
6	唯凯国际物流股份有限公司	685946.40
7	广州欧华国际货运代理有限公司	677420.36
8	深圳市柏威国际科技物流有限公司	593753.33
9	日通国际物流（中国）有限公司	444326.29
10	新时代国际运输服务有限公司	405622.00
11	近铁国际物流（中国）有限公司	378690.58
12	深圳市涵文国际货运代理有限公司	365310.56
13	北京泽坤国际货运代理有限公司	290861.69
14	深圳市易速信达供应链有限公司	286097.76
15	海程邦达供应链管理股份有限公司	278723.00
16	硕达（上海）国际货运有限公司	259422.00
17	深圳安达顺国际物流有限公司	252091.85
18	中远海运航空货运代理有限公司	195206.00
19	嘉宏国际运输代理有限公司	193637.00
20	深圳天翼通国际货运代理有限公司	192630.62
21	上海青旅国际货运有限公司	183468.00
22	鸿霖国际货运代理（上海）有限公司	174126.00
23	民航快递有限责任公司	163956.00
24	中经得美国际快运代理有限公司	162029.00

排位	企 业 名 称	营业额/万元
25	深圳市华展国际物流有限公司	154089.60
26	日邮物流（中国）有限公司	140100.00
27	锦海捷亚国际货运有限公司	119113.00
28	广州佳联迅物流有限公司	116906.24
29	广东高捷航运物流有限公司	103408.40
30	中集世联达物流科技（集团）股份有限公司	101294.18
31	山东朗越国际运输服务有限公司	101223.00
32	江苏飞力达国际物流股份有限公司	96701.17
33	密尔克卫化工供应链服务股份有限公司	89483.00
34	中菲行国际货运代理（上海）有限公司	84439.00
35	铂睿国际物流（北京）有限公司	83146.58
36	航都（厦门）国际货运代理有限公司	78996.00
37	北京大田智慧物流有限公司	75405.00
38	江苏佳利达国际物流股份有限公司	73338.00
39	中国物资储运集团有限公司	67103.00
40	盛世通物流（厦门）有限公司	50016.91
41	上海环世物流（集团）有限公司	44581.00
42	东方国际物流（集团）有限公司	41670.40
43	上海亚东国际货运有限公司	38434.58
44	北京百福东方国际物流有限责任公司	33250.00
45	通用技术集团国际物流有限公司	32205.67
46	日立物流（中国）有限公司	30208.00
47	美设国际物流集团股份有限公司	28365.00
48	上海高信国际物流有限公司	27426.00
49	江苏众诚国际物流有限公司	24234.00
50	上海华加国际货运代理有限公司	23265.00

2. 国际航空货运代理

航空货物运输最早出现在法国。第二次世界大战后，大批军用飞机转入民用运输，西方发达资本主义国家开始大力发展航空工业，开辟国际航线，逐步建立了全球性的航空运输网络。尤其是宽体飞机的出现和全货机的不断发展，使得国际航空货运在经济发展中的地位越来越重要。在全球交易中，对时间敏感性的货物、高价值和高技术货物的进出口数量增长迅猛，大大推动了航空货运业的发展。

物流业权威杂志 *Transport Topics* 公布了 2022 全球物流企业 100 强榜单，46 家空运货代企业上榜（表 2-2）。其中，德迅超越 DHL 排名第一，年货量 222 万吨；DHL 位居第二，年货量 210 万吨；DSV 排名第三，年货量 160 万吨。这三家企业的货量均比上年有大幅增长。

上榜的中国企业如下。

中国外运排名第 11 位，年货量 53 万吨；

嘉里物流排名第 12 位，年货量 52 万吨；

欧华国际排名第 13 位，年货量 48 万吨；

华贸物流排名第 15 位, 年货量 40 万吨;

中菲行排名第 24 位, 年货量 25 万吨;

环世物流排名第 34 位, 年货量 13 万吨;

泽坤国际货运排名第 38 位, 年货量 10 万吨。

表 2-2 2022 全球空运货代榜单

排名	公 司 名 称	总部所在地	货量（万吨）
1	Kuehne + Nagel	瑞士	222.0
2	DHL Supply Chain & Global Forwarding	德国	209.6
3	DSV A/S	丹麦	160.0
4	DB Schenker	德国	140.0
5	Expeditors International of Washington	美国	104.7
6	Nippon Express	日本	97.2
7	UPS Supply Chain Solutions	美国	96.6
8	Bollore Logistics	法国	65.6
9	Kintetsu World Express	日本	55.7
10	Hellmann Worldwide Logistics	德国	55.3
11	Sinotrans Ltd.	中国大陆	53.2
12	Kerry Logistics	中国香港	52.0
13	AWOT Global Logistics Group	中国大陆	48.6
14	Ceva Logistics	法国	47.4
15	CTS International Logistics	中国大陆	39.8
16	Dachser SE	德国	36.5
17	Geodis	法国	34.7
18	Crane Worldwide Logistics	美国	33.7
19	Yusen Logistics	日本	32.6
20	C.H. Robinson Worldwide	美国	30.0
21	NNR Global Logistics	日本	28.9
22	Pilot Freight Services	美国	28.0
23	FedEx Logistics	美国	26.6
24	Dimerco Express Group	中国台湾	25.2
25	EFL	斯里兰卡	20.5
26	Logwin AG	卢森堡	18.2
27	Cargo-Partner	奥地利	18.1
28	Maersk Logistics	丹麦	17.4
29	Trinity Logistics USA	美国	16.4
30	Omni Logistics	美国	15.0
31	Hitachi Transport System	日本	14.8
32	LX Pantos	韩国	14.2
33	Seko Logistics	美国	13.0
34	Worldwide Logistics Group	中国大陆	13.0
35	Toll Group	澳大利亚	11.7

排名	公 司 名 称	总部所在地	货量（万吨）
36	Mainfreight Ltd.	新西兰	11.5
37	Scan Global Logistics A/S	丹麦	10.1
38	Beijing Harmony Shipping & Forwarding Agent	中国大陆	10.0
39	AIT Worldwide Logistics	美国	9.8
40	BDP International	美国	7.6
41	CLASQUIN	法国	7.1
42	XPO Logistics	美国	7.0
43	Savino Del Bene	意大利	6.5
44	OIA Global	美国	5.9
45	Nissin Corp.	日本	5.5
46	APL Logistics	新加坡	5.4

2.3　航空货运代理企业

2.3.1　航空货运代理的业务范围

航空货运代理通常是接受客户的委托，完成货物运输的某一环节或与此有关的各个环节，可直接或通过其雇用的其他代理机构为客户服务，也可以利用其海外代理人提供服务。具体来讲，其业务范围如下。

1. 代表托运人

航空货运代理人代替托运人办理航空运输过程中所有的手续，主要提供以下服务。

①选择运输路线、运输方式和适当的承运人。

②向选定的承运人提供揽货、订舱。

③提取货物并签发有关单证，研究信用证条款和有关政府规定。

④包装、储运、称重和测量尺寸。

⑤安排保险，做外汇交易，支付运费及其他费用。

⑥货物到港后办理报关及单证手续，并将货物交给承运人。

⑦收取已签发的正本提单，并交付托运人。

⑧安排货物转运，向收货人通知货物动态。

⑨记录货物灭失情况，协助收货人向有关责任方进行索赔。

2. 代表收货人

航空货运代理代表收货人时，主要提供以下服务。

①报告货物动态。

②接收和审核所有与运输有关的单证。

③提货和付运费。

④安排报关和付税及其他费用。

⑤安排运输过程中的存仓。

⑥向收货人交付已结关的货物。

⑦协助收货人储存或分拨货物。

3. 作为多式联运经营人

航空货运代理作为多式联运经营人时，主要负责收取货物并签发多式联运提单，承担承运人的风险责任，为货主提供一揽子的运输服务。

在发达国家，由于货运代理发挥运输组织的作用巨大，故有不少货运代理主要从事多式联运业务。而在发展中国家，由于交通基础设施较差，有关法规不健全及货运代理的素质普遍不高，因此货运代理在作为多式联运经营人方面发挥的作用较小。

4. 其他服务

航空货运代理还可以根据客户的特殊需要提供监装、监卸、货物混装和集装箱拼装拆箱运输咨询服务，特种货物挂装运输及海外展览运输服务等。

2.3.2　航空货运代理企业的作用

货运代理企业作为货主（实际发货人和实际收货人）和实际承运人（航空公司）之间的桥梁和纽带，既可以是货主的代理，代替货主向航空公司办理托运或提取货物，也可以是航空公司的代理，代替航空公司接收货物，出具航空公司的主运单和自己的分运单。

1. 提供专业化咨询服务，起顾问作用

货运代理是运输的设计师和组织协调者，他们熟悉运输环节手续和有关规章制度，特别是了解经常变化着的国内外海关手续、运费与回扣、港口与机场的业务流程、集装箱运输的组织、货物的包装和装卸、代收款及检验等，拥有复杂的进出口业务、海陆空运输、集装箱运输、危险品运输、结算、集运、仓储、保险等方面的专门知识，能够就运费、包装、单证、海关、检查检疫、金融、领事要求等提供咨询，并了解国外市场的价格、销售情况等。

2. 提供专业化运作，起执行人作用

货运代理与民航、海关、商检、银行、保险和交通运输部门有着广泛而密切的联系，具备安全、迅速、准确地组织进出口货物运输和代办运输手续的有关条件，是"国际贸易运输的设计师与执行人"，是"门到门"运输的组织者和协调者。同时，货运代理企业在世界各地都设有分支机构或代理人，能够及时沟通联络，控制货物运输的全过程，使用现代化的通信设备随时向委托人报告货物的在途情况，可简化国际贸易程序，降低运输总成本。因此，委托航空货代企业办理进出口货物运输不仅高效、灵活，而且手续简单、方便。收、发货人可选择部分或全权委托货运代理提供各项增值服务，既可以节约成本，又可以提高效率。

3. 提供集中托运及特殊服务，起组织协调作用

货运代理主要业务是代理集中托运，即把若干单独发运的货物组成一整批货物，用同一份主运单发运到同一目的站，由其在当地的代理人负责接货，报关后分拨给实际收货人，形成"门到门"或"桌到桌"的一条龙服务，为用户提供极大的便利。集中托运方式使货主、实际承运人和货运代理三方受益。通过集中托运，货代公司可以从航空公司争取到最便宜的运价，其差价就是代理公司的收益；对货主而言，减少了四处奔波劳顿和有关费用的开销；对航空公司而言，省去了为揽货付出的大量人力和物力成本。此外，还可以为货主提供资金融通、拼箱拆箱、报关报检、代办保险等特殊服务。

4. 扩大航空公司营销能力，起市场开拓作用

航空公司通过与代理签订协议建立代理关系，就可充分利用代理人的销售网络，不仅免去航空公司自设机构之累，而且通过代理人在开航城市撒网布点，建立销售网络，便于用户就近办理购票或托运手续，使航空公司的客货营销业务得以通过代理人的销售网络渗透到开航城市的旅行社、宾馆饭店和车站码头等客货集散地。尽管航空公司要向代理公司支付一定的酬金，但是代理公司为其组织了成批货源，承揽了大批客户，将千家万户的货物集中起来托运，为其节省了大量的人力、物力和时间，从而有助于其进一步开拓空运市场。

5. 为航空公司提供信息服务，起中间人作用

航空公司往往委托代理人进行市场调研，尤其是在没有派驻机构的城市更是如此。代理人通过其广泛的销售网络直接接触众多的客货用户，可以将其从市场中收集到的有关信息反馈给航空公司，并分析做出有关决策、提出改进建议和意见，使得航空公司能够根据市场的变化情况及时调整航班运力、广告策划和公共活动等。

6. 影响与航空运输有关的政策和规定，起影响者作用

航空货运代理还可利用自身组织协调和中间人的角色，间接影响货主对运输方式、运输路线的选择，以及航空公司运输费率和新产品市场开拓等的制定。按照 IATA 规定，因代理人为航空公司承揽了业务，代理人（取得航空销售代理资质的代理人）可从航空公司收取 5%的订舱佣金和一些运输暗扣（按航空公司的空运费率）。航空公司委托代理人销售运力，一般按销售的数量或金额的一定比例提取佣金，作为支付代理人为航空公司代办业务的报酬。这样既有助于减轻货主的负担，同时也提高了代理人承揽客货业务的提高性。

2.3.3　航空货运代理的特征

作为民航业与货代业的结合，航空货运代理在流程上除涉及国内和国外、进口和出口外，还涉及同行间的竞争与合作，上下游的协调与掣肘；在角色上涉及国际组织、商务部、行业协会、民航局、航空公司、机场、货站、海关、商检、保险、银行、其他货运代理和运输部门等不同主体；在业务上涉及运输、检验检疫、报关、仓储、打板、装箱装板、装卸、安检、司磅、保险、理货、查询、索赔等不同业务。总体看，航空货运代理具有如下特征。

1. 专业性强

与不同联检部门、机场和航空公司打交道，需要掌握各方面的专业知识。

2. 单证繁杂

涉及的各类单证众多，要求单证与实物一致，注重货物单证流转的相互协调。

3. 涉及面广

与航空货代企业有业务关系的机构和单位众多。联检机构有海关、商品检验机构、动植物卫生检疫机构、银行等；联运的节点单位有机场、码头、港口、车站；联运的运输部门有船舶公司、航空公司、铁路运输公司、港口作业部门；客户有各专业贸易公司、经销商、厂矿企业；协作者中有海内外同行。

4. 对从业人员要求高

要求具备很强的专业知识、业务技能，熟悉货运运作规则、惯例、货运单证及其流程，具备较好的业务疏通能力和财务意识。

5. 信息作用大

随着电子商务的发展，构建电子商务式的运作模式成为航空货运代理抢占制高点的有力武器。

2.3.4　航空货运代理的责任

1. 基本责任

由于航空货运代理公司是中间人、托运人或者收货人，因此他既对委托方承担责任，又对航空公司承担责任，具体表现在以下两方面。

（1）航空货运代理的职责

由于航空货运代理人与航空承运人或货主之间本质上属于委托人和受托人之间的关系，根据与委托方订立的协议或合同规定，或根据委托方指示进行业务活动时，货运代理人应认真负责地完成此项委托，尤其是在授权范围之内，代理人必须积极履行以下代理职责。

①亲自、积极地履行代理职责，不得怠慢，如实汇报一切重要事项。在委托办理业务中向委托方提供的情况、资料必须真实。

②正确履行代理职责。

③为委托人保守商业秘密，货运代理过程中所得到的资料不得向第三者泄露，同时，也不得将代理权转让与他人。

④销售代理人必须遵守国家关于航空运输价格和运输销售代理服务费用的规定。

⑤销售代理人不得将航空运输票证转让他人代售，或者在未登记注册的营业地点填开航空运输票证。

⑥销售代理人与民用航空运输企业按照平等互利原则,协商确定空运销售代理收费标准,但是民航行政主管部门和物价主管部门规定法定标准的除外。

⑦销售代理人应当在其营业地点公布各项营业收费标准,并将此标准报核发空运销售代理业经营批准证书的民航行政主管部门或者民航地区行政管理机构备案。

⑧销售代理人可以在获准的代理业务类别范围内,与中华人民共和国境内有经营权的任何民用航空运输企业签订空运销售代理合同,从事民用航空运输销售代理经营活动。民用航空运输企业或者销售代理人在委托代理经营活动中,不得实施不正当竞争行为。

如未能尽勤谨之责,或者在处理事务时有过失,实际上是未尽订立合同的义务,属违约行为,因此造成委托人经济损失的,应承担赔偿责任。

（2）免除责任

航空货运代理人对下列原因造成的货物损失不承担责任,但如能证明货物的灭失或损害是由货运代理人的过失或疏忽导致,应对该货物的灭失、损害承担赔偿责任。

①由于委托方的疏忽或过失。

②由于委托方或其他代理人在装卸、仓储或其他作业过程中的过失。

③由于货物的自然特性或潜在缺陷。

④由于货物的包装不牢固、标识不清。

⑤由于货物送达地址不清楚、不完整、不准确。

⑥由于对货物内容申述不清楚、不完整。

⑦由于不可抗力、自然灾害、意外原因。

2. 货运代理的赔偿责任

①如果货物交接地点的市价或时价与发票金额有差别,但又无法确定其差额,则按发票金额赔偿。

②对古玩、无实际价值货物的其他特殊价值,不予赔偿。（除非做特殊声明并支付了相应费用）

③对已发生货物灭失的货物运费、海关税收,以及其他费用负责赔偿,但不赔偿进一步的损失。

④对货物的部分灭失或损害则按比例赔偿。

⑤如货物在应交付日后约定天数内仍未交付,则构成延误交货,货代应赔偿因延误而可能引起的直接后果和合理费用。

2.4 航空货运代理企业设立与组织结构

2.4.1 航空货运代理企业成立的条件

改革开放以后,我国航空运输快速发展,民航客货销售代理人应运而生。自20世纪80年代中期至21世纪初,其设立须由民航行业管理部门进行行政审批。随着政府职能转换，2006 年 3 月 31 日，民航总局将航空运输销售代理资质认定及相关管理工作移交中国航协。按照国家对企业放管结合、优化服务的改革方向，近两年来，中国航协一直在研究推进销售代理管理服务改革，自 2018 年 12 月起已暂停受理资质认可。2019年 1 月 23 日，中国航协销售代理分会第三届第一次会员大会推出了改革方案，这标志着实行了 30 多年的销售代理资质认可制度画上了句号。截至 2019 年 2 月 28 日，从中国航协获得资质认可的航空运输销售代理企业共有 9615 家，其中客运代理企业共有4876 家、货运代理企业 4739 家。

为突出航空公司对代理市场管理的主体责任，充分发挥行业协会沟通、监督、自律、协调的作用，促进销售代理市场健康有序发展，中国航空运输协会从 2019 年 3 月 1 日起开始实施航空运输销售代理管理服务改革，全面停止了航空运输销售代理资质认可工作，采取新的方式，加强行业自律，提供相关服务。作为这项改革的重要配套内容，中国航协于 2019 年 4 月 3 日正式发布团体标准《航空运输客运销售代理人业务规范》和《航空运输货运销售代理人业务规范》，供申请企业进行自我评估和航空公司选择代理人时采用。申请从事销售代理业务的企业以此规范为标准先行开展自我评估，满足条件的方可向航空公司提出签订销售代理协议要求。航空公司按照民航局相关法规和规章、中国航协客货运输销售代理业务规范和本公司的相关要求，对申请成为航空公司销售代理人的企业进行审核，与符合条件的企业签约，该企业即可认定为销售代理人。

中国航协建立并通过"中国航协销售代理人综合信息平台"对与航空公司签订协议的代理企业进行对外发布，同时在平台登载代理企业违法违规、被处理、受表彰及经营年报信息等综合情况，以此对销售代理行业进行自律管理。航空公司、行业相关管理部门及消费者可通过该平台实现信息共知共享，从而达到倡导诚实守信经营，并使企业"一处违法、处处受限""一处失信、处处受限"的目的。

航空运输货运销售代理人基本条件包括以下内容。

①工商行政管理部门颁发的营业执照。营业执照的经营范围应当包含货运销售代理业务或相同意思的表述。

②与销售代理人业务规模相适应的实缴资本。

③与航空公司协定的必要资金担保或质押。

④企业法人及相关业务负责人应没有不良信用记录。

⑤经专业培训机构培训的与销售代理业务规模相适应的岗位技能人员。

- 销售代理人应当按照《民用航空危险品运输管理规定》和《危险物品安全航空运输技术细则》的要求接受相关危险品知识的培训并合格。
- 持有航空运输代理企业安保知识证书人员不少于两名。

⑥销售代理人应具备和代理业务量相匹配的营业场所和货物仓储场所。

- 仓库内应有足够的防护设施和必要的安全设备并定期进行检查，以保证其适用性。
- 做好防火、防盗、防爆、防水、防冻等工作。

⑦安保要求。

- 销售代理人制定本企业安保方案，安保条件符合民航行业主管部门要求。

- 销售代理人安保方案必须得到航空公司认可，并确保方案的适当和有效，相关内容符合《中华人民共和国民用航空安全保卫条例》。
- 对相关从业人员进行背景调查。

⑧危险品的运输要求。

- 从事危险品运输的销售代理人，应符合《民用航空危险品运输管理规定》。
- 从事危险品运输时，必须报备应急电话，并保持 24 小时畅通。
- 有危险品培训大纲和自查自检制度。
- 组织制定并实施危险品事故应急处置预案，仓储场所具有全方位 24 小时无盲区视频监控系统。
- 有航空货运安全管理制度，制定航空货运查验措施或者采取有效措施防止货物中隐含危险品。
- 制定经航空公司认可的危险品培训大纲，并提供认可函。

航空运输货运销售代理人业务规范

https://www.cata.org.cn/portal/content/download/document_0/18180

圆通、韵达等 4 家公司被注销航空货运代理资质

据民航资源网 2012 年 11 月 25 日消息，上海圆通速递有限公司（简称"圆通"）因未对其托运的货物按照操作规程验货、分类，导致谎报为普通货物的危险品交运航空公司，最终引发中国南方航空股份有限公司（简称"南航"）航班在落地后发生货物燃烧事件。中国航空运输协会决定注销其二类航空货运代理资质，并请各航空公司终止与该公司货运销售代理企业的合作，不承运其揽收的货物。

此前，中航协已决定注销了上海韵达货运有限公司（简称"韵达"）、上海汇行国际物流有限公司（简称"汇行"）和上海启昊货运代理有限公司（简称"启昊"）三家公司航空销售代理人资格认可证书。

根据中航协下发的《关于对上海圆通速递有限公司的处理通知》，中国民用航空华东地区管理局在对 2012 年 10 月 22 日晚南航 CZ6524 航班在大连周水子国际机场落地后发生的货物燃烧事件的调查中发现，在该票货物中，有两宗目的地为大连的物品的实际托运人为上海圆通速递有限公司，其货物品名分别为锂离子电池 1 块和手机含锂电池 1 个。据悉，圆通在向南航交运这两宗货物前，未对货物进行核实并按照相关规定进行正确分类，这两宗货物也未按照规定在运输文件中随附相关检测报告。经核实，实施这两宗货物托运行为的工作人员也没有接受过相应类别的危险品培训。

通告表示，鉴于圆通在此次货物着火事件中，未对其托运的货物按照操作规程验货、分类，导致谎报为普通货物的危险品交运航空公司，严重影响了飞行安全，违反了 CCAR-276 部第 276.93 条和第 276.95 条的规定，根据《中国民用航空运输销售代理资格认可办法》的有关规定，决定注销上海圆通速递有限公司的二类货运代理资质，并请各航空公司终止与这家货运销售代理企业的合作，不承运其揽收货物。

因近期航空货运代理企业陆续发生货运代理差错事故，甚至出现谎报货物名称、隐运危险品的恶劣行为，对航空运输安全造成了极大危害，中航协决定在全国范围内开展为期两个月的航空货运代理企业安全运输整顿。

（资料来源：民航资源网）

2.4.2 航空货运代理企业的组织结构

1. 部门经理

部门经理主要负责空运物流方案的制定和团队的管理，具体包括：管理团队的组建、管理和提升；配合公司战略发展，筹划、推进和评估本部门的长短期目标；各部门总体运作的计划、协调、推进和评估。

2. 操作部

操作部的人员包括报关员、报检员、单证员等。需明确海关、商检、机场货站等的具体规则和要求。

3. 市场部

市场部的人员包括外贸经理、货代业务经理、办事员和业务员。

4. 财务部

财务部的人员包括出纳（会计）、计费员。

5. 行政人事部

行政人事部的人员包括行政人事专员、调度员。

6. 海外代理或网点

在国际竞争中，国际货运代理最重要的是在世界各个地区建立联络员、代理或分支机构的网点。发达国家在发展自身的国际货运代理业务中通常采用以下四种做法。

①建立由商务代表团控制的联络员或代理网，适合较小的国际货运代理。

②入股国外的国际货代企业，适合中等或大型的国际货运代理。

③在国外设立自己的分支机构，适合中等或大型的国际货运代理。

④与外国国际货运代理机构签订协议，欧洲多数货运代理采用此法。

本章小结

早期的航空货物运输主要依靠航空公司自己开拓市场，但效果不甚明显，"机等货"和"货等机"的现象比比皆是。随着航空货运市场社会分工和专业化发展，航空货运代理应运而生并成为连接货主和航空公司的重要桥梁，是整个航空运输体系和现代物流产业的重要组成部分。随着国际贸易的深化发展，航空货运代理的经营范围日益拓展，新兴业态不断涌现，为促进航空运输业的发展发挥了重要作用。

　　本章首先介绍了货运代理的概念及发展历程，重点介绍了航空货运代理的概念及分类，其次对航空货运代理企业的业务范围、作用及特征进行了详细阐述，最后介绍了航空货运代理企业的设立条件和组织结构。

1. 航空货运代理的概念是什么？

2. 航空货运代理代表托运人和收货人时，分别提供哪些服务？

3. 航空货运代理有哪些分类？

4. 航空货运代理的作用是什么？

5. 航空货运代理的业务范围有哪些？

自学自测　　扫描此码

第 3 章

航空货物运输的构成要素

【学习目标】

- 掌握飞机的各种分类；
- 熟悉飞机的舱位结构；
- 了解集装器的种类、编号；
- 掌握各种集装设备的使用；
- 了解关于航权的相关问题；
- 了解全球主要航线、航空港的情况。

航班的选择

2020 年 10 月 5 日，首都机场货运部接受货主委托，承运一批精密电子产品（约 600 千克）从广州运往北京。客户要求预订南方航空的航班，且由于货物量较大、价值较高，客户要求采用集装箱运输，最好在当天 22:30 前到达，以便于提货人提货。

【案例思考题】

（1）货运部接受委托后，需要考虑哪些问题？

（2）如何为客户选择合适的航班？

（3）集装箱运输时要注意什么？是否所有的航空运输货机都能进行集装箱运输？

3.1 航空货运飞机

航空货运飞机是航空货物运输中的运输工具，航空公司以此来完成航空货运业务，也由此连接了航空货运产业链的上下游，包括货运代理、地面物流、机场作业。因此，航空货运飞机是航空货物运输不可或缺的要素之一。

目前，航空运输的主力——大飞机的生产厂家都是国外的飞机制造商，如空中客车（Airbus）、波音（Boeing）、福克（Fokker）、麦道（McDonnell Douglas）等公司。目前从事货运的飞机机型主要是空客系列、波音系列、麦道系列和"安"系列，如 A300F、B747-400F、MD-11F 等。

3.1.1 航空货运飞机的分类

1. 按机身的宽度划分

（1）窄体飞机

窄体飞机的机身宽约 3 米，客舱旅客座位之间只有一条通道，下货舱一般只能装载散装货物，通常称为散货舱，不能装运集装货物，可将货物直接装入飞机腹舱。

常见的窄体飞机主要有：

波音系列 B707、B717、B727、B737、B757；

空客系列 A318、A319、A320、A32；

麦道系列 DC-8、DC-9、MD-80、MD-90；

另外，还有 TU154、BAE146 及 Fokker、Saab 等支线飞机都属于窄体飞机。

A320 可以装运集装货物，但它所能装运的集装箱是经过特别设计的，其最大高度为 117 厘米，而一般宽体飞机所能装运的集装箱最大高度为 163 厘米。

（2）宽体飞机

宽体飞机的机身宽度不少于 4.72 米，客舱内有两条通道，这类飞机可以装运集装货物和散货。下货舱主要装载集装货物，也称为集装货舱，大多数宽体飞机的下舱也设置散货舱。

常见的宽体飞机主要有：

波音系列 B747、B767、B777；

空客系列 A300、A310、A330、A340；

麦道系列 DC-10、MD-11；

伊尔系列 IL-86、IL96；

另外，L1011 Tristar、AN-124 等飞机都属于宽体飞机。

2. 按飞机使用用途划分

（1）全客机

全客机的主舱用来载运旅客，下舱可以装载货物和行李，如 B737-300。

（2）全货机

全货机的主舱和下舱只用于载运货物，不能载运旅客。全货机一般为宽体飞机，主舱可装载大型集装箱。目前世界上最大的全货机装载量达 250 吨，通常的商用大型全货机载重量在 100 吨左右。其飞机代号后有字母 F，如 B737-200F、B747-400F。

（3）客货两用机

客货两用机不仅下舱装载货物，而且它的主舱也分为两个部分：前部设有旅客座位，用于装运旅客；后部用于装载货物。客货混装型飞机一般称为 COMBI，其飞机代号后有字母 M，如 B747M。

（4）客货机快速互换飞机

航空公司根据运输需要，将一架飞机客舱内的旅客座椅快速拆卸或者快速安装，使之由一架客机快速转换成一架货机，或由一架货机快速转换成一架客机。我们经常在一些机型资料看到的 QC 指的就是客货快速互换机型，是 quick change 的缩写。如 B737-300QC。

3. 按载货的类型划分

（1）散货型飞机

散货型飞机是指不能装载集装货物（集装箱或集装板）的飞机。窄体飞机的下货舱属非集装货舱，因此该类机型绝大部分属散货型飞机。

（2）集装型飞机

全货机及宽体客机均属集装型飞机，可装载集装设备。

3.1.2　飞机的舱位结构

1. 主舱和下舱

从飞机内部结构看，一般飞机主要分为两种舱位：主舱和下舱。但是 B747 分为三种舱位：上舱、主舱和下舱，如图 3-1 所示。

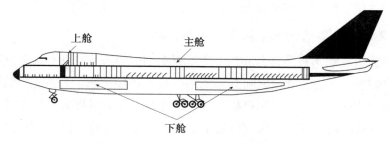

图 3-1　B747 舱位结构图

（1）主舱

全客机的主舱主要设置有旅客座位、行李架、储藏室等；全货机的主舱全部用于装载集装货物；客货两用机的主舱前半部分为客舱区，后半部分安排有集装货舱，可以装载集装货物。图 3-2 所示分别为 B747 全客机、全货机和客货两用机的剖面图。

B747全客机剖面图　　B747全货机剖面图　　B747客货两用机剖面图

图 3-2　B747 全客机、全货机和客货两用机的剖面图

（2）下舱

窄体飞机的下舱都是散装舱，因此只能装载散装货物、行李和邮件。大型宽体飞机的下舱分为前舱、后舱和尾舱，前舱和后舱均有集装设备卡锁设施，因此可以装载集装箱和集装板货物，装载布局视各机型出厂时的卡锁设施而定；尾舱则只能装载散装货物、行李和邮件。

2. 货舱和分货舱

货舱一般位于飞机的下腹部，有前下货舱和后下货舱，通常情况下被分成若干个分货舱。分货舱一般是用永久性的固体舱壁或可移动的软网隔离而成。用固体舱壁隔离的货舱是不允许超过界限的，而用可移动的软网隔离的货舱可以装载超过分货舱容积的货物。

3. 防止货物在货舱中移动的措施

在飞行过程中，如果货舱内的货物发生位移，它很容易损坏飞机，并且危及货物本身的安全。比如，重大的或尖锐的货物可能刺破舱壁碰到油箱、电器的关键部位、供水设备或其他的货物。由于货物在机舱内未被固定好而四处移动，飞机的重心位置就不能固定，很有可能落到安全区之外。因此，将货物固定在机舱内防止其移动是很有必要的。固体舱壁和隔离网都是防止货物在飞行中移动的限制系统的组成部分。另外，还可以采用其他的防护措施避免货物移动，包括网、锚链、带子、绳子等。

4. 防止集装箱和集装板在货舱中移动的措施

当使用集装箱或集装板装运货物时，货舱再次划分为若干个货位，在这些货位上放置集装箱和集装板。在这些货位之间并未采用隔板真正地把它们分开。货舱地板是由万向球台和滚棒组成的，既可以使用机械搬运，又可以人工地将集装箱放在货舱内的指定位置。当集装箱或集装板被装在指定位置上之后，就要用货舱地板上的限制系统将其锁定，以防止它在飞行中产生位移。

3.1.3　飞机货舱内的压力和温度

虽然各个机型的飞机主舱中的压力、通风和温度是能够控制的，但下舱的情形在各个机型之间却大不一样，特别是一些旧机型的下舱状况更为明显。在某些飞机上，下舱是不通风的。但当机身内部和外部存在压差时，从货舱门处会漏进空气。所以当飞机在地面上且货舱门关闭的状态下，下舱就不通风。而飞机开始飞行，上升并达到最大的巡航速度时，下舱就开始通风了。

还有一些机型的下舱温度无法控制，有时可能在飞行的过程中冷到能够冻结的程度。另外一些类型的飞机上有少量的暖空气通过舱壁进入机舱，提供补充气体以代替货舱门附近所泄漏的气体。而用于载运动物的机型上，驾驶舱可以通过加热和制冷保持货舱温度，以适应动物的生存需要。然而，在大多数现代型的飞机上，温度和压力是通过飞机工程师来调整的。

3.2 航空货运站

虹桥国际机场西区国内航空货运站

虹桥国际机场西区国内货运站就是将货运代理的存储和理货功能规划在二级设施内，既能与货运站形成较为紧密的作业联动，同时也能再拓展产业链，引入国内快件中心入驻代理作业区。另外，在规划层面还考虑了有利于业务发展灵活变化的可能性。例如，将空侧资源延伸至代理作业区，就能引入更多的功能，形成更灵活的运营模式和更高效的作业联动；将货代区建设为多层设施，并引入空侧通道，就可以打造货运综合体，用于市场对设施需求较大且货运地无法再扩张的情况。

【案例思考题】

（1）航空货运站的含义是什么？

（2）航空货运站布局应考虑哪些问题？

（3）航空货运站有哪些类型，该案例中的货运站特点是什么？

航空货运站是航空运输货物在陆侧与空侧之间（即陆运与空运之间）双向流动的节点。航空货运站按照航空运输相关规定和承运人或代理人要求，对货物进行全流程的系统处理。航空货运站必须满足空防安全监管要求并设置货物安检环节。其中，国际航空货运站是以国际货物进出境口岸操作为主要功能的综合服务设施，需要满足"航空运输类海关监管作业场所设置规范"等监管要求，接受海关等部门全程监管。

3.2.1 航空货运站的概念

在以往的教材中，航空货运站的重点放在了货运站内部的功能和流程上，但是实际上，货运站的作业链在空侧是要一直延伸到机坪和跑道的，还和机型有关；而在陆侧则是包含停车、检验等设施，一直延伸，与集疏运系统对接的货运车型有关。航空货运站的作业链如图 3-3 所示。

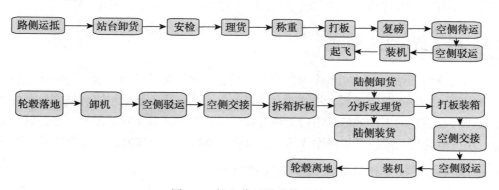

图 3-3 航空货运站的作业链

1. 关于空侧作业链

我国国内机场起降的民航客、货运机型主要包括 C、D、E、F 类机型，总体的趋势是逐渐向大机型转变。同时，客机腹舱和货机在我国各大机场的起降时刻分布特点比较鲜明，差异也比较大。航空货运站的作业高峰时段和作业模式都需要考虑这些特点和差异的影响，而且往往只能去适应它。因此，如何更好地适应机型及起降时刻分布的特点，是航空货运站运营和规划设计都无法回避的问题。

具体来看，因机型不同带来的影响，除了对跑道的规划要求不同外，不同机型的客机腹舱和全货机所提供的货运运力有很大差异，对机载航空箱、航空板的规格要求也不同。装卸机作业及设备、拖车驳运和待运安排、拖车与货运站用来装载货物的集装设备（unit load device，ULD）的交接模式及货运站内装箱打板作业环节等，都需要考虑机型对作业和流程的影响。

2. 关于陆侧作业链

不同作业类型的航空货运设施对拖车交接方式的选择也不同。拖车交接方式可以选择入库交接、库外交接或库内库外同步交接，而交接作业的设备又有非常多的选择及组合。高效合理的交接方式要基于机型、航班时刻、自身货物特点、货量规模、时效要求、用地条件、自动化水平、投资成本、作业面承载能力及陆侧交接货模式和波次，甚至气候特点等多方面因素的综合分析。

最后就到了陆侧站台的卡车装卸车作业区。陆侧卡车的卸货作业之后是货运站内的打板和机坪上的装机作业。反之，机坪上的卸机和货运站内的拆板作业之后是陆侧卡车的装货作业。这就是货运站最主要的出港和进港作业流程。当然，最理想的就是每个环节都无缝衔接、顺畅连贯。但实际情况往往是很复杂的，能掌控物流全链条的大型快递企业会做得好一些，它们的陆侧卡车会尽可能匹配好航班时刻和分拣作业来提前安排到达和出发的时刻。但其他大多数航空货运站的情况就完全不同了，卡车什么时间到达卸货、什么时间能装货离开，都是不确定的，货运站内部的作业就需要从流程上和空间上来应对这种不确定性的影响，才能尽可能保障空侧拖车驳运和装卸机作业正常衔接。因此，看似简单的陆侧站台装卸货作业其实对航空货运站的规划和运营管理有很高的要求。目前，已经有货运站开始根据自己的实际情况，研究陆侧交货卡车的两级叫号智能停车场管理和提货卡车的信息化时间预约管理，相信未来能更好地解决这一问题。

综上所述，航空货运站的概念包含了从货物卸机到货物装车全作业链。

3.2.2 航空货运站的功能

机场航空货运站主要功能是作为国际货运货物进出国境的关口，航空公司接受货物之处，提供货主办理报关的场所，货物暂存等候海关或检疫所查验的地方，航空公司整理货物、安排打盘装柜的工作地盘，出口货物等候装机待装区，其主要功能简言之，就是充当仓储、出入境管理、进出口货物作业场所，过境货物接转处理场所，具体功能说明如下。

1. 航空公司接受托运货主交货及暂存场所

航空公司要承运货主托运货物，首先要告知货物应送往何处，由航空公司清点接收，一般航空公司都在机场设有机场货运服务办公室,并设置货运仓库(货运站)接受货物,以备后续处理。

货运站一般设在机场边,与停机坪相连,方便货物仓储与拖运装机。但是机场周边的土地由于使用者众多,常呈现僧多粥少现象,因此常有晚到的航空公司无法取得机场周边土地设置货运站,而代理公司的货运站又无空间容纳时,只好向海关及有关单位申请将货运站设在机场外,或由机场外有执照的民间货运站代理,当然在此情形下,货物进出机场相当不便,而且也衍生出许多额外拖运及海关规费,增加成本支出。

2. 货运站作为海关报关验货场所

国际空运货物进出国境都必须经过海关检查验放,因为各国对于货物都有管制,一方面视货物的种类征收关税,另一方面对于某些禁制品或管制品进行把关。因此,货主出口货物或进口货物领取时都必须向海关报关,经申报查验,完成报关手续之后才能将出口货交运,或办理进口货提领。

3. 货运站是进出口货物装卸集装设备的作业场所

近代大型飞机大都使用集装设备装运行李及货物,为增加营运时效,加速装卸速度,货柜或货盘都在班机离站前后在货运站准备或拆卸,使飞机地停时间缩短,增加营运周转机会。货运站在运送过程中,扮演班机货物准备作业场所。

4. 货运站是过境货接转处理场所

航空公司班机南来北往,不仅载运点对点货物,也载运本班次航点之外货物,例如,加拿大航空温哥华到东京的班机,载运印度尼西亚雅加达货物,在东京转中华航空经台北转印度尼西亚雅加达,等等。这些过境转运货物,如果不是时间刚好,可以在停机坪马上接转的"直转货",通常要先送到货运站过境仓库暂存,等适当班机起飞前,再并入该班机出口舱单,自过境仓库取出装机再出口。货运站因此成为这些过境货物的处理场所。

5. 货运站是国家管理货物进出国境的处所

货运站除了具有海关管制国家货物的上述功能外,还扮演着其他国家行政管理者的重要角色。各国为了国民的健康,对于某些物品必须严加管理。例如,含有瘦肉精的牛肉可能造成人体神经系统的伤害,因此政府规定牛肉进口检验时必须"零检出",政府检验机关在进行检验动作时,第一关就是在货运站。

另外,诸如吗啡、鸦片、海洛因、大麻、摇头丸等毒品的查缉防堵,枪械、爆炸物等妨碍治安的器具,也在货运站进行查验,以免偷渡进口,造成社会问题。另外,国家可能为保护本国产业发展,避免高科技数据外流,或是国防机密军品被偷渡影响国家安全,因此对某些物品严加管制进出国境,货运站就是很重要的管制点。

3.2.3　航空货运站的模式

航空货运站的模式基本上可以划分为三种,如图 3-4 所示。

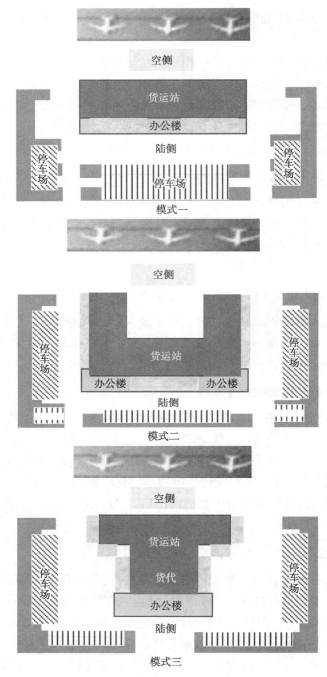

图 3-4　航空货运站基本模式

1. 模式一

模式一也可以称为传统式或集成式，该模式出现于我国航空货运发展初期，适用于货量规模偏小时。在我国经济高速发展的初期，国内航空货运量和国际贸易货物的运量都不大，国内货物的存储功能、国际货物海关的进出口查验和扣留功能全部放在货运站内，这其实是一个功能集约型的货运站形态，属于存储型货运站。这种模式的特点是，货物处理的多环节作业都集中在同一个设施内进行,有利于货物处理流程和作业的灵活调整,在货量小的时候作业效率较高。这样的模式应用于 20 世纪 90 年代建成的首都国际机场和浦东国际机场的国际国内货运站。目前,国内一些小体量机场的货运站依然采用这样的模式,是比较符合其自身特点的选择。

2. 模式二

模式二是顺应航空货运发展的需要而出现的,即当货运量规模增大后,同样规模和条件的货运用地需要处理更多的货物。模式二主要是在模式一的基础上进行了三方面的调整:一是把一些货运代理的存储需求和海关查验扣留的功能迁移出货运站,放到二级设施中去;二是强化一级货运设施的快速过站作业功能,转移掉非必要的存储等功能后,对内部作业流程进行优化;三是增大陆侧站台面,提供更多的货车装卸货站台车位,增大空侧拖车交接开面和空侧等待场地。这样的改变和优化,有利于货运区的分区作业和管理,可提高一级货运设施的单位面积货物处理能力,这也是近年来应用较多的形式,如广州白云国际机场南航国际货运站、深圳宝安国际机场南货运区、成都双流国际机场货运站等。

3. 模式三

模式三是功能综合型,不单单要考虑货量继续增大带来的问题,还要考虑机场航空货运服务和作业效率的提升需求。于是,就把为货代服务的二级设施向一级设施靠拢,设施可连为一体,也可贴近建设用通道,只要能达到将货运站与货代作业区连为一体的目的即可。同时,在运营和安全监管上进行一些相应的灵活调整。就能实现货运站与货代作业区之间的快速交接货,并且可提升打板效率、降低运输成本,也可减少货运区整体的陆侧交通流量,浦东国际机场西区的公共货运站采用的就是这种模式。还有些机场根据自身的发展需要和现状,把原有的模式一的货运站简单地进行分割改造,也能够实现模式三的功能综合及效率提升的目标。

3.2.4　航空货运站的工艺流程

航空货运市场的不断细分,要求有不同类型的航空货运设施与之相适应,从而不断地推动产业链延伸发展、促进价值提升。下面将梳理一下航空普货货运站、快递公司的转运中心、跨境电商处理中心的功能设施及其相对应的货物流程。

近年来,航空货运产业链中的新业态集中在快递、跨境电商和冷链等业态。快递和跨境电商的海关监管不同于普货,国外海关对这种新兴货物类型的监管多处于试点研究阶段,政策并不是很稳定,而我国海关对跨境货物的监管政策是走在世界前列的。我们应该重视对快递和跨境电商不同模式的研究,这是公认的未来航空货运的增长点。我们需要研究快递和跨境电商供应链的各环节和处理流程、相关的物流设施形态和特点、快递和跨境电商设施与机场内货运设施之间的关系及运作模式、不同模式下安检和海关监管流程的创新方案等。

1. 普货货运站的工艺流程

在电子商务兴盛之前,国内航空货运的货物主要是国内普货。国内普货主要是制造企业的批量货物，货物形态以托盘货物为主，货物品种主要是成批量的电子产品、服装、化工原材料、机械元器件和有温度要求的温控产品等。因此，普货的托盘货形态和大宗批量化的特点使货运站形成了一套与之相适应的操作模式（详见第五章），包括站台装卸货、安检、称重、理货、拆板、打板和待运存储等作业环节，以及符合其特点的作业设备。所有的作业环节都在国内货运站及空陆侧圈定的场地内完成。

近年来，随着国内电子商务的高速发展和快递业的兴起，国内航空货运中的电商货和快递货占比越来越高，目前有些机场的国内货运站中，电商货和快递货的比例已经达到 40%以上，个别机场甚至超过了 70%。现在，国内航空货物结构已经发生了深刻改变，轻抛货逐渐占据主导地位，对原有的国内货运站的作业模式和运营模式都带来很大挑战，这也是国内航空货运站要重点研究和解决的问题。

国际普货主要是制造企业的批量货物，货物形态也是以托盘货物为主，主要以集装货的形式运输，并且进出口业务操作都须接受海关监管，有专门针对国际普货的报关、查验、扣留和清关的一整套流程和要求。

2. 快递公司的转运中心

随着国内电子商务的发展，国内航空货物中快件占比越来越高。快件与国内普货的主要区别在于形态小、种类繁多，货物处理件量大。快件货物形态以包裹、小件及商业信函为主的特点必然带来巨大的分拣量，一般需要采用自动化分拣设备进行分拣。整个分拣处理流程中，主要的瓶颈是安检环节，因为需要件件过机安检，应该加强对高速安检设备和智能化判图领域的研究，解决了这个瓶颈问题才能实现快件处理能力的大幅提高。

我国的快递物流产业未来还将继续高速发展，与国际快件业务的高门槛相比，国内快件分拣中心和转运中心业务是每个机场都可以去挖掘的增长点，其运营模式和业务模式都可以是灵活的、多样化的，值得我们从航空货运产业链突破口的角度去分析和研究。

国际快件一直是航空货运业务的价值高地。国际上主要由国外三大快递企业——美国 FedEx、UPS、DHL 占据着全球市场。随着业务的发展，国际快件从国际普货中分离出来，海关要求独立监管。目前我国国际快件业务发展最好的机场是上海浦东国际机场，集聚了全球三大家快递企业的转运中心。总体而言，国际快件分拣中心和国际快件转运中心与上述所有类型的货运设施相比，在各方面都具有更高的复杂性和难度。在我国，现在国际三大快递公司基本上就是在首都国际机场、浦东国际机场、广州国际机场和深圳国际机场布点，这些也都是其全球网络中的亚太枢纽节点。我们也希望看到，未来能有像顺丰速运（简称顺丰）这样的中国快递企业在各大机场进行国际快件分拣中心或转运中心的规划布局。

3. 跨境电商的处理中心

跨境电商近年来发展迅猛，主要增加了国内快件（保税进口模式）货量，在国际快件（跨境直邮模式）中的占比增加。其处理流程和监管要求与国际快件类似，但需要单独监管。未来，跨境电商货源将更丰富化，渠道更多样化，海关监管更阳光化。因此与之相配高效、畅通的航空物流水平成为跨境电子商务取得更好发展的重要因素，带动保税仓、海外仓等航空货运设施需求。保税模式的货物处理特点与国际普货相同，跨境直邮模式的货物处理特点与国际快件相同。跨境电商流程的关键是"三流合一"，监管的关键是清单核放、汇总申报。跨境直邮模式的进出口简要流程如图 3-5 所示。

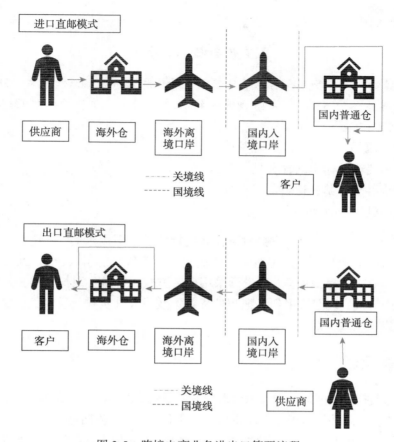

图 3-5　跨境电商业务进出口简要流程

　　跨境电商的运营模式也是多样化的。目前跨境电商的清关处理在二级设施内完成，随着跨境电商的货运量越来越大，跨境直邮模式的清关功能可以考虑规划在一级设施内，实现货物快速流通。跨境电商货物是由新的国际贸易形式所产生的货物类型，在设施内的分拣方式与国际快件相似，但是信息流程需要满足海关"三单对碰"的要求。目前，无论是我国还是其他国家，海关对跨境电商的监管都还处在逐步完善的研究阶段，国内机场中，把跨境业务做好的也并不多。目前，起步比较早，也算做得比较好的，有杭州空港跨境园区、广州白云机场跨境电商物流园和首都机场跨境电商监管中心等。

　　提到跨境电商，就不得不提菜鸟网络的全球电子贸易平台（eWTP）项目。借助阿里巴巴旗下强大的电商平台，菜鸟网络在全球的航空 eHUB 布局也在快速推进中，马来西亚吉隆坡机场、比利时列日机场和中国香港机场等都是其重要节点。未来，跨境电商这个航空货运延伸产业会大放异彩。跨境电商业务不存在国际快件业务那样的高门槛，对于大多数机场，跨境电商业务都是值得尝试的国际货运业务拓展方向。

3.3　航空货运设施与设备

集装设备标识的含义

在前序案例中，货物入仓后，确认其重量和体积信息为：纸箱包装，20 箱，每箱 30 千克，每箱体积为 55 厘米×45 厘米×40 厘米。目前，该货物已打板，集装箱外标识有"AKE40055CZ"。

【案例思考题】

（1）该集装箱外标识的含义是什么？

（2）集装器都有哪些种类？

（3）使用过程中有何要求？

货物、邮件及行李以前一直被散装在客机货舱或小型货机上，直到 20 世纪 60 年代中期，所有的空运货物都还采用散装方式运输。大型货机的引入，如 DC-8 和 B707，特别是后来的 B747、A310 等，若继续采用散装方式，则需要很长时间。为了解决大批量货物的装卸方式，人们认识到了把小件货物集装成大件货物的重要性，这就是集装运输，即使用集装箱和集装板运输。

3.3.1　集装运输的特点

集装运输是指在航空运输中，承运人为了更好地处理大体积、大批量的货物运输，将一定数量的货物、邮件、行李在合理装卸的条件下，按同一流向进行集合装入集装箱或装在带有网套的集装板上作为运输单位运往目的地的一种运输方式。集装运输有如下特点。

1. 减少装载次数，降低货物破损率

货物在始发站仓库直接组装集装货物，减少在出库、装机、卸机或中转过程中的装卸次数，相应也降低了货物的破损率，特别是遇到恶劣天气、野蛮装卸的情况时，集装器还起到了保护货物的作用。

2. 减少货物装运的时间，提高工作效率

在始发站仓库组装好集装货物后，可以用升降设备直接装机，不需要装卸人员靠人力装机，减少了体力劳动，同时大大减少装卸机时间。

3. 减少差错事故，提高运输质量

采用集装设备，工作人员有充裕的时间做地面运输组织工作，可以提前按货物的到达站和种类进行集装，成组上机或下机减少差错事故的可能性。

4. 缩短过站时间，提高飞机利用率

如果过站集装货物，可以将过站时间从散装货物耗用 5～6 小时缩短到 1 小时左右，并且集装货物还适用于机下直转。

5. 合理利用舱位，提高飞机载运率

集装货物的外形与机舱内壁相吻合，可以最大限度地装载货物，提高飞机货舱空间的利用率和载运率。

6. 增加货物种类，开拓航空货运市场

对于一些特种货物，如果采用散装形式的话可能无法运输，如果有相应的集装器，那么就可以安全运输了。例如，马厩可以运输马匹，冷藏箱可以运输有温度要求的鲜活易腐货物。所以说，有了这些集装箱，也就增加了货物的种类，拓宽了航空运输市场。

7. 节省货物的包装材料和费用

采用集装箱进行运输，箱体较为坚固，对货物有保护作用。所以对采用集装器进行运输的货物，在包装上要求较低，这样就可以节约用于包装货物的材料和费用。

8. 有利于组织联合运输和"门到门"服务

货物运输的集装化，进行海空、陆空联运，是货运发展的大趋势。集装器可以直接租给用户，送到企业，实现"门到门"服务。

3.3.2　集装器的分类

在集装运输中，需要将散装货物或者行李先装到集装器上，然后再装进飞机的货舱内，所以，所谓集装器就是指飞机上使用的，用来装载货物、邮件和行李的专用设备，包括各种类型的集装箱、集装板及其附属设施。不同类型的集装器按照 IATA 的标准进行注册。货物装上飞机之后，通过飞机货舱地板上的卡锁装置将集装器直接固定在飞机货舱地板上，因此，集装器也被称作飞机货舱的可移动部件。

民航运输中使用的集装板、网套、结构和非结构集装棚及集装箱统称为集装设备（united load device，ULD），其中有的适合联运，有的只适合空运。集装器的种类可分为以下类型。

1. 按注册与非注册划分

（1）注册的飞机集装器

注册的飞机集装器是指国家政府有关部门授权集装器生产厂家，生产的适宜于飞机安全载运的，在其使用过程中不会对飞机的内部结构造成损害的集装器。此类集装器被认为是飞机可装卸的货舱，能起到保护飞机设备和构造的目的。

（2）非注册的集装器

非注册的集装器是指未经有关部门授权生产的，未取得适航证书的集装器。非注册的集装器不能看作飞机的一部分，因为它们的形状不能完全符合飞机机舱的构造和轮廓，但可适应地面操作环境。此类集装器只能用于指定机型及指定的货舱内，禁止用于飞机主舱，当货舱内放入此类集装器时，必须牢固地固定好。

2. 按种类划分

（1）集装板

集装板是飞机货舱内承载货物的容器，钢铁制成，下面有轮子，便于拖带；上面有滚轴，便于装卸；厚度一般不超过 1 英寸（1 英寸 = 2.54 厘米），如图 3-6 所示，四边带有卡锁轨或网带卡锁眼，便于固定、捆扎货物。

图 3-6　集装板

集装板是根据机型要求制造的一块有平整底板的台板，货物在地面被预先放上集装板后，用网罩或集装棚盖住，然后装机，并固定在飞机的货舱地板上。在转运货物时，通常用集装板拖车（如图 3-7 所示）拖带集装板。

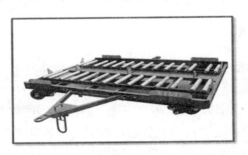

图 3-7　集装板拖车

（2）集装箱

集装箱与飞机上的装卸和固定系统直接结合而不需要任何附属设备，如图 3-8 所示。集装箱的坚固程度足以保证所装卸货物的安全，防止飞机受到损坏。它的底座与集装板相似，运输集装箱的货舱四壁及顶部不需要特别坚固，但这种货舱不适合于散货或非标准集装箱的运输。

图 3-8　集装箱

①内结构集装箱：20 英寸或 40 英寸宽、8 英寸高，可装载于宽体货机的主舱内。此类集装箱非专用航空集装箱，主要用于空运转入地面运输时使用。

②主舱集装箱：163 厘米高或更高一些，只能装载货机（或客货两用机）的主舱内。

③下舱集装箱：只能装载在宽体飞机下部货舱内，有全型和半型两种。机舱内可放入一个全型和两个半型的此类集装箱，高度不得超过 163 厘米。

（3）集装棚

一个非结构的集装棚是由玻璃纤维或金属及其他适合的材料制成的坚硬外壳，集装棚的前面敞开、无底，它的斜面与飞机货舱的轮廓相适应，正好罩住整个集装板。这个外壳与飞机的集装板和网套一起使用，因此称为非结构性集装棚。当这个硬壳从结构上与集装板一起形成一个整体，而不需要用固定网套固定货物时，则称为结构集装棚，分为拱形和长方形两种。

3. 按结构特点划分

（1）部件组合集装器

部件组合集装器包括飞机集装板加网套和飞机集装板、网套加非结构性集装棚。

飞机集装板加网套（如图 3-9 所示）指具有标准尺寸、四边带有卡锁轨或网袋卡锁眼，带有中间夹层的硬铝合金制成的平板，以便货物在板上码放；网套是用来把货物固定在集装板上，网套的固定靠专门的卡锁装置来限定。

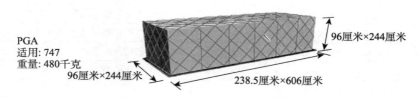

PGA
适用: 747
重量: 480 千克
96 厘米×244 厘米
96 厘米×244 厘米
238.5 厘米×606 厘米

图 3-9　集装板加网套

飞机集装板、网套加非结构性集装棚指除了板和网之外，增加了一个非结构的拱形盖板（可用轻金属制成）罩在货物和网套之间。

（2）整体结构集装器

整体结构集装器包括下舱货物集装器、主舱货物集装器和结构拱形集装器。其中下舱货物集装器只能放在宽体客机下部集装货舱内，有全型和半型两种（高度不得超过163 厘米）；主舱货物集装器只能放在货机或客货机的主货舱内（高度在 163 厘米以上）。

3.3.3　集装设备的编号

1. 空运集装器 IATA 识别代码

每一个集装器的面板及四周，通常可以看到 AVE50010FM、PAP22330CA 等代号，它是根据集装器的注册与否、类型、尺寸、外形、与飞机的匹配度等因素编制而成的集装器识别代码。集装器的识别代码是由国际航协规定的表示集装器种类、规格和所属人的代码。集装器在投入使用前，必须在国际航协进行代码注册。集装箱的识别代码一般标识在集装箱的两个侧面，集装板的识别代码一般标识在集装板四个角的边框上。

（1）集装器识别代码的组成

集装器的全部识别代码由十位字母和数字组成。按照国际航协规定，集装器的识别代码由三部分组成。

第一部分：集装器三字代码，表示集装器的种类、底板尺寸及装载轮廓（外形描述或兼用性）。

第二部分：集装器编号，五位数字，表示该集装器的具体编号。

第三部分：集装器所属人代码，表示该集装器所属人的两字代码。

（2）集装器识别代码各组成部分的含义

第1位字母：代表集装器的类型（表3-1）。

表 3-1　集装器类型代码一览表

字母代码	集装器英文型号	集装器中文型号
A+	Certified Aircraft Container	适航审定的集装箱/有证书集装箱
D+	Non-certified Aircraft Container	非适航审定的集装箱/无证书集装箱
F	Non-certified Aircraft Pallet	非适航审定的集装板
G	Non-certified Aircraft Pallet Net	非适航审定的集装板网套
J	Thermal Non-structural Container	非适航审定的结构保温集装箱
M	Thermal Non-certified Aircraft Container	非适航审定的保温集装箱
N	Certified Aircraft Pallet Net	适航审定的集装板网套
P	Certified Aircraft Pallet	适航审定的集装板/有证书集装板
R	Thermal Certified Aircraft Container	适航审定的保温集装箱/有热制造证书集装箱
U+	Non-structural Igloo	非结构性集装棚
*H	Horse Stall	马厩
*K	Cattle Stall	牛栏
*V	Automobile Transport Equipment	汽车运输设备
*XYZ	Reserved for Airline Use	为航空公司备用

注："+"表示此类集装器不包括保温集装箱；"*"表示此类集装器为特种集装器。

第2位字母表示集装器的底板尺寸，如表3-2所示。

表 3-2　集装器底板尺寸一览表

字母代码	底板尺寸	字母代码	底板尺寸
A	2235 mm × 3175 mm　88 in × 125 in	L	1534 mm × 3175 mm　60.4 in × 125 in
B	2235 mm × 2743 mm　88 in × 108 in	M	2438 mm × 3175 mm　96 in × 125 in
E	2235 mm × 1346 mm　88 in × 53 in	N	1562 mm × 2438 mm　61.5 in × 96 in
F	1198 mm × 1534 mm　47 in × 60.4 in	P	1198 mm × 1534 mm　47 in × 60.4 in
G	2438 mm × 60585 mm　96 in × 238.5 in	Q	1534 mm × 2438 mm　60.4 in × 96 in
H	2438 mm × 91255 mm　96 in × 359.25 in	X	最大尺寸为 2438～3175 mm
V	2438 mm × 12192 mm　96 in × 480 in	Y	最大尺寸小于 2438 mm
K	1534 mm × 1562 mm　60.4 in × 61.5 in	Z	最大尺寸大于 3175 mm

第 3 位字母表示集装器的顶部外形或适配性，从 IATA ULD Technical Manual 可以查找相关的信息，如表 3-3 所示。

表 3-3　集装器外形描述一览表

字母代码	含　义	字母代码	含　义
E	适用于 B747、A310、DC10、B707 等下货舱无叉眼装置的半型集装箱	N	适用于 B747、A310、DC10 等下货舱有叉眼装置的半型集装箱
A	适用于 B747F 上舱集装箱	P	适用于 B747COMB 主舱及 B747、DC10、A310 下舱的集装板

第 4～8 位字母：代表集装器的序号。

第 9～10 位字母：代表集装器的所有人或注册人（通常是航空公司的二字代码），国内主要航空公司二字代码见表 3-4 所示。

表 3-4　国内主要航空公司二字代码

航空公司	二字代码	票证代号	航空公司	二字代码	票证代号
中国国际航空	CA	999	中国南方航空	CZ	784
东方航空	MU	781	上海航空	FM	774
四川航空	3U	876	成都航空	EU	811
海南航空	HU	880	厦门航空	MF	731
山东航空	SC	324	深圳航空	ZH	479
祥鹏航空	8L	856	奥凯航空	BK	866
华夏航空	G5	987	中国联合航空	KN	822
吉祥航空	HO	018	春秋航空	9C	089
西部航空	PN	847			

例如，DPE00070FM 表示非适航审定的集装箱，底板尺寸 1198 毫米×1534 毫米，编号 00070，上海航空公司所有。

2. 空运集装器的其他编码

常见的集装器编码除了 IATA 识别代码外，还存在 ATA 码，两者对应关系如表 3-5 所示。

表 3-5　常见集装器 IATA 码与 ATA 码

序号	IATA 码	ATA 码	序号	IATA 码	ATA 码
1	AKD，AKH，AKK	LD1	5	ALD，ALP	LD5
2	APA，DPA，DPE，DPN	LD2	6	ALU	LD6
3	AKE，AKN，AKG，AKA，AKB，AVE	LD3	7	UA	LD7
4	DQP	LD4	8	DQF	LD8

3. 常用集装器数据

了解一些常见的飞机装载集装器数据对于装板箱非常有帮助，如表 3-6 所示。

表 3-6　常见飞机装载集装器数据表

机型	舱门尺寸（高 cm×宽 cm）	最大装载量（散舱为容积，单位：m³）	动物舱位
B747-400	主货舱 305×340	7 块 P6P 板 ＋1 块 20ft 板	可以
	前下货舱 168×264	5 块 P1P 板或 P6P 板	
	后下货舱 168×264	16 个 AVE 箱或 4 块 P6P 板或 4 块 P1P 板 ＋4 个 AVE 箱	
	散货舱 119×112	12.3 m³（4408 kg）	
B767-300	前货舱 175×340	4 块 P1P 板或 P6P 板	可以（无气味）
	后货舱 175×187	14 个 DPE 箱或 7 块 PLA 板	
	散货舱 119×97	12 m³（2925 kg）	
B737-800	前货舱 89×122	19.6m³（3558 kg）	可以
	后货舱 84×122	25.4 m³（4850 kg）	
A340-300	前货舱 169×270	4 块 P1P 板/P6P 板或 18 个 AVE 箱	可以
	后货舱 169×270	4 块 P1P 板/P6P 板或 14 个 AVE 箱	不可以
	散货舱 95×95	19.6 m³（3468 kg）	可以

3.3.4　集装器的装载限制

1. 最大承重限制

飞机的最大起飞重量、机体结构及材料都限制了飞机所装货物的最大重量，超过最大限制的货物不但会损坏集装器的结构，更有可能对机身造成破坏，进而影响飞机的安全（表 3-7）。

尽管各个航空公司都根据正常的装载可能性来规定每个集装箱或集装板的最大允许载量，但是这个重量都要低于表 3-7 中所示重量。如果承运人发现某个集装箱或集装板超过了最大允许载量，必须尽快处理使其重量降至标准之内。对于集装箱标明的最大允许载量，任何时候都不准超载装箱。

表 3-7　各集装板的最大允许载量表

代码	底板尺寸	最大载量/kg
P1	88 in×125 in	6804
P2	88 in×108 in	4536
P3	79 in×88 in 或 92 in	1588
P4	96 in×196 in	9300
P5	88 in×53 in	1134
P6	96 in×125 in	6804
P7	96 in×238.5 in	11340
P9	60.4 in×125 in	2580

2. 体积和尺寸限制

对于集装箱来说，它内部所装货物的体积限制是固定的，应该把重点放在如何为集装板制定体积的限制上。一个集装板的底座适用于几种机型的货舱使用，但是集装板上所装货物的形状要与所承运的飞机货舱内部形状相适应。为了控制集装板上所装货物的体积和形状，可以使用一个与飞机货舱横截面的轮廓一样大小的模型架来限制板上所装货物。另外，集装板和集装箱是否能够被一家指定飞机所容纳，不仅仅取决于机身外形，还与货舱门的尺寸和位置有关。

3. 集装器地板的负荷限制

集装器地板的最大载重量不能超过标准。集装箱和集装板的单位面积承受力标准是根据所采用的设备类型而规定的。一般集装板和集装箱的底板承受力为 1464 千克/平方米，20 英寸集装板底板承受力为 1953 千克/平方米。装载时，单位面积的压力不得超过该限额。如果一件比较重大的货物对集装器底板产生的压力大于最大承受力时，应为此件货物加上垫板，使其重量分散在较大面积的集装器底板上。

4. 货物品名的限制

（1）危险货物

由托运人或代理人装好的集装箱内不能含有危险品货物（干冰除外）和运输条件上受到严格限制的货物。

（2）动物

活体动物中的热血动物和某些冷血动物运输需要氧气，而完全封闭的集装器或集装箱不能满足这一要求，所以这些动物不能用集装箱运输。某些不需要额外氧气供应的冷血动物（如热带鱼）可以用集装箱运输。

3.3.5 集装货物的组装

1. 集装货物组装的基本原则

（1）整理集装器

将经过检查适航的集装箱或集装板放置在托盘或其他带有滚轴装置的平台设备上。集装板上或集装箱内的杂物及积雪、积水等应清除干净，保持集装板、集装箱干净、整洁。

（2）集装货物的装载技巧

检查待装货物，掌握装载各类货物的特殊要求。对于易碎货物，在装箱前必须妥善包装加以保护。根据货物的卸机站、重量、体积、包装材料及货物运输要求设计货物组装方案。

①一般情况下，大货、重货装在集装板上；体积较小、重量较轻的货物装在集装箱内。

②组装时，体积或重量较大的货物放在最下层，并尽量向集装器中央集中码放，小件和轻货放在中间，轻泡货物、精密易碎货物装在最上层。合理码放货物，做到大不压小、重不压轻，木箱或铁箱不压纸箱。

③同一卸机站的货物应装在同一集装器上，一票货物应尽可能集中装在一个集装器上，避免分散装载。

④联程中转运输的货物应集中装在一个集装器上。

⑤危险物品或形状特异并可能危害飞机安全的货物，应将其固定，可以用填充物将集装器塞满或使用绳、带捆绑，以防止其损坏设备、飞机，造成事故。严禁由托运人或销售代理人组装危险品。

⑥任何情况下，宽体飞机下货舱的最大装载高度均为 163 厘米。

（3）货物组装完毕后，根据计重的有关数据填写货物计重单和集装器挂牌。

（4）一般情况下不组装低探板货物

确因货物多，需充分利用舱位，且货物包装适合装低探板时，允许装低探板。但是，装低探板货物要按照标准，码放货物要合理牢固，网套要挂紧，必要时要用尼龙带捆绑，保证集装货物在运输过程中不发生散落或倾斜。

2．集装箱的组装

（1）组装集装箱的一般要求

装在集装箱内的货物应码放紧凑，间隙越小越好，装在软门集装箱内的货物应注意避免货物挤压损坏箱门或使集装箱变形。

如果集装箱内没有装满货物，即所装货物的体积不超过集装箱容积的 2/3，且单件货物重量超过 150 千克时，应按规定对货物进行捆绑固定。

（2）集装箱门的关闭

集装箱门是集装器不可缺少的一部分。因此，集装箱组装完毕后必须将箱门关闭好。软门集装箱关门后必须保证箱内的货物不能突出门帘或网套的垂直面。

装有贵重物品的集装箱或挂衣箱组装完毕后，要按规定用铅封将箱门封好。

（3）马匹的装载

装载马匹时，应特别注意马厩装机后马匹在飞机上的站位方向，一般要求马头朝前或朝后。

必要时应设置限制马匹活动的笼头、缰绳，保护马腿的护膝、脚套等设施，并将其牢固地系留在固定的位置上。限制马匹的胸绳或挡板必须牢固，应位于马匹的前胸部位（脖子与肩膀的下部）且不能伤害马的身体。

马厩的地板必须保持足够的防滑性能，保证马匹在飞机飞行过程中不会因飞机升降、转弯等因素造成身体失衡，滑倒摔伤。

3．集装板的组装

（1）检查集装板

按照规定的程序对集装板进行适航检查和清扫后，将集装板平放于集装板托盘车或托架上。

（2）铺设塑料布

在空集装板上铺设一块足够尺寸的塑料布，塑料布自集装板周边向上折起的高度不应少于 80 厘米。

（3）设计货物组装方案

重量较大的货物放在最下层。为了保护集装板、分散货物对集装板的压力、保证集装板能够平稳顺利地装入飞机货舱，包装底部为金属的货物和底部面积较小重量较大的货物，必须使用垫板。

装在集装板上的货物要码放整齐，上下层货物之间要相互交错，骑缝码放，避免货物坍塌、滑落。装在集装板上的小件货物，应装在其他货物的中间或适当地予以固定，防止其从网套及网眼中滑落。一块集装板上装载两件或两件以上的大货时，货物之间应尽量紧邻码放，尽量减少货物之间的空隙。

组装集装板时，第一层货物要码放在集装板的卡锁轨以内，第二层货物可以和集装板边垂直平行，保证挂网套时锁扣可以顺利锁入卡锁轨，固定在集装器上。确认集装板的装载轮廓是否符合飞机货舱要求，如有条件应使用模具或米尺测量。为保证飞行安全，装载在集装板上的货物要进行捆绑固定。

（4）捆绑集装板

飞机在飞行的过程中，未固定的货物移动后很容易损坏飞机的设备、集装器和其他货物。如果货物的位置发生了变化，飞机的重心有可能转移到翼弦之外，从而影响飞机飞行。部分装载在集装器内的货物如超重货物（单件重量超过 150 千克）、裸装货物、危险物品、活体动物等需要对其固定、捆绑，以免其位置发生变化。

固定货物时，应根据货物的重量及捆绑带的强度来确定捆绑带的数量。

$$捆绑带的数量（根数）=\frac{货物重量}{每根捆绑带的最大拉力}$$

4．打板

打板就是把需要装进飞机货舱的货物先按照一定的规矩装到集装器上。除了那种特别小的飞机没有集装器而只有散货舱外，其他飞机通常都有集装器。

打板实际包含了装箱这个动作，就是将货物按照一定的配载原则，如上泡下重，装在板上或者箱里，板又分成高、中、低几种规格，每块板、箱都有自己的体积（容积）、重量的限制。装卸工将货物按配载原则码放在这些集装器上，蒙上网罩或者关上箱门，之后由划平衡的人员根据板、箱的重量划平衡，把板、箱号标注在配载单上，装卸工根据这个单子把事先打好的板或箱按顺序装到机舱的指定位置。

如果货代公司可以自己打板的话，通常是与航空公司签署了包板协议，与航空公司是按板结算，这样可以根据货物的重泡自己决定如何配货，可以实现重泡搭配效益最大化，获取最大的利润空间。

5．其他装载注意事项

（1）组装集装器时，单件重量超过 50 千克的货物要平放，不能以边角作为货物的支撑点。

（2）禁止将较重货物的边角向下坠落在集装器的底板上，以免损坏飞机货舱地板结构或集装器。

（3）无论是装在飞机的散货舱还是组装集装器，因货物重量较大需要使用撬杠进行移动时，撬杠下面的支点处应使用木制垫板进行补垫，防止损坏飞机或设备。

3.3.6 集装设备的管理

集装设备的管理是指对航空公司所属的集装器进行控制、调配、回收与维修的综合管理。集装设备由承运人拥有并通过注册来确保它们的合法性和安全性，可租赁给代理人使用，并收取一定的费用。集装设备被视为飞机可装卸的零部件，每一种机型都有相适应的集装器与之配套。另外，根据国际航空运输协会数据，大约 420 家航空公司共拥有 120 件集装设备，总值约 20 亿美金，顶级航空公司的集装设备拥有量通常为 15000～20000 件，而每件集装设备年平均需要维护一到两次，每次维护成本为 250 美元，购买该设备则需要 12000 美元。每一件集装设备都需要良好的维护、跟踪与充分利用。因此，航空公司对于集装器的管理非常重要，承运人及其代理人在使用和保管时应注意保护和回收。

1. 集装设备管理的一个中心两个基本点

集装器的管理包括集装器的使用、调拨、回收、存放、修理和订购等工作。这些工作是由空运企业集装器控制管理部门负责，它被授权负责全公司集装器（包括集装板、箱、绳索、网套等辅助器材）的控制和管理职能。该管理工作的一个中心两个基本点包括：集装管理工作的中心是保证和满足生产运营的需要，这也是管理的目的，能够带来价值；两个基本点分别是了解集装器的流向、每件集装器的确切位置，使集装器始终处于掌握之中。在上述基础上合理的调配使用集装器，杜绝出现因为缺少集装器造成宽体飞机无法进行正常的客货运输，减少集装器本身的丢失、损坏所造成的固定资产的流失、企业成本的增加，从而为企业带来更大的收益。

2. 集装设备管理工作的主要内容

集装器管理工作的主要内容包括：登记管理（进出集控坪、进出货场、附属设备使用）；调配管理（空集装器调运、租借、退还、协调相关部门工作）；查询管理（对集装器流动信息的处理、不符合记录的确认、航站工作汇总）；现场管理（现场清理、集装器准备）等几个方面。

3. 集装器的存放管理

集装器存放必须要有专用场地并且符合如下要求。

①应设立防风、防雨设施，平整的存放场地，减少自然条件对集装器的损耗。

②使用专门的托架存放集装器，避免直接放置在地面。

③集装箱不得叠放，存放时必须闭合集装箱门。

④不得在集装箱顶部放置其他物品。

⑤集装板不得直立存放。

⑥所有集装器应按类型、所属公司分别放置并设立区别醒目的铭牌。

⑦破损不可用的集装器应拴挂破损集装器挂牌。

⑧凡破损或不具备适航标准的集装器应放置在专用区域以便区分。

⑨尽量避免使用叉车操作没有叉孔的集装箱。

在使用前应清除集装箱内的废弃物，从集装板上摘下的网套，应按相应规格配回到集装板上。配给航站的尼龙带、锁扣等小件辅助器材，应由航站自行保管，合理使用。

3.4　航线、航权及航空港

3.4.1　世界主要航线

民航从事运输飞行，必须按照规定的线路进行，这种路线叫作航空交通线，简称航线。航线不仅确定了航行的具体方向、经停地点，还根据空中管理的需要规定了航路的宽度和飞行的高度，以维护空中交通秩序，保证飞行安全。

航线按飞机飞行的路线分为国内航线和国际航线。飞机飞行的线路起讫点、经停点均在国内的称为国内航线；飞机飞行的线路跨越本国国境，通达其他国家的航线称为国际航线。

1. 西欧—北美间的北大西洋航空线

该航线主要连接巴黎、伦敦、法兰克福、纽约、芝加哥、蒙特利尔等航空枢纽。

2. 西欧—中东—远东航空线

该航线连接西欧各主要机场至北京、东京等机场，并途经雅典、开罗、德黑兰、卡拉奇、新德里、曼谷、新加坡等重要航空站。

3. 远东—北美间的北太平洋航线

这是北京、东京等机场经北太平洋上空至北美西海岸的温哥华、西雅图、旧金山、洛杉矶等机场的航空线，并可延伸至北美东海岸的机场。太平洋中部的火奴鲁鲁（檀香山）是该航线的主要中继加油站。

此外，还有北美—南美、西欧—南美、西欧—非洲、西欧—东南亚—澳新、远东—澳新、北美—澳新等重要国际航空线。

3.4.2　航权

航空运输业主要的业务是承载客货飞行于一定的空域间，其中包括在本国各城市之间的国内空域、本国与外国之间的国际空域和他国境内空域。商业航空初起之时，因机型小、载量有限、航程短，大都在一国之内运行，问题比较单纯；但随着航空工业逐渐发展，业务变得愈来愈复杂，飞机航程也可以飞越许多国家空域，各国为保护本国领空安全，保障本国航空业者利益，考虑机场起降设施能量，本国经济利益与国民的福祉，对于本国或外国航空业者都有某些管制，因此衍生出许多国与国之间的权利义务关系，也产生所谓的航权问题，并成为国与国及国际之间讨论协商的重要课题。

航权是指国际民航航空运输中的过境权利和运输业务的相关权利。在不同的两个国家交换与协商这些权利时，一般采取对等原则，有时候某一国会提出较高的交换条件或收取补偿费以适当保护该国航空企业的权益。

1. 航权的分类

航权来源于 1944 年在芝加哥签署的《芝加哥公约》，该公约草拟有关两国间协商航空运输条款蓝本，有关条款一直沿用至今。具体分为九种。

（1）第一航权：飞越领空权

在不着陆的情况下，容许本国航机在甲国领空上飞过，前往目的地乙国。如未签订第一航权，则该国航空器必须绕道飞行，飞行时间与成本相对提高。举例来说，新航来往新加坡与洛杉矶的飞机可穿越日本领空。随着"冷战"的结束，第一航权几乎已是共享航权。尽管如此，大多数的国家仍要求在穿越领空前必须先行通知，甚至需要付费。

在 1983 年 9 月 1 日大韩航空 007 号班机因偏航进入苏联领空，因而遭到苏联军机击落，可以视为因违犯第一航权而遭到误击的一个悲剧。

（2）第二航权：技术降落权

第二航权一般称之为技术降落权。一国或地区的航空公司在飞至另一国或地区途中，特别是长程航线，由于距离太远无法从始发地直接飞到目的地，需要选择一个地方中途加油或者清洁客舱，或进行飞机维修，或因气候原因，需要选择一个中途地作为非营业理由而降落其他国家。例如，上海—芝加哥，由于飞机机型的原因，不能直接飞抵，中间需要在安克拉治加油，但不允许在安克拉治上下旅客和货物。

第二航权最有名的例子是在爱尔兰的夏农机场。迄至 20 世纪 60 年代，该机场一直被来往北大西洋的飞机当作中停点来添加油料。同样地，直到 20 世纪 80 年代，为了绕过苏联，美国阿拉斯加州安克拉治的泰德·史帝文斯·安克拉治国际机场向来是来往欧洲与东亚洲飞机的中停点。今日，该机场仍然是多数来往中国与美国的飞机的中停点。一般而言，今日由于飞机航程增加，第二航权大多由航空货运飞机行使，客运飞机已逐渐不需使用此航权。

（3）第三航权：卸除权

一国的航空器可在签约国的国土，进行业务性卸下乘客、货物和邮件，但不能装上乘客或货物，常见于至缔约国入境包机业务。第三航权也称之为目的地下客权，亦即某国或地区的航空公司自其登记国或地区载运客货至另一国或地区的权利。例如，首尔—东京，日本允许韩国民航承运的旅客在东京降落入境。

（4）第四航权：装载权

第四航权就是所谓的目的地上客货权，即某国的航空公司自另一国载运客货返回其登记国的权利。第四航权亦称目的地装载权，指本国之航空器可在协议国的国土，进行业务性的装载乘客、货物和邮件，但不能卸除乘客或货物。换言之，一国的航空器可在签约国的国土，进行业务性装载乘客、货物和邮件，但不能卸下乘客或货物，常见于包机业务。

一般而言，第三、第四航权是双边配套签署的。

（5）第五航权：第三国经营权（延远权）

第五航权是指容许本国航机在前往乙国时先以甲国作为中转站上下客货，再前往乙国。亦可在乙国上下客货后再返回甲国，并可在甲国装卸后再返回本国，航机最终以本国为终点站。基本上，第五航权允许一国的航空公司在其登记国以外的两国间载运客货，但其航班的起点必须为飞机的登记国。换言之，第五航权是指一个国家，容许外国的航空公司接载乘客及货物前往另一个国家。该航班的出发地必须为该外国航空公司的所属国家。第五航权也称中间点权或延远权，即某国的航空公司在其登记国以外的两国或地区间载运客货，但其班机的起点与终点必须为其登记国或地区。也就是说，第五航权是要和两个或两个以上的国家进行谈判的。以新加坡航空公司的货机为例，从新加坡经中国南京到美国芝加哥的航线，并在南京拥有装卸国际货物的权利。再如，达美航空拥有日本授予的第五航权，就可以使航班从美国出发，然后经停东京进行上下客及货物，再继续前往东南亚各地。不过使用此航权需要先获得目的地的第三与第四航权。

（6）第六航权：桥梁权

第六航权容许一国航机分别以两条航线，接载甲国和乙国乘客及货物往返，但途中必须经过本国。举例来说，中国国际航空公司运营伦敦—北京—首尔的航线，将源自英国的乘客和货物经北京后再运到首尔。新加坡航空、国泰航空、马来西亚航空还有许多的亚洲航空公司均利用第六航权，经营来往欧洲与澳大利亚的客货运业务。同样，美国航空与英国航空也分别利用第六航权经营欧洲—亚洲与美洲—亚洲的业务。

（7）第七航权：完全第三国运输权

航权本来是缔约国两国之间给予双方的互惠权利，从第一航权到第六航权都规定各缔约国的飞机必须完成有关航权的任务，返回其本国后才能执行其他航权的飞航。但是第七航权容许一国航机从本国飞往缔约国，依航权规定上下客货后，可以继续飞往他国，且允许在境外接载乘客和货物，而不用飞返本国。即本国航机在甲、乙两国接载乘客和运载货物。第七航权也称完全第三国运输权，即某国的航空公司完全在其本国或地区领域以外经营独立的航线，在境外两国或地区间载运客货的权利。例如：伦敦—巴黎，由汉莎航空公司承运。第七航权并不多见，其原因在于签约国的航空市场可能受到影响。

（8）第八航权：他国境内运输权

第八航权亦即国内运输权。某国航空公司在他国领域内两地间载客的权利（境内经营权）。容许本国航机前往甲国境内，两个不同的地方接载乘客往返，但航机上的乘客需以本国为起点或终点。例如，美国联合航空载运洛杉矶—上海—北京旅客，可以经停上海，北京乘客到上海后下机，然后乘坐下班飞机续飞北京。

（9）第九航权：安全境内运输权

第九航权即所谓完全境内运输权，是指上述第八航权分为连续的和非连续的两种，如果是非连续的国内载运权即为第九航权。值得留意的是第八航权和第九航权的区别，虽然两者都是关于在另外一个国家内运输客货，但第八航权只能是自己国家的某条航线在别国的延长；但是第九航权可以是完全在另外一个国家开设航线。例如，甲国某航空公司获得乙国的第九航权，就可以在乙国经营国内航线。这种航权甚为罕见，因为一般国家都将国内航线视为主权的象征，为保障国内业者的利益，通常都不给予外国航空公司国内航权，除非自己国内无能力提供空运服务，例如，某些落后的非洲国家，养不起一家合适的航空公司，只好暂时开放外籍航空公司经营国内航线，但此种情形甚少。

2. 航权的获得

一般情况下，航空公司获得航权的途径主要有以下三种。

（1）政府通过外交协商获得国际航权

两个国家通过外交谈判，交换与协商航权，一般采取对等原则，以取得两国航空运输的权利，有时候某一国会提出较高的交换条件或收取补偿费以适当保护该国航空企业的权益。例如，甲国的航空公司并不认为开关该国与乙国之间航线对其有利而无意飞航此航线，而甲国政府认为准许乙国的航空公司飞航甲国有助其经济发展而愿意给予航权，此时即可以通过向乙国航空公司收取补偿费方式给予乙国航权。

（2）政府政策性分配航权给国内航空公司

本国政府经与他国协商后，缔约取得的航权得依国内有关法令分配给国内合格的航空公司飞航该航权的航线，在某些国家只有单独一家国营航空公司时，此种航权自然就交由该航空公司经营。如果国内有两家以上经营国际航线的航空公司时，国家民航管理当局必须在兼顾国家利益，遵守法律规定，及公平合理的考虑下，接受航空公司飞航该特定航线的申请，并依法依规详加审核合格后，批准航空公司的申请。国家民航管理当局可依某航权内容批准一家航空公司飞航，也可以在航约容许下指定多家。

（3）航空公司争取现有航权

在某些航线上已有既定航权，但民航局尚未分配，或尚无航空公司申请，此时有意飞航的航空公司即可争取飞航。

3.4.3 航班号

目前国内航空公司使用的航班号采用两位英文字母（航空公司代码）加上 3～4 位航班号的方式（或航班数字序号在前，航空公司代码在后），其中国内航班统一为 4 位数，国际航班为 3 位数。

国内航班的编排，是由航空公司代码加 4 位数字构成，第一位数字代表航空公司的基地所在地区；第二位数字代表航班基地外终点所在地区，其中数字 1 代表华北、2 代表西北、3 代表华南、4 代表西南、5 代表华东、6 代表东北、8 代表厦门、9 代表新疆；第三、第四位表示航班的序号，单数表示由基地出发向外飞的航班，双数表示飞回基地的回程航班，以 CA1585 为例，CA 是中国国际航空公司的代码，第一位数字 1 表示华北地区，国航的基地在北京；第二位数字 5 表示华东，烟台属华东地区；后两位 85 为航班序号，末位 5 是单数，表示该航班为去程航班。CA1586 则为国航飞烟台至北京的回程航班。

再比如 MU5533，上海烟台航班，MU 为东方航空公司的代码，第一位数字 5 表示华东地区，东航的基地在上海；第二位数字 5 表示华东，烟台属于华东地区；33 为航班序号，单数为去程航班。MU5534 则为东航由烟台飞往上海的回程航班。以前国内航班编号还有规律，现在已经打乱了原规则，唯一保持的是去程为奇数，回程为偶数。比如，中国国际航空公司基地在北京，国航北京飞广州的航班号是 CA1301，那么从广州飞回北京时航班号就是 CA1302；而南方航空公司基地在广州，南航广州飞北京的航班号是 CZ3101，回程就变更为 CZ3102。

国际航班号的编排，是由航空公司代码加 3 位数字组成。第一位数字表示航空公司，后两位为航班序号，与国内航班号相同的是单数为去程，双数为回程。例如 MU508，由东京飞往北京，是中国东方航空公司承运的回程航班。

3.4.4　世界主要航空港

1. 世界主要航空港口

①北美地区的重要航空港有华盛顿、纽约、芝加哥、蒙特利尔、亚特兰大、洛杉矶、旧金山、西雅图。

②欧洲地区的重要航空港有伦敦、巴黎、法兰克福、苏黎世、罗马、维也纳、柏林、哥本哈根、华沙、莫斯科、布加勒斯特、雅典。

③非洲地区重要航空港有开罗、喀土穆、内罗毕、约翰内斯堡、布拉柴维尔、拉各斯、达喀尔、阿尔及尔。

④亚洲地区的重要航空港有北京、上海、东京、香港、马尼拉、曼谷、新加坡、仰光、加尔各答、孟买、卡拉奇、贝鲁特。

⑤拉美地区的重要航空港有墨西哥城、加拉加斯、里约热内卢、布宜诺斯艾利斯、圣地亚哥、利马。

⑥大洋洲及太平洋岛屿地区的重要航空港有悉尼、奥克兰、楠迪、火奴鲁鲁。

2. 世界十大主要航空港

（1）美国芝加哥奥黑尔国际机场

这是世界上最大的飞机场，距离芝加哥市 27 千米，总共有 6 个跑道，并且有高速公路穿梭其中。美国所有的航空公司在这都有自己的登机口。在这里，平均不到 3 分钟就有一班航班起降，这里也是全球第五大航空公司美国联合航空公司的总部之一。

（2）美国亚特兰大哈兹菲德国际机场

此机场距离亚特兰大市 19 千米，是世界上登机口最多的机场，共有 6 个航站楼，拥有将近 100 个机位，这里是全球飞机数量最多的航空公司美国达美航空公司的总部。

（3）美国纽约约翰·肯尼迪国际机场

此机场距离纽约市 27 千米，是世界上最繁忙的机场，它由美国达美航空公司、美国西北航空公司、美国航空公司、美国大陆航空公司、美国环球航空公司五大航空公司，英国航空公司及其他国际航空公司 7 个候机厅组成。每个候机厅都比北京首都机场候机厅大，各候机厅之间有公路相连，形成一个长达 8 千米的环。它是全球第九大航空公司美国西北航空公司和美国大陆航空公司的总部。

（4）英国伦敦希斯罗国际机场

此机场距伦敦市中心 20 千米，是整个欧洲空中交通的中心，同时也是世界第一大航空公司英国航空公司的总部。另外，英国米特兰航空公司、英国不列颠航空公司、英国 AIR 2000 航空公司的总部也在这里。

（5）日本东京成田国际机场

此机场距离东京市区 68 千米，是世界上离城市最远的大机场，是整个亚洲的航空枢纽，也是日本航空和全日空的总部所在地。

（6）法国巴黎查尔斯·戴高乐国际机场

此机场距离巴黎市 23 千米，其在设计上是一个创举，把停机坪安排在一个圆圈内，沿圆的外环建了个庞大的环形候机厅，分为 24 个小厅供不同航空公司使用。而且，它是全球第二大航空公司法国航空公司的总部。

（7）美国洛杉矶国际机场

此机场距离洛杉矶市 20 千米，平均不到 2 分钟就有一班航班起降的频率使得它成为世界上繁忙程度第二的机场，也是美国联合航空公司的总部之一。另外，全球第五大航空公司美国航空公司的总部也坐落在此。

（8）德国法兰克福国际机场

此机场位于德国美因河畔法兰克福市，是德国最大的机场和欧洲第二或第三大机场，是全球各国际航班重要的集散中心。

（9）中国香港赤鱲角国际机场

此机场外貌呈 Y 形的国际机场客运大楼不但是全球最大的单一机场客运大楼，更是世界上最大的室内公众场所。目前，香港连接全球的航点多达 130 个，航空公司数目达 65 家，2004 年全年升降班次达到 18 万架次。

（10）荷兰阿姆斯特丹斯西霍普国际机场

此机场距离阿姆斯特丹 15 千米，在世界上距离市中心最近的大型国际机场中排名第二，是荷兰皇家航空公司的所在地。

亚洲最大专业货运机场——鄂州花湖机场正式投运

7 月 17 日 11 时 36 分许，一架顺丰航空波音 767-300 全货机加速冲刺，从鄂州花湖机场西跑道一飞冲天，搭载着快件飞往深圳宝安机场。这标志着亚洲第一个、世界第四个专业货运枢纽机场——鄂州花湖机场正式投入运行。这座定位为货运枢纽、客运支线的机场，致力于成为我国乃至全球航空要素资源的集成中心和配置中心。

客货从鄂州出发，实现一夜达全国、隔日连世界。机场白天以客运为主，夜间主打货运航空。1.5 小时飞行圈可覆盖包括长三角城市群、珠三角城市群等多个城市群，货运航班在凌晨前后带货进港，进行分拨，早上 5 点前全部带货离港，实现货运次日达。

以全货机航线为主，客运航线为辅，花湖机场已瞄准构建覆盖国内主要城市、全球主要贸易伙伴的轴辐式航线网络。客运方面，机场已开通鄂州往返北京、上海、厦门的航线，后续还将陆续开通鄂州至深圳、重庆、成都等在内的多条客运航线。货运方面，自 2022 年 11 月底以来，已开通鄂州至深圳、上海两条货运航线，随后还将开通大阪、法兰克福等国际货运航线。

"多式联运"是未来花湖机场的一个关键词。鄂州花湖机场将依托顺丰速运布局 3 条多式联运通道，开通包括空铁联运、空公联运、公铁联运、江海铁联运等多条多式联运线路。依托顺丰覆盖全国的中转能力、联通世界的快运网络，花湖机场将加快畅通至京津冀、长三角、粤港澳、成渝、中原、关中平原等国内主要城市群的轴辐式骨干航线网络，连通国内年货邮吞吐量 1 万吨以上的机场，实现高品质物流服务国内 24 小时覆盖。

资料来源：http://www.news.cn/politics/2022-07/17/c_1128839003.htm.

国际空运知识——常用飞机机型及载重：国际空运知识——常用飞机机型及载重_货机

航空货物运输需要诸多因素共同构成，但是在其中，更为重要的无外乎就是航空货运站、集装设备、航线、航空港等，通过诸要素的协调配合，共同完成将航空货物从发运人送到收运人手中的整个过程。本章主要介绍了以上各种要素的概念、基本内容等，通过以上内容的介绍，可以在航空货运基本概念的基础上进一步理解其内涵。

1. 简述航空货运站的定义。
2. 分析航空货运站的运营模式。
3. 简述集装器的装载限制包括哪些内容？
4. 简述集装运输的特点。
5. 简述什么是航权，航权的种类有哪些？
6. 集装货物组装的基本原则是什么？
7. 国际十大航空港有哪些？

自学自测

扫描此码

第 4 章

航空货物收运及检查

【学习目标】

- 了解航空货物收运的一般规定和限制；
- 熟悉各类货物包装，学会各种标签的用途；
- 掌握托运书和货运单的填写方法；
- 了解货物收运检查规定。

货 物 收 运

货运部刚刚收到了一批书籍的承运委托，该批书籍是从沈阳运往广州，已委托中国国际航空公司承运。该批书籍采用纸箱包装，重约 25 千克，包装尺寸为 50 厘米×50厘米×45 厘米。作为货运部的工作人员，你该做什么？

【案例思考题】

（1）中国国际航空公司是否能收运该批货物？

（2）航空货物收运的基本流程是什么？

（3）航空委托书与货运单该如何填写？

4.1 货物收运的规定与限制

4.1.1 国内货物收运的一般规定

①承运人应根据运输能力、货物的性质和急缓程度，有计划地收运货物。

②对于有特定条件及时限要求和大批量的联程货物，承运人必须预先安排好联程中转舱位后，才能收运。

③当出现一些特殊情况，如政府法令、自然灾害或者货物不能及时运输出港造成积压时，承运人有权暂停货物的收运。

④凡是国家法律、法规和有关规定禁止运输的货物，承运人可以拒绝收运。凡是限制运输的，以及需要向公安、检疫等政府有关部门办理手续的货物，承运人应当要求托运人提供有效证明。

⑤对收运的货物应当进行安全检查。对收运后 24 小时内装机运输的货物，一律实

行人工检查或者通过安检仪器检测。

4.1.2　国内货物收运程序

①检查托运人的有效身份证件。

②检查托运人填写的货物托运书及与运输相关的文件。

③检查运输的货物品名是否与托运书上一致，并且检查货物的体积、包装和重量是否符合运输规定。

④对收运的货物进行安全检查。

⑤安检后清点货物的件数、称重，并将货物的重量和尺寸填写在托运书的相应栏目内。

⑥贴挂货物运输标记、标签。

⑦计算航空运输费用，并将货物托运书填写完整。

⑧收取航空运输费用。

⑨填写交接清单，并与航空货运单、标签核对检查。航空货运单在盖好海关放行章后还需要航空公司签单。

⑩交接发运。交接是向航空公司交单交货，由航空公司安排航空运输。交单主要是将航空货运单正本第二联、发票、产地证明等文件单据交给航空公司。交货是把与单据相符的货物交给航空公司。对于重量大、集中托运的货物进行称重交接，零散货物计件交接。航空公司核查后，在交接单上签字验收，将货物存入出口仓库，单据交给吨控部门进行配载。

⑪编制销售日报。根据货运单编制销售日报，连同货运单第一联及所收运费送交财务部门。

⑫文件归类存档。

4.1.3　国内货物收运的限制

1. 重量限制

宽体飞机载运的货物，每件货物重量一般不超过 250 千克；非宽体飞机载运的货物，每件货物重量一般不超过 80 千克。

2. 体积限制

宽体飞机载运的货物，每件货物体积一般不超过 100 厘米×100 厘米×140 厘米；非宽体飞机载运的货物，每件货物体积一般不超过 40 厘米×60 厘米×100 厘米。单件货物的尺寸超过规定的标准尺寸时，可视具体运输机型的货舱门大小来确定是否收运，具体操作时可通过查阅 IATA 货运资料中的机型装载表（表 4-1 所示为 A320-200 飞机装载表）进行确认。如果货物的高度和宽度在舱门尺寸限制以内，则货物可以收运；若高或宽任一边超过舱门最大尺寸，可视货物能否任意放置来决定能否装运。

表 4-1 　 A320-200 飞机装载 　 单位：厘米

高	宽								
	10	20	30	40	50	60	70	80	85
	4	8	12	16	20	24	28	31	33
10	282	267	244	255	205	186	165	148	141
4	111	105	96	89	81	73	65	58	56
20	282	262	243	225	205	186	165	148	141
8	111	103	96	89	81	73	65	58	56
30	282	261	243	225	205	186	165	148	141
12	111	103	96	89	81	73	65	58	56
40	282	261	243	225	205	186	165	148	141
16	111	103	96	89	81	73	65	58	56
50	279	261	243	225	205	186	165	148	141
20	111	103	96	89	81	73	65	58	56
60	279	261	243	225	205	186	165	148	141
24	111	103	96	89	81	73	65	58	56
65	279	261	243	225	205	186	165	148	141
26	111	103	96	89	81	73	65	58	56

【例 4-1】 一件货物的尺寸为 200 厘米×60 厘米×50 厘米（长×宽×高），准备装载在 A320-200 飞机上，由表 4-1 中对应数据可以看出舱门所允许的货物最长为 186 厘米，由于货物实际长 200 厘米，所以不能装载在该型飞机上运输。

货物的较小尺寸除可直接随附货运单的文件、信函类货物外，货物的三边尺寸之和不能小于 40 厘米，最小一边不能小于 5 厘米，不符合该规定的小件货物应加大包装后才可收运；量取货物的尺寸时，无论货物是规则的还是不规则的几何体，均应量至最长、最宽、最高，单位为厘米。

3. 机舱地板承受力限制

飞机货舱内每平方米的地板只能承受一定的重量。例如，波音系列飞机下货舱散货舱地板最大承受力为 732 千克/平方米，下货舱集装箱货舱地板最大承受力为 976 千克/平方米。如果超过此承受能力，地板和飞机结构就会遭到破坏。因此，装载货物时一定不能超过机舱地板承受限额。

（1）地板承受力计算

机舱地板承受力的计算公式如下：

$$地板承受力 = \frac{货物重量}{货物底部与机舱的接触面积}（千克／平方米）$$

（2）垫板面积计算

当货物重量过大，为了减少货物对机舱的压力，可以加一个 2～5 厘米的垫板，以增加地板接触面积，使机舱地板单位压力减少。最小垫板面积的计算公式如下。

$$最小垫板面积 = \frac{货物重量}{适用机型的机舱地板最大承受力}（平方米）$$

【例 4-2】　一件货物 160 千克，不可以倒置、侧放，包装尺寸为 40 厘米×40 厘米×60 厘米，问：是否能装入 A320 飞机下货舱？如果不可以，怎么办？

分析：由于该件货物不可以倒置，且装入 A320 飞机下货舱，地板最大承受力为 732 千克/平方米。

该货物装机后，机舱地板每平方米承受的重量为

地板承受力 = 160 千克÷0.16 平方米 = 1000 千克/平方米 > 732 千克/平方米，所以不能装入 A320 飞机下货舱。

此时可以加一个 2 厘米×5 厘米厚的垫板，假设垫板质量为 10 千克。所加垫板最小面积 = 170 千克÷732 千克/平方米 = 0.24 平方米。

所以至少加一块 0.24 平方米的垫板才能运输。

4．价值限制

中国民用航空局规定，国内货物运输中，每票货物的声明价值不得超过 50 万元人民币，每趟航班所承运货物的声明价值总额不得超过 1 000 万元人民币。

4.1.4　航空货物收运检查

承运人或代理人收运货物时，应查验托运人的有效身份证件及/或当地政府主管部门要求的其他有效文件。

收运货物时应认真检查货物包装，核对货物品名，清点货物件数，凡不符合航空运输要求的，应请托运人改进。

所有收运的货物必须通过计重获取货物的毛重，通过度量货物的包装尺寸获取货物的体积。

对托运人托运的货物有疑问时，收运人员应核查运输文件并会同托运人检查货物。托运人不得谎报品名或者在普通货物内夹带禁止或限制运输的物品。

为什么要对文件和货物进行检查呢？这些涉及货物按什么收运、如何运输等问题。下面就为什么进行货物品名、重量、尺寸、付款方式、文件等内容的检查作一介绍。

（1）货物品名的检查

通过货物品名的检查，可以确认：

是否属于危险品。如果是危险品的话，要按照 IATA《危险品规则》收运货物。

是否属于活体动物。如果是活体动物的话，要按照 IATA《活体动物运输规则》收运货物。

是否属于鲜活易腐货物。如果是鲜活易腐货物的话，要按照 IATA《鲜活易腐货物规则》收运货物。

是否属于国家或承运人禁止或限制货物。如果属于有关国家或承运人禁止运输的货物，应拒绝接收；如果属于限制运输的货物，具备运输条件时，才可接收。

特种货物有没有特殊操作要求，是否需要操作设施，是否有温度要求。运输贵重物品是否有安全措施；有温度要求的货物，是否有相应的仓库，如冷藏库或冷冻库等。

货物品名是计算货物运费的依据。不同货物的品名，采用的运价不同，有普通货物

运价、指定商品运价、等级货物运价等。

还可以根据货物品名确定正确的操作方法，如"向上""易碎""鲜活易腐"货物等。

（2）重量检查

货物的重量是计算货物运费、准备飞机配载与平衡、确认货物破损或丢失时承运人责任、计算货物垫板（需要的话）、是否需要特殊操作设施、适用机型等的依据。

（3）尺寸检查

根据货物尺寸可以确认是否要用体积重量计收货物运费、是否可以装入某类机型的货舱内，集装器或货舱内最大容积，是否大于最小要求的尺寸等内容。

（4）付款方式检查

付款方式是采用运费预付还是到付。如果是运费到付，目的站国家和承运人是否可以办理运费到付业务，采用现金、支票、信用卡还是杂费证支付货物运费。

如果是货到付款，承运人是否接受此项业务。

（5）文件检查

检查货物托运书、货运单、危险品申报单、活体动物证明书等运输文件是否填写正确、完整；允许进出口等文件是否有效等。

（6）国家规定

检查货物运输的始发站、目的站、中转站等国家有关规定，是否属于禁止运输或限制运输的货物。

（7）货物安全检查

根据民航法和《中华人民共和国民用航空安全保卫条例》的规定，所有空运的货物必须经过安全检查（以下简称"安检"）。经过安检仪器检查合格的货物方可收运；对无法经过安检仪器检查的货物，可以实行开箱检查。

托运人要求免检的货物，既无法通过安检仪器检查又不能开箱检查的超大超重货物，应要求托运人提供关于货物符合航空安全规定的保函。托运人为单位的，保函由本单位保卫部门出具；托运人为个人的，保函应是民航总局公安局或当地机场公安部门出具的同意货物免检或运输的证明文件。货物托运后，保函由收运站留存备查。

既无法通过安检仪器检查，又不能开箱检查，托运人又无法出具保函的货物，必须在仓库内存放24小时后方可运输。货物的入库时间作为计算存放24小时的起始时间。对于到美国或经美国境内中转的货物，存放48小时后方可运输。

对有疑问的货物，应进一步检查或检测。对确认有问题的货物或始终不能确定性质的货物应拒绝收运。必要时报告公安部门处理。已经办妥安检手续，托运人临时将货物提出仓库的，再次入库时必须重新安检。

4.2 货物包装与标识

货物包装对保证货物的安全运送具有十分重要的作用，航空货物运输具有中转、装卸次数较多和在地面运输的特点，为了保证飞行安全、运输质量和操作便利，承运人在收运货物时，必须严格按照要求检查货物包装，对不符合要求的货物，应要求托运人改进或重新包装后才能收运。在此基础上，通过正确的货物标识来防止错误的发生，从而提高运输质量。

4.2.1　航空运输货物包装

1. 航空运输货物包装的基本要求

（1）货物包装应坚固、完好

货物包装保证坚固、完好，可以在运输过程中防止包装破裂、内物露出、散失，防止因码放、摩擦、震荡或者因气压、气温变化而引起货物损坏或者变质，防止伤害操作人员或者损坏飞机、地面设备及其他物品。精密、易碎、怕震、怕压、不可倒置的货物，必须有相适应的防止货物损坏的包装措施。

货物包装内不准夹带禁止运输或者限制运输的物品、危险品、贵重物品、保密文件和资料等。托运人或航空货运代理将货物交给承运人时，如果包装破损，应按其破损程度要求托运人重新包装或者修复包装。对于裸装货物，如果破损轻微，但仍符合空运要求时，托运人应在托运书和货运单的"储运注意事项"栏内注明货物破损的详细情况。另外，托运人要在每件货物的包装上写明收货人、另请通知人、托运人的姓名和地址。

（2）便于搬运、装卸和码放

托运人应当根据货物性质及重量、运输环境条件和承运人的要求，采用适当的内、外包装材料和包装形式，对货物进行妥善包装。包装应适合货物的性质、状态和重量，还应便于搬运、装卸和码放。货物包装的表面不能有突出的钉、钩、刺等；包装要整洁、干燥，没有异味和油渍。

（3）衬垫材料不能外漏

精密易碎的货物在包装时都会加衬垫材料（如木屑、纸屑等），以防在运输过程中因震荡或摩擦造成内装物破损，但这些衬垫材料不能外漏，以免影响货物运输的安全性，污染仓库和飞机。

（4）可以使用包装带

小体积货物大多是多件捆绑成一件，如果包装散开、小件分离，在转运和交付时会涉及海关问题，给收货人带来不便。所以，必须正确使用包装带加固货物包装，以保证货物在运输过程中不致散开。捆扎货物所使用的包装带应能承受货物的全部重量，并保证提起货物时不致断开。严禁使用草袋包装或草绳捆扎货物。

2. 航空运输货物包装规范

（1）液体货物

作为普通货物的液体物品，应使用与货物性质相匹配的容器盛装，无论是瓶装、罐装或桶装，容器内部必须留有 5%～10%的空隙，且封盖必须严密，不得溢漏。用玻璃容器盛装的液体，每一容器的容量不得超过 500 毫升，单件货物毛重以不超过 25 千克为宜，并要外加木箱，箱内应使用衬垫和吸附材料填实，以防晃动或液体渗出。用陶瓷、玻璃容器盛装的液体货物，外包装上需要加贴"易碎物品"标签。

（2）粉状货物

用袋盛装的粉状货物，最外层应使用塑料涂膜编织袋或玻璃纤维袋等做外包装，并保证粉末不致漏出，单件货物毛重不得超过 50 千克。用硬纸桶、木桶、胶合板桶盛装的粉状货物，要求桶身不破、接缝严密、桶盖密封、桶箍坚固结实。用玻璃盛装的粉状货物，每瓶内装物的重量不得超过 1 千克，并要外加铁箱或木箱，箱内用衬垫材料填实，单件货物毛重以不超过 25 千克为宜。

（3）精密易损、质脆易碎货物

单件货物毛重以不超过 25 千克为宜，可以采用以下方法包装。

①多层次包装：即内装物—衬垫材料—内包装—衬垫材料—外包装。体积不大的陶瓷或玻璃类制品通常采用此种包装。

②悬吊式包装：即用几根弹簧或绳索，从箱内各个方向把货物悬置在箱子中间。体积小、数量少但价值较高的货物，如灵敏度很高的精密仪器最好采用此种包装。

③防倒置包装：通常使用"向上标签"表示货物不可倒置。底盘大、有手提把环或屋脊式箱盖的包装，不宜平放的玻璃板，挡风玻璃等必须采用此种包装。

（4）裸装货物

大型机械设备、建筑材料、轮胎等不怕碰压的货物可以不用包装。但不易清点件数、形状不规则、外形与运输设备相似或容易损坏飞机的货物，应使用绳索、麻布包扎或外加包装。

（5）大型货物

体积或重量较大的货物，底部应有便于叉车操作的枕木或底托，并在货物的外包装上注明重心位置，以避免在操作时货物失去平衡。例如，飞机发动机的体积和重量都很大，操作时托运人通常使用叉车或吊车将其放置在集装板上，捆绑固定后再交给承运人。

（6）小件货物

对于一般文件、信函，零星托运的新闻录像带、录音带、光碟、医用 X 射线片等，应要求托运人使用纸箱或木箱作为货物外包装。使用其他材料作为外包装的，包装强度必须能够保证货物在运输过程中不会因其他货物的正常挤压而损坏。使用布制口袋或网袋作为外包装的，应有内包装。

（7）电源独立包装

带有电源的电器、玩具、工具等，应将电源独立包装。不能分开包装的应采取措施防止开关在储运过程中被意外开启。使用干电池作为电源的警棍、电筒、玩具等货物，托运前必须将干电池取出或将电池正负极倒放。

（8）水产品

水产品必须根据货物种类选择符合安全要求的包装方式，按照航空行业标准《水产品航空运输包装标准》（MH 1007—1991）执行。

3. 航空运输货物对包装容器的具体要求

（1）纸箱

纸箱应能承受同类包装货物码放 3 米或 4 层的总重量。

（2）木箱

木箱厚度及结构要适合货物安全运输的需要；盛装贵重物品、精密仪器、易碎物品的木箱，不得有腐蚀、虫蛀、裂缝等缺陷。

（3）条筐、竹篓

条筐、竹篓应编制紧密、整齐、牢固、不断条、不劈条，外形尺寸以不超过 50 厘米×50 厘米×50 厘米为宜，单件毛重以不超过 40 千克为宜，内装货物及衬垫材料不得漏出，应能承受同类货物码放三层高度的总重量。

（4）铁桶

铁桶的厚度应与内装货物重量相适应，单件毛重 35～100 千克的中小型铁桶，应使用 0.6～1 毫米的铁皮制作；单件毛重 101～180 千克的大型铁桶，应使用 1.35～1.5 毫米的铁皮制作。桶的外部应装有便于搬运的把手，否则应将一个或数个桶固定在便于叉车操作的托盘上。

4.2.2　航空运输货物标识

货物标识是指货物外包装上的货物标记与标签的总称，对组织货物运输、防止差错事故发生、提高运输质量有着很重要的作用。托运人或其代理人必须在货物包装上书写货物标记，并粘贴或拴挂货物标签。

1. 货物标记

货物标记是由托运人书写、印刷或粘贴在货物外包装上的有关记号、操作注意事项和说明等，具体包括以下内容。

①货物的始发站，托运人的名称、地址、电话或传真号码及详细地址。

②货物的目的站，收货人的名称、地址、电话或传真号码及详细地址。

③货物储运注意事项，如"小心轻放""潮湿"等；大件货物的包装表面应标明"重心点""由此吊起"等操作图示。

④货物合同号、代号等。

⑤货物的单件毛重或净重。

2. 货物标签分类

货物标签可以分为识别标签、特种货物标签和操作标签三大类。

（1）识别标签

识别标签是标明货物的始发站、目的站、货运单号码、件数、重量的标签（如图 4-1），用以防止货物丢失或运输错误。

识别标签主要有以下两种：粘贴用的软纸不干胶标签，适用于外包装可黏附的货物；

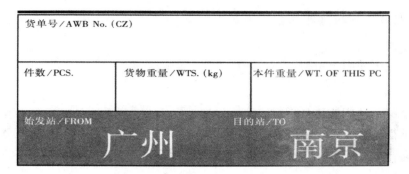

图 4-1　识别标签

挂挂用的硬纸标签，适用于不宜使用软纸标签的货物。

（2）特种货物标签

特种货物标签说明特种货物的性质，要求工作人员按照货物的特性进行操作，预防事故的发生，其图形、名称、尺寸、颜色均应符合标准。特种货物标签主要包括以下几种。

①"易碎物品"标签

在收运易碎物品时，应在货物各正面加贴"易碎物品"标签（如图4-2），以示货物在运输过程中需要小心轻放，避免由于碰撞而使货物受损。

②"鲜活易腐"货物标签

在收运鲜活易腐货物时，应在货物外包装各正面加贴"鲜活易腐"货物标签（如图4-3），以示货物在运输过程易发生腐烂变质，需要给予特殊照顾。

③"活体动物"标签

在收运活体动物时，应在货物外包装各正面加贴"活体动物"标签（如图 4-4），以便于在运输过程中引起注意。

④"实验用动物"标签

在收运实验用动物时，需要在货物外包装各正面加贴"实验用动物"标签（如图4-5），以便于在运输过程中引起注意，防止动物受到细菌感染。

⑤"急件"标签

在收运急件运输的货物时，需要在货物外包装上加贴"急件"标签（如图4-6）。

图 4-2　"易碎物品"标签

图 4-3　"鲜活易腐"货物标签

图 4-4　"活体动物"标签

图 4-5　"实验动物"标签

图 4-6　"急件"标签

⑥ "货物"标签

"货物"标签（如图 4-7）主要用于作为货物运输的行李及外形类似于集装设备的货物，防止在运输过程中漏卸、丢失。

（3）操作标签

操作标签标明货物储运注意事项，提示工作人员按照标签的要求操作，以达到安全运输的目的。操作标签主要有以下几种。

① "请勿倒置"标签

在收运禁止倒置的货物时，应在货物的外包装上加贴 "请勿倒置"标签（如图 4-8），以防止货物在运输过程中因倒置而受到损坏。

② "注意固定"标签

在收运一些大件货物时，应在货物外包装上加贴 "注意固定"标签（如图 4-9），以防止货物在运输过程中滑动而受到损坏或者损坏其他货物。

③ "押运货物"标签

在收运一些贵重货物时，应在货物的外包装上加贴 "押运货物"标签（如图 4-10），以防止货物在运输过程中丢失。

④ "防止潮湿"标签

在收运一些需要保持在干燥环境下运输的货物时，应在货物外包装上加贴 "防止潮湿"标签（如图 4-11），以防止货物在运输过程中因受潮而损坏。

图 4-7　"货物"标签

图 4-8　"请勿倒置"标签

图 4-9　"注意固定"标签

3. 货物标识使用要求

（1）标签应由托运人粘贴（或拴挂）

承运人应协助托运人正确地粘贴（或拴挂）标签，并检查标签粘贴（或拴挂）的情况，发现错、漏或位置不当时，应立即纠正。

图 4-10 "押运货物"标签   图 4-11 "防止潮湿"标签

（2）标签需保持完整

托运人使用旧包装时，必须清除或涂掉包装外部的残旧标签。在装卸、存储过程中要注意保持标签完整，遇有脱落或辨认不清的，应根据货运单及时补充。因货物包装材料或其他原因限制，不能保证货物标签在运输过程不会脱落时，应将货运单号码、货物始发站和目的站写在货物的外包装上。

（3）标签数量合适

每件货物的外包装上至少应牢固地粘贴（或拴挂）一个识别标签。如果一个包装件体积超过 0.4 立方米时，应在包装上粘贴（或拴挂）两个识别标签。一件货物需粘贴（或拴挂）两个及以上标签时，应在包装两侧对称部位粘贴（或拴挂）。

（4）标签粘贴位置适当

标签应粘贴（或拴挂）在货物的侧面，不得粘贴（或拴挂）在货物顶部或底部。标签一定不能倒贴或歪贴，应当根据货物的形状，尽量粘贴（或拴挂）在明显易见的部位。标签不得粘贴（或拴挂）在包装带上，也不能贴挂在包装外部的捆扎材料上。

4.3 货物托运书与航空货运单

4.3.1 货物委托书

货物托运书是指托运人办理货物托运时填写的书面文件，是据以填开航空货运单的凭证。

货物托运书被视为航空货物运输合同的一个组成部分——委托书。

1. 货物委托书的填写要求

①货物托运书应使用钢笔、圆珠笔书写，有些项目（如名称、地址、电话等）可盖戳印代替书写；字迹要清晰易认，不能潦草；不能使用非国家规定的简化字；托运人对所填写的单位、个人或货物等内容应使用全称。

②托运人应认真填写托运书，对所填写事项的真实性与准确性负责，并在托运书上签字或盖章。

③一张托运书托运的货物，只能有一个目的地、一个收货人，并以此填写一份航空货运单。

④运输条件或运输性质不同的货物，不能使用同一张货物托运书托运。

⑤货物托运书应当和相应的货运单存根联及其他必要的运输文件副本放在一起，按照货运单号码顺序装订成册，作为核查货物运输的原始依据。

2. 国内货物托运书的填写规范

国内货运托运书的样式如表 4-2 所示。

表 4-2　国内货物托运书的样式

始发站		目的站	
托运人姓名或单位名称		邮政编码	
托运人地址		电话号码	
收货人姓名或单位名称		邮政编码	
收货人地址		电话号码	
储运注意事项及其他		声明价值	保险价值

件数	毛重	运价种类	商品代号	计费重量	费率	货物品名（包括包装、尺寸或体积）

说明：（1）托运人应当详细填写或审核本托运书各项内容，并对其正确性和真实性负责。		货运单号码	
（2）有不如实申报价值的货物发生丢失、损坏或被冒领时，赔偿价值以此托运书的注明为准，造成赔偿不足的责任由托运人或收货人负责。	经办人	X 射线机检查	
		检查货物	
（3）承运人根据本托运书填写航空货运单，经托运人签字后，航空运输合同即告成立。		计算重量	
		填写标签	
托运人或其代理人签字（盖章）：_____ 托运人或其代理人的有效身份证件号码：_____		年　　月　　日	

对照表 4-2，国内货物托运书的填写规范如下。

①始发站、目的站：填写货物空运的出发和到达城市名。城市名应写全称，如北京、上海不能简写为京、沪或 PEK、SHA 等。

②托运人及收货人姓名或单位、地址、邮政编码、电话号码：填写个人或者单位的全称、详细地址、邮政编码和电话号码，不能使用简称。保密单位可填写邮政信箱或单位代号。

③储运注意事项及其他：填写货物特性和储存运输过程中的注意事项，如易碎、防潮、防冻、小心轻放，急件或最迟运达期限，损坏、丢失或死亡自负，货物到达后提取方式等。

④声明价值：填写向承运人声明的货物价值。如托运人不声明价值时，必须填写"NVD"（no value declared）或"无"字样。

⑤保险价值：填写通过承运人向保险公司投保的货物价值。如果已经办理了声明价值的，可以填写"×××"或空白。

⑥件数：填写货物的件数。如一批货物内有不同运价种类的货物，则须分别填写，总数写在下方格内。

⑦毛重：在与件数相对应处填写货物的实际重量，总重量填写在下方格内。

⑧运价种类：分别以 M、N、Q、C、S 等代表货物的不同运价。

⑨商品代号：以数字或者英文代表指定商品的类别。

⑩计费重量：填写根据货物毛重、体积折算的重量或采用重量分界点运价比较后最终确定的计费重量。

⑪费率：填写适用的费率。

⑫货物品名（包括包装、尺寸或体积）：填写货物的具体名称，不得填写表示货物类别的不确定名称，如苹果、葡萄等不能填写为水果；填写货物的外包装类型，如纸箱、木箱、麻袋等，如果包装不同，应分别注明包装类型和数量；填写每件货物的尺寸或该批货物的总体积。

⑬托运人或代理人签字：必须由办理托运的托运人签字或盖章，代理人不可代替托运人签字。

⑭托运人或其代理人的有效身份证件号码：填写托运人的有效身份证件的名称、号码。

⑮经办人：分别由X射线机检查员、货物检查员、过磅员、标签填写员签字，并打印货运单号码和填写日期，以明确责任。

4.3.2 航空货运单

航空货运单（air waybill，AWB）是托运人（或其代理人）和承运人（或其代理人）之间缔结的货物运输合同契约，同时也是承运人运输货物的重要证明文件。

航空货运单分为有承运人标志的货运单和无任何承运人标志的中性货运单两种。

航空货运单不可转让，所有权属于出票航空公司，即货运单所属的空运企业。在货运单的右上角印有"不可转让"字样，任何 IATA 成员公司均不得印制可以转让的航空货运单，"不可转让"字样不可被删去或篡改。

一张航空货运单只能用于一个托运人（根据一份托运书）在同一时间、同一地点托运的，运往同一目的地、同一收货人的一件或者多件货物。

1. 航空货运单的组成

国内使用的航空货运单一式八联，其中正本三联，副本五联。

副本 4 是货物到达目的站后由代理人代替发货时使用的存根联或者航空公司营业部收存作为核对或统计货运量的依据。

国内航空货运单各联的名称、具体用途如表 4-3 所示。

表 4-3　国内航空货运单各联的名称和具体用途

印刷顺序	名　称	颜　色	用　途
第一联	正本 3	淡蓝色	交托运人
第二联	正本 1	淡绿色	交财务部门
第三联	副本 7	淡粉色	交第一承运人
第四联	正本 2	淡黄色	交收货人
第五联	副本 4	白色	交付货物的凭证，由承运人留存
第六联	副本 5	白色	交目的站机场
第七联	副本 6	白色	交第二承运人，作为结算凭证
第八联	副本 8	白色	制单人留存

2. 航空货运单的法律作用

航空货运单是托运人和承运人（或其代理人）所使用的最重要的运输文件，具有以下法律作用。

①承运人和托运人缔结运输契约的初步证据。

②承运人收运货物的证明文件。

③托运人支付运费的凭证。

④保险证明，如托运人要求承运人代办保险。

⑤供向海关申报的文件。

⑥供承运人发运交付和联运的单证路单。

⑦承运人之间的运费结算凭证。

⑧货物储运过程中的操作指引。

3. 航空货运单的填开责任

根据《华沙公约》《海牙议定书》和承运人运输条件的条款规定，承运人的承运条件之一是航空货运单由托运人准备。托运人有责任填制航空货运单。规定明确指出，托运人应自行填制航空货运单，也可要求承运人或承运人授权的代理人代为填制。托运人对货运单所填各项内容的正确性、完备性负责。由于货运单所填内容不准确、不完备致使承运人或其他人遭受损失，托运人负有责任。托运人在航空货运单上的签字，证明其接受航空货运单正本背面的运输条件和契约。

根据《中华人民共和国民用航空法》有关条款规定，托运人应当填写航空货运单正本一式三份，连同货物交给承运人。承运人有权要求托运人填写航空货运单，托运人有权要求承运人接受该航空货运单。

4. 航空货运单的号码

航空货运单的号码是其不可缺少的重要组成部分，在货运单的左上角、右上角和右下角分别标有航空货运单号码。通过此号码，即可以确定航空货运单的所有人——出票航空公司，它是托运人或其代理人向承运人询问货物运输情况及承运人在货物运输各个环节中组织运输（如订舱、配载、查询货物等）时的重要信息来源和依据。

航空货运单号码由两组数字组成，第一组三位数字为出票航空公司票证代号；第二组由八位数字组成，为货运单的顺序号和检验号，其中第八位是检验号（号码为0～6，为前7位数字除以7的余数）。

5. 航空货运单的填写要求

①航空货运单应当由托运人填写，连同货物交给承运人。如承运人依据托运人提供的托运书填写货运单并经托运人签字，则该货运单应当视为代托运人填写。

②货运单应按编号顺序使用，不得越号。

③货运单必须填写正确、清楚。托运人应当对货运单上所填关于货物的声明或说明的正确性负责。需要修改的内容，不得在原处描改，而应将错误处划去，在旁边空白处书写正确的文字或数字，并在修改处加盖戳印。货运单只能修改一次，如再发生填写错误，应填制新的货运单。如填写错误涉及收货人名称、运费合计等栏目内容，而又无法在旁边书写清楚时，应当重新填制新的货运单。填错作废的货运单，应加盖"作废"的戳印，除出票人留存外，其余各联随同销售日报送财务部门注销。

④在始发站货物运输开始后，货运单上的"运输声明价值"一栏的内容不得再做任何修改。

6. 航空货运单的填写规范

表4-4所示为国内航空货运单的正本3（托运人联）。

表4-4 国内航空货运单的正本3（托运人联）

×××-×××××××× 　　　　　　　　　　　　　×××-××××××××

始发站 Airport of Departure		［1］	目的站 Airport of Destination		［2］	不可转让 NO NEGOTIABLE			
托运人姓名、地址、邮编、电话号码 Shipper's Name, Address, Postcode & Telephone NO. ［3］						航空货运单　　　　　　　　　航空公司 AIR WAYBILL　　航徽　　中英文名称 印发人　　　　　地址　　邮编 Issued by			
						航空货运单一、二、三联为正本，并具有同等法律效力 Copier 1, 2 and 3 of this Air Waybill are Originals and have the same validity.			
收货人姓名、地址、邮编、电话号码 Consignee's Name, Address, Postcode & Telephone NO. ［4］						结算注意事项 Accounting Information　　　　　　　　［22］			
						填开货运单的代理人名称 Issuing Carrier's Agent Name ［23］			
航班／日期 Flight/Date［6A］		航班／日期 Flight/Date［6B］		运输声明价值 Declared Value for Carriage　［7］			运输保险价值 Amount of Insurance［8］		
储运注意事项及其他 Handling Information and Others　　　　　　　　　［9］									
件数 No. of Pcs. 运价点 RCP	毛重 （千克） Gross Weight （kg）	运价 种类 Rate Class	商品代号 Comm. Item No.	计费重量 （千克） Chargeable Weight（kg）		费率 Rate/kg	航空 运费 Weight Charge	货物品名（包括包装、尺寸或体积） Description of Goods（incl. Packing, Dimensions or Volume）	

续表

航线 Routing［5］		到达站 To［5A］	第一承运人 By First Carrier［5B］		到达站 To［5C］	承运人 By［5D］	
［10］	［11］	［12］	［13］	［14］	［15］	［16］	［17］
［10A］	［11A］					［16A］	
预付 Prepaid ［18］			到付 Collect ［19］		其他费用 Other Charges ［20］		
［18A］	航空运费 Weight Charge		［19A］		本人郑重声明：此航空货运单上所填货物品名和货物运输声明价值与实际交运货物品名和货物实际价值完全一致，并对所填航空货运单和所提供的与运输有关文件的真实性和准确性负责。 Shipper certifies that description of goods and declared value for carriage on the face hereof are consistent with actual description of goods and actual value of goods and that particulars on the face hereof are correct. 托运人或其代理人签字、盖章 Signature of Shipper or His Agent___［24］		
［18B］	声明价值附加费 Valuation Charge		［19B］				
［18C］	地面运费 Surface Charge		［19C］				
［18D］	其他费用 Other Charges		［19D］				
［18E］	总额（人民币） Total（CNY）		［19E］		填开日期 填开地点 Executed on (Date)[25A] at (Place) [25B] 填开人或其代理人签字、盖章 Signature of Issuing Carrier or His Agent ［25C］		
付款方式 Form of Payment			［21］				

对照表 4-4，航空货运单的填写规范如下。

①始发站［1］：填写货物始发站机场所在城市的名称，地名应写全称，不得简写或使用代码。

②目的站［2］：填写货物目的站机场所在城市的名称，地名应写全称，不得简写或使用代码。

③托运人姓名、地址、邮编、电话号码［3］：填写托运人全名，托运人姓名应与其有效身份证件相符；地址、邮编和电话号码要清楚准确。

④收货人姓名、地址、邮编、电话号码［4］：填写收货人全名，收货人姓名应与其有效身份证件相符；地址、邮编和电话号码要清楚准确。此栏只能填写一个收货人，要求内容详细。

⑤航线［5］：

到达站［5A］：填写目的地机场或第一中转站机场的三字代码。

第一承运人［5B］：填写自始发站承运货物的承运人的二字代码。

到达站［5C］：填写目的地机场或第二中转站机场的三字代码。

承运人［5D］：填写第二承运人的二字代码。

⑥航班日期：

航班/日期［6A］：填写已订妥的始发航班日期。

航班/日期［6B］：填写已订妥的续程航班日期。

⑦运输声明价值［7］：填写托运人向承运人声明的货物价值。托运人未声明价值时，

必须填写"无"字样。

⑧运输保险价值 [8]：填写托运人通过承运人向保险公司投保的货物价值。已办理声明价值的，此栏不填写。

⑨储运注意事项及其他 [9]：填写货物在保管运输过程中应注意的事项或其他有关事宜，不得填写超出承运人储运条件的内容。

⑩件数/运价点 [10]：填写货物的件数。如果货物运价种类不同，应分别填写总件数，填在 [10A] 栏。如运价是分段相加组成时，将运价组成点的城市代码填入本栏。

⑪毛重 [11]：在与货物件数相对称的同一行处，填写货物毛重。如分别填写时，总数应填在 [11A] 栏。

⑫运价种类 [12]：填写运价类型代号，如 M、N、Q、C、S。

⑬商品代号 [13]：应根据以下两种情况分别填写。

如果在 [12] 栏内填入指定商品运价代号 "C"，则在本栏填写指定商品的具体数字代号（根据各地区公布运价中确定的指定商品代号填写）。

如果在 [12] 栏内填入等级货物运价代号 "S"，本栏内应填写适用的普通货物运价的百分比数，如 Q150。

⑭计费重量 [14]：

如果按体积计得的重量大于实际毛重，应将体积计费重量填入本栏。

采用较低的运价和较高的计费重量分界点所得的运费低于采用较高的运价和较低的计费重量分界点的运费，则可将较高的计费分界点重量填入本栏。

⑮费率 [15]：填写货物起讫点之间适用的每千克运价。

⑯航空运费 [16]：填写根据费率和计费重量计算出的货物航空运费额。如分别填写时，将总数填在 [16A] 栏内。

⑰货物品名（包括包装、尺寸和体积） [17]：填写货物的外包装类型，如果该批货物包装不同，应分别写明数量和包装类型；填写货物的名称、每件货物的尺寸和总体积，货物名称应当具体准确，不得填写表示货物类别的统称或品牌。

⑱预付 [18]：

预付航空运费 [18A]：填写预付的 [16] 或 [16A] 栏中运费总数。

预付声明价值附加费 [18B]：填写按规定收取的货物声明价值附加费。

预付地面运费 [18C]：填写根据地面运费费率和计费重量计算出的货物地面运费总额。

预付其他费用 [18D]：填写 [20] 栏各项费用的总数。

预付总额 [18E]：填写 [18A] ～ [18D] 栏的总数。

⑲到付 [19]：目前国内航空货物运输暂不办理运费到付业务。

⑳其他费用 [20]：填写除航空运费、声明价值附加费和地面运费以外的根据规定收取的其他费用。

㉑付款方式 [21]：填写托运人支付各项费用的方式，如现金、支票等。

㉒结算注意事项 [22]：填写有关结算事项，如有关运价协议号码、销售运价文件号码、特别运价通知、代理人或销售单位编码等。

㉓填开货运单的代理人名称［23］：填写填制货运单的代理人名称。

㉔托运人或其代理人签字、盖章［24］：由托运人或其代理人签字盖章。

㉕承运人或其代理人签字盖章：

填开日期［25A］：填写填制货运单的日期。

填开地点［25B］：填写填制货运单的地点。

填开人或其代理人签字、盖章［25C］：由填制货运单的承运人或其代理人签字盖章。

7. 航空货运单的有效期

货运单填制完毕后，以托运人（或其代理人）和承运人（或其代理人）在货运单上签字或盖章为货运单有效性开始；货物运至目的地之后，收货人在"交付联"或提货通知单上签收认可后，货运单作为运输的初步凭证，其有效性即告结束。

但作为运输契约，其法律依据在运输停止之日起两年内均有效。

4.4 国际航空货物收运

国际航空货物收运

ABC 国际物流公司空运部接到客户发来的国际货物托运书，空运部操作员小王在审核托运书无误后签字盖章，标志空运代理委托关系确立。随后小王根据国际货物托运书的要求进行了货物交接和货运单的填制等工作。

【案例思考题】

（1）作为国际航空货物，在收运时需要注意哪些问题？

（2）通常情况下，国际货物的收运有哪些规定？

（3）如何填制国际航空货运单？

4.4.1 国际货物收运的一般规定

①托运人应当提供必需的资料和文件，以便在货物交付收货人以前完成海关、行政法规规定的有关手续。

②托运人应当自行办理海关手续。托运人托运我国政府有关部门及国家有关法律、行政法规和其他有关规定限制运输的货物，应当随附有效证明。

③危险物品、动物、灵柩、骨灰、贵重物品、枪械、军械、外交信袋、鲜活易腐货物、成批或者超大件货物及公务货物，应当由托运人通知收货人在到达站机场等候提取。

4.4.2 国际货物收运的限制与要求

1. 价值限制

国际货物运输中，每票货物（即一份航空货运单）的声明价值不得超过 10 万美元；

未办理声明价值的,按照毛重每千克17个计算单位,即特别提款权(special drawing right, SDP),约等于 20 美元计算价值。超过该价值限制,则需要填写多份航空货运单,由此产生的航空货运单工本费用由托运人承担。在使用客货两用机运输时,国际运输每次班机载运货物总价值不能超过 100 万美元。货机每次班机载运货物总价值不能超过 5000 万美元。

2. 运费付款要求

货物的运费可以预付(由托运人付款),也可以到付(由收货人付款),但须注意以下几点。

①货物的航空运费和声明价值附加费,必须全部预付或全部到付。

②在运输始发站发生的其他费用,必须全部预付或全部到付。

③在运输途中发生的费用应到付,但某些费用(如政府所规定的固定费用和机场当局的一些税收)如始发站知道时,也可以预付。

④在目的站发生的其他费用只能全部到付。

⑤托运人可用人民币现金或国内银行支票向承运人或其代理人支付运费,但不能使用旅费证(miscellaneous charges of orders,MCO)或预付票款通知单(prepaid ticket advices,PTA)支付。

4.4.3 收运货物前的准备工作

收运货物时,承运人或代理人应查验托运人的有效身份证件。为了保证航空运输安全,货物收运前,收运人员必须做好以下准备工作。

1. 货物检查

①收运的货物及所需资料符合始发、中转和到达国家的法令、法规及航空公司的运输规章。

②按所在国家当地的安全检查部门的相关规定进行安全检查,排除禁止运输的物品范围,防止托运人匿报、瞒报,造成违规运输货物。

③对于性质不明的物品或疑似危险物品,须要求托运人提供由所在国家认可的危险物品鉴定机构或生产厂家出具的检测报告,证明此货物不会对航空运输造成危险时,方可收运。对于无法提供检测报告的货物或检测报告不符合要求的,收运人员有权拒绝收运。

④已经办妥货物安全检查手续,装机前托运人临时从仓库中提出的货物,应将货物安检标签作废,货物必须重新办理安全检查手续后方能继续运输。

2. 清点货物件数

收运人员应仔细清点货物件数,并确认接收的件数与运输文件中列明的件数是否相同。如果几个包装件合并成一个组合包装件作为一件货物时,须保证在运输过程中,各单独的包装件不会分离。

3. 货物计重

收运货物时,必须准确计重,货物重量计算单位为千克,计重的结果精确到 0.1 千克。如果货物的重量超过当地收运部门所能称取的最大重量极限，托运人必须提供当地有认证资格的计量部门出具的计量证明。对于贵重物品，收运人员应仔细核查，必要时必须单件计重，总重量以单件重量之和为准。

4. 准备运输文件

除货物托运书和航空货运单之外，托运人还需提供其他有关的文件。

①托运危险物品时，应提供"托运人危险物品申报单"及相关文件。

②托运活体动物时，应提供"活体动物运输托运证明书"及相关文件。

③货物明细单。

④在 IATA TC3 与 IATA TC1 和 IATA TC2（东欧部分国家）之间托运指定商品时，应提供商业发票。

⑤集运货物清单。

⑥进出口和过境所需的文件。

4.4.4　海关和检验检疫部门关于进出口货物的规定

1. 海关关于进出口货物的规定

①进口货物自进境起到办结海关手续止，出口货物自向海关申报起到出境止，过境、转运和通运货物自进境地起到出境止，应当接受海关监管。

②进口货物的收货人、出口货物的发货人应当向海关如实申报，交验进出口许可证和有关单证。国家限制进出口的货物，没有进出口许可证的，不予放行，具体处理办法由国务院规定。

③进出口货物应当接受海关查验。海关查验货物时，进口货物的收货人、出口货物的发货人应当到场，并负责搬移货物、开拆和重封货物的包装。海关认为必要时，可以进行开验、复验或者提货取样。

④除海关特准的外，进出口货物在收、发货人缴清税款或者提供担保后，由海关签印放行。

⑤进口货物的收货人自运输工具申报进境之日起超过三个月未向海关申报的，其进口货物由海关提取变卖处理。所得价款在扣除运输、装卸、储存等费用和税款后，尚有余款的，自货物变卖之日起一年内，经收货人申请，予以发还；逾期无人申请的，上缴国库。

确属误卸或者漏卸的进境货物，经海关审定，由原运输工具负责人或者货物的收货人自该运输工具卸货之日起三个月内，办理退运或进口手续；必要时，经海关批准，可以延期三个月。

⑥进口货物应当由收货人在货物的进境地海关办理海关手续，出口货物应当由发货人在货物的出境地海关办理海关手续。

⑦过境、转运和通运货物，运输工具负责人应当向进境地海关如实申报，并应当在规定期限内运输出境。海关认为必要时，可以查验过境、转运和通运货物。

⑧海关监管货物，未经海关许可，任何单位和个人不得开拆、提取、交付、发运、调换、改装、抵押、转让或者更换标记。

海关加施的封志，任何个人不得擅自开启或者毁损。海关监管货物的仓库、场所的经理人应当按照海关规定，办理收存、交付手续。在海关监管区外存放海关监管货物，应当经海关同意，并接受海关监管。

2. 检验检疫部门关于进出口货物的规定

①下列各种货物，依照《中华人民共和国进出境动植物检疫法》的规定进行检疫。

- 进境、出境、过境的动植物、动植物产品和其他检疫物。
- 装载动植物、动植物产品和其他检疫物的装载容器、包装物、铺垫材料。
- 来自动植物疫区的运输工具。
- 进境拆解的废旧船舶。
- 有关法律、行政法规、国际条约规定或者贸易合同约定应当实施进出境动植物检疫的其他货物、物品。

②符合下列条件的，方可办理进境检疫审批手续。

- 输出国家和地区无重大动植物疫情。
- 符合中国有关动植物检疫法律、法规、规章的规定。
- 符合中国与输出国家或者地区签订的有关双边检疫协定（含检疫协议、备忘录等）。

③办理进境检疫审批手续后，有下列情况之一的，货主、物主或者其代理人应当重新申请办理检疫审批手续。

- 变更进境物的品种或者数量的。
- 变更输出国家或者地区的。
- 变更进境口岸的。
- 超过检疫审批有效期的。

④输出动植物、动植物产品和其他检疫物的检验地点。

- 输出动物，出境前须经隔离检疫的，在口岸动植物检疫机关指定的隔离场所检疫。
- 输出植物、动物产品和其他检疫物的，在仓库对货物实施检疫。
- 根据需要，也可以在生产、加工过程中实施检疫。

⑤输出动植物、动植物产品和其他检疫物的检疫依据。

- 输入国家或者地区和中国有关的动植物检疫规定。
- 双边检疫协定。
- 贸易合同中订明的检疫要求。

⑥运输动植物、动植物产品和其他检疫物过境（含转运）的，承运人或者押运人应当持货运单和输出国家或者地区政府动植物检疫机关出具的证书，向进境口岸动植物检疫机关报检；运输动物过境的，还应当同时提交国家动物检疫局签发的《动物过境许可证》。

⑦过境动物运达过境口岸时，由过境口岸动植物检疫机关对运输工具、容器的外表进行消毒并对动物进行临床检疫，经检疫合格的，准予过境。进境口岸动植物检疫机关可以派检疫人员监运至出境口岸，出境口岸动植物检疫机关不再检疫。

⑧装载过境动植物、动植物产品和其他检疫物的运输工具和包装物、装载容器必须完好。经口岸动植物检疫机关检查，发现运输工具或者包装物、装载容器有可能造成途中散漏的，承运人或者押运人应当按照口岸动植物检疫机关的要求，采取密封措施；无法采取密封措施的，不准过境。

4.4.5 国际货物托运书

托运人在托运货物时，应该用英文填写一份国际货物托运书，承运人根据托运书来判断是否收运货物及填写货运单。国际货物托运书的样式如表 4-5 所示。

表 4-5 国际货物托运书

货运单号码
No. of Air Waybill ［1］

始发站 Airport of Departure ［2］		到达站 Airport of Destination ［3］				供承运人用 For Carrier Use Only	
						航班/日期 Flight/Date	航班/日期 Flight/Date
路线及到达站 Routing and Destination ［4］							
至 To	第一承运人 By First Carrier	至 To	承运人 By	至 To	承运人 By	已预留吨位 Booked ［5］	
托运人账号 Shipper's Account Number ［7］		托运人姓名及地址 Shipper's Name and Address ［6］				运费 Charges ［10］	
收货人账号 Consignee's Account Number ［9］		收货人姓名及地址 Consignee's Name and Address ［8］					
另请通知 Also Notify ［11］							
托运人申明的价值 Shipper's Declared Value ［12］		保险金额 Amount of Insurance ［13］		所附文件 Document's to Accompany Air Waybill ［14］			
供运输用 For Carriage	供海关用 For Customs						
件数 No. of Packages	实际毛重（千克） Actual Gross Weight (kg)	运价类别 Rate Class	计费重量 Chargeable Weight	费率 Rate/Charge	货物品名及数量（包括体积或尺寸） Nature and Quantity of Goods (Incl. Dimensions or Volume)		
［15］	［16］	［17］	［18］	［19］	［20］		
在货物不能交于收货人时，托运人指示的处理方法 Shippers instructions in case of inability to deliver shipment as consigned ［21］							
供运输用 For Carriage	供海关用 For Customs						
处理情况（包括包装方式、货物标志及号码等） Handling Information (Incl. Method of packing, identifying marks and number, etc.) ［22］							

托运人证实以上所填全部属实并愿意遵守承运人的一切载运章程。

The shipper certifies that the particulars on the hereof are correct and agrees to the conditions of carriage of the carrier.

托运人签字	日期	经手人	日期
Signature of Shipper [23]	Date [24]	Agent [25]	Date [26]

1. 国际货物托运书托运人填写项目

①始发站 [2]：填写始发站机场的全称及国家名称。

②到达站 [3]：填写目的地机场的全称及国家名称。不知道机场名称时，可以填写城市名称。如果某一城市名称用于一个以上国家时，应加上国名。例如，LONDON UK，伦敦，英国；LONDON KY US，伦敦，肯塔基州，美国。

③托运人姓名及地址 [6]：填写托运人姓名或托运单位，地址应详细填写。

④托运人账号 [7]：必要时填写。

⑤收货人姓名及地址 [8]：详细填写收货人的全名，地址填写国名、城市名称和街道名称、门牌号码和电话。由于货运单不能转让，在该栏不得填写"to order"或"to order of the shipper"字样。

⑥收货人账号 [9]：必要时填写。

⑦另请通知 [11]：托运人填写的另一收货通知人，要求详细填写。

⑧托运人申明的价值 [12]：注明货币名称。

供运输用：填写托运人向承运人声明的货物价值，该价值为承运人赔偿的限额。承运人按声明价值的多少收取声明价值附加费。未声明价值时，可填"NVD"（无声明价值）。

供海关用：填写托运人向到达站海关申报的货物价值，若无需要，则可不填，必要时也可填写"NCV"（无商业价值）。

⑨保险金额 [13]：按货物的实际价值填写投保金额。

⑩所附文件 [14]：填写托运人交承运人随同货物带往目的地的文件。

⑪件数 [15]：填写该批货物的总件数。如为混合交运的货物，相同运价的填在一起，不同的分列。

⑫货物品名及数量（包括体积或尺寸）[20]：对不同种类的货物，应详细填写货物的具体名称。包装尺寸以 cm 为单位，并注意货物的长、宽、高的尺寸。

⑬在货物不能交于收货人时，托运人指示的处理方法 [21]：必要时填写。

⑭处理情况（包括包装方式、货物标志及号码等）[22]：填写货物的包装方式、标志和号码，以及在运输、中转、装卸、储存时需要特别注意的事项。

⑮托运人签字 [23]：由托运人签字盖章。

⑯日期 [24]：填写托运人或其代理人交货的日期。

2. 国际货物托运书承运人填写项目

①货运单号码 [1]：填写根据本托运书而填制的货运单号码。

②路线及到达站 [4]：填写选择的运输路线及承运人代号，如果后者不指定，则只填写路线即可。

③已预留吨位［5］：填写预留吨位（包括已订妥或已发电申请预留吨位）的航班号（冠以承运人代号）和日期。

④运费［10］：填写运费或其他费用支付方式。运费预付填写"FREIGHT PREPAID"，运费到付填写"FREIGHT COLLECT"。

⑤实际毛重（千克）［16］：过磅后填写货物总重量。尾数以 0.1 千克为单位，不足 0.1 千克的四舍五入。一批货物按不同运价计费时，应分列重量，相加后的总重量填写在下方。

⑥运价类别［17］：填写所采用的运价类别代号。采用等级运价时，标明百分比。

⑦计费重量［18］：填写计算运费的重量。

⑧费率［19］：填写适用的每千克运价，如果为最低运费，也应填在本栏。

⑨经手人［25］：由经办人签字。

⑩日期［26］：填写办理货物托运的日期。

4.4.6　国际航空货运单

国际航空货运单是承运人和托运人之间的运输契约，也是进行航空运输的凭证。国际航空货运单不可转让。每一份货物或集合运输的货物均填写一份货运单，集合运输货物的分运单应由集运人自行备制，不得使用承运人的货运单。

1. 国际航空货运单的组成

国际航空货运单一式十二份，其中，有三份正本、六份副本和三份额外副本。各联顺序及其用途如表 4-6 所示。

表 4-6　国际航空货运单各联的顺序及其用途

印刷顺序	名　称	颜　色	流　向	用　途
第一联	正本 1	淡绿色	制单承运人	承运人和托运人签署运输合同的证据，承运人财务部门留存
第二联	正本 2	淡粉色	收货人	在目的站交付给收货人
第三联	正本 3	淡蓝色	托运人	承运人与托运人签署运输合同的证据；托运人交付货物的凭证
第四联	副本 4	淡黄色	交付承运人	经收货人签字后，作为交付货物的收据和完成运输的证明
第五联	副本 5	白色	目的站机场	目的站机场使用
第六联	副本 6	白色	第三承运人	承运人计算运费时使用
第七联	副本 7	白色	第二承运人	承运人计算运费时使用
第八联	副本 8	白色	第一承运人	承运人计算运费时使用
第九联	副本 9	白色	代理人	制单代理人留存
第十联	额外副本 10	白色		
第十一联	额外副本 11	白色		备份
第十二联	额外副本 12	白色		

2. 国际航空货运单的种类

（1）航空主运单（master air waybill，MAWB）

运单是由航空运输公司签发的航空运单。它是航空公司和航空货运代理公司之间订立的运输合同，是航空运输公司据以办理货物运输和交付的依据，每一批航空运输的货物都有自己相对应的航空主运单。

（2）航空分运单（house air waybill，HAWB）

航空分运单又称"小运单"，是航空货运代理公司在办理集中托运业务时签发的航空运单。在集中托运的情况下，航空货运代理公司集中托运物资为一件。代理公司为方便工作，就另发给委托人自己签发的分运单，即航空分运单。

航空主运单是航空运输公司与航空货运代理公司之间签订的货物运输合同，合同双方为集中托运人和航空运输公司；而航空分运单是航空货运代理公司与托运人之间签订的货物运输合同，合同双方分别为货主和航空货运代理公司。货主与航空运输公司没有直接的契约关系。在起运地由航空货运代理公司将货物交付航空运输公司，在目的地再由航空货运代理公司或其代理从航空运输公司处提取货物，然后转交给收货人。但航空分运单具有与航空主运单相同的法律效力，只是由航空货运代理公司承担货物的全程运输责任。其关系图如图 4-12 所示。

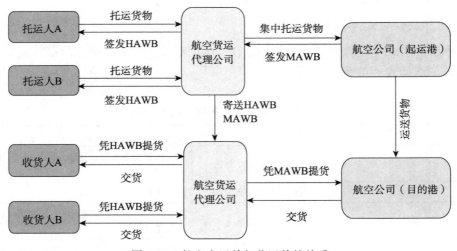

图 4-12　航空主运单与分运单的关系

3. 国际航空货运单的填写规范

国际航空货运单的样式如表 4-7 所示。

对照表 4-7，国际航空货运单的填制规范如下。

①始发站机场（airport of departure）[1]：填写始发站机场的 IATA 三字代码。

②货运单号码（the air waybill number）[1A][1B]：包括航空公司的票证代号[1A]、货运单序号和检验号[1B]，应当清晰地印在货运单的左右上角及右下角。

③货运单所属航空公司名称及总部所在地址（issuing carrier's name and address）[1C]：此处印有航空公司的标志、名称和地址。

表 4-7　国际航空货运单

[1A][1][1B]

Shipper's Name and Address [2]	Shipper's Number [3]	Account	NOT Negotiable Air Waybill Issued by　　　[1C]
			Copies1,2,3 of this AWB are original and have the same validity [1D]
Consignee's Name and Address [4]	Consignee's Number[5]	Account	It is agreed that goods described are accepted in apartment good order and condition (except as noted) for carriage SUBJECT TO THE CONDITIONS OF CONTACT ON THE REVERSE HEREOF ALL GOODS MAY BE CARRIED BY ANY OTHER MEANS INCLUDING ROAD OR ANY OTHER CARRIER UNLESS SPECIFIC CONTRAY INSTRUCTIONS ARE GIVEN HEREON BY THE SHIPPER.AND SHIPPER AGRESS THAT THE SHIPMENT MAY BE CARRIED VIA INTERMEDIATE STOPPING PLACES WHICH THE CARRIER DEEMS APPROPRIATE.THE SHIPPER'S ATTENTION IS DRAWN TO THE NOTICE CONCEANING CARRIER'S LIMITATION. Shipper may increase such limitation of liability by declaring a higher value for carriage and playing a supplemental charge if required. [1E]

Issuing Carrier's Agent Name and City [6]		Accounting Information	
Agent's IATA Code [7]	Account No. [8]	[10]	

Airport of Departure (Addr of First Carrier) and Requested Routing　　[9]

To	By First Carrier	To	By	To	By	Currency	CHGS Code	WT/VAL		Other		Declared Value for Carriage	Declared Value for Customs
								PPD	COLL	PPD	COLL		
[11A]	[11B]	[11C]	[11ID]	[11E]	[11F]	[12]	[13]	[14A]	[14B]	[15A]	[15B]	[16]	[17]

Airport of Destination [18]	FlightDate [19A]	Flight/Date: [19B]	Amount of Insurance [20]	INSURANCE-if carrier offers Insurance, and such insurance is requested in accordance with the conditions thereof. Indicate amount to be insured in figures in box marked "Amount of Insurance"

Handling Information　　[21]

No. of Pieces RCP [22A]	Gross Weight [22B]	Kb 1b [22C]	Rate Class [22D]		Chargeable Weight	Rate/Charge	Total [22H]	Nature and Quantity of Goods (incl Dimension or Volume) [221]
[22J]	[22K]		Commodity Item No. [22E]		[22F]	[22G]	[22L]	

Prepaid	Weight Charge	Collect	Other Charges
[24A]	[24B]		[23]
Valuation Charge			
[25A]	[25B]		
Tax			
[26A]	[26B]		

续表

			Shipper certifies that the particulars on the face hereof are correct and that Insofar as any part of the consignment contains dangerous goods, such part is properly described by name and is in proper condition for carriage by air according to the applicable Dangerous Goods Regulation.
	Total Other Charges Due Agent		
[27A]		[27B]	
	Total Other Charges Due Carrier		
[28A]		[28B]	[31] Signature of Shipper of his agent
	[29A]	[29B]	
Total Prepaid		Total Collect	[32A] Executed on(date) / [32B] at(place) / [32C] Signature ofCarrier of his Agent
[30A]		[30B]	
Currency Conversion Rates		CC Charges in Dest. Currency	
[33A]			
[33B]			
	Charges at Destination		Total Collect Charges
For Carriers Use Only At Destination [33]		[33C]	[33D] [1A][IB]

④正本联说明（reference to originals）[1D]：说明正本 1、2、3 具有相同的法律效力。此栏无需填写。

⑤契约条件（reference to conditions of contact）[1E]：用于填写其他相关的契约，一般情况下无需填写。

⑥托运人名称和地址（shipper's name and address）[2]：填写托运人的姓名（名称）、详细地址、国家（或国家两字代号），以及托运人的电话、传真号码。

⑦托运人账号（shipper's account number）[3]：一般无需填写，除非承运人另有要求。

⑧收货人姓名和地址（consignee's name and address）[4]：填写收货人的姓名（名称）、详细地址、国家（或国家两字代号），以及收货人的电话、传真号码。

⑨收货人账号（consignee's account number）[5]：一般无需填写，除非承运人另有要求。

⑩出票航空公司货运代理人名称和城市（issuing carrier's agent name and city）[6]：填写向出票航空公司收取佣金的 IATA 代理人的名称及所在机场和城市。

⑪国际航协代号（agents iata code）[7]：航空公司为便于内部系统管理，要求其代理人在此处填入相应代号。

⑫账号（account no.）[8]：一般无需填写，除非承运人另有要求。

⑬始发站机场和要求的运输路线（airport of departure and requested routing）[9]：填写运输始发站机场或所在城市（始发站与所在城市使用相同代码）的全称，以及所要求的运输路线。

⑭相关财务信息（accounting information）[10]：填写有关财务说明事项。如付款方式为现金、支票或其他方式。

⑮运输路线和目的站（routing and destination）[11A～11F]。

- 到达站（第一承运人到达站）（To）[11A]：填写目的地机场或第一中转站机场的三字代码。
- 第一承运人（by first carrier）[11B]：填写自始发站承运货物的承运人的两字代码。
- 到达站（第二承运人到达站）（To）[11C]：填写目的地机场或第二中转站机场的三字代码。
- 第二承运人（By）[11D]：填写第二承运人的两字代码。
- 到达站（第三承运人到达站）（To）[11E]：填写目的地机场或第三中转站机场的三字代码。
- 第三承运人（By）[11F]：填写第三承运人的两字代码。

⑯货币（currency）[12]：填写运输始发地货币代号（统一采用国际标准化组织 ISO 的货币代号）。

⑰运费代号（charges code）[13]：仅供承运人使用，主要作为电子传送货运单信息时必须填写的内容。本栏可以填写以下代号。

CA：部分费用信用证到付，部分费用现金预付。

CB：部分费用信用证到付，部分费用信用证预付。

CC：所有费用到付。

CG：所有费用到付，用政府提单支付。

CP：目的地现金到付。

CX：目的地信用证到付。

⑱货物运费、声明价值附加费、其他费用的付款方式[14A][14B][15A][15B]："VT/VAL"表示货物航空运费、声明价值附加费预付（[14A]）或到付（[14B]）"Other"表示其他费用预付（[15A]）或到付（[15B]）。有关费用预付（PPD）或到付（COLL），分别用字母"PP""CC"在货运单上表示，或在相关栏内用"X"表示。

⑲运输声明价值（declared value for carriage）[16]：填写托运人关于货物运输声明价值的金额。如果托运人没有运输声明价值，此栏不可以空着，必须填写"NVD"字样。

⑳供海关用的声明价值（declared value for customs）[17]：填写货物过海关时所需的货物商业价值金额。如果货物没有商业价值，或海关不要求声明价值，此栏必须填写"NCV"字样。

㉑目的站机场（airport of destination）[18]：填写最后承运人的目的地机场全称。

㉒航班/日期（flight/date）[19A][19B]：此栏仅供承运人使用。

[19A]：承运人在收运货物时将预定航班或视需要将续运航班填入本栏。

[19B]：填写托运人或其代理人申请预订的航班。

㉓保险金额（amount of insurance）[20]：如果承运人向托运人提供代办货物保险业务时，此栏填写托运人货物投保的金额。如果承运人不提供此项服务或托运人不要求投保时，此栏内容必须填写"xxx"符号。

㉔运输处理注意事项（handling information）[21]：填写货物在运输过程中需要注

意的有关事宜。

㉕货物运价及细目（consignment rating details）[22A]~[22L]：一票货物中如含有两种或两种以上不同运价类别计费的货物，应分别填写，每填写一项另起一行。如果含有危险物品，则该危险物品应列在第一项。

- 货物件数/运价组合点（No. of Pieces RCP）[22A]：填写货物的件数。如果使用分段相加运价计算运费时，则应在件数下面填写运价组合点城市的 IATA 三字代码。
- 毛重（gross weight）[22B]：填写货物实际毛重（以 kg 为单位时保留至小数点后一位）。
- 千克/磅（kg/b）[22C]：以千克为单位用代号"K"，以磅为单位用代号"L"。
- 运价等级（rate class）[22D]：根据所使用运价按下列规则填入规定代码。

  M：最低运费。

  N：45 kg（或 100 lb）以下的普通货物运价。

  Q：45 kg（或 100 lb）以上的普通货物运价。

  C：指定商品运价。

  R：附减等级运价。

  S：附加等级运价。

  U：集装设备的最低重量及其适用的最低运费。

  E：过集装设备最低量及其适用的运价。
- 商品品名编号（commodity item No）[22E]：运输指定商品，货物的运费使用指定商品运价计费时，此栏填写指定商品品名编号；运输等级货物，使用等级货物运价计费时，填写附加或附减运价的比例，用百分比表示；运输集装货物时，填写集装货物运价等级。
- 计费重量（chargeable weight）[22F]：填写计算货物运费适用的计费重量。
- 运价/运费（rate/charge）[22G]：当使用最低运费时，此栏应填写运价代号"M"。当运价代号为"N""Q""C"时，填入相应的运价；当货物为等级货物时，填写与运价代号"S""R"对应的附加或附减后的运价。
- 总计（total）[22H]：填写计费重量与适用运价相乘后的运费金额；如果是最低运费或集装货物基本运费时，此栏与[22G]内金额相同。
- 货物品名和数量（nature and quantity of goods）[22I]：为了便于组织该批货物运输，此栏填写要求清楚、简明，并符合下列要求。

  货物品名用英文大写字母表示。

  当一票货物中含有危险物品时，应分列填写，危险物品应列在第一项。

  运输活体动物，应根据 IATA 活体货物运输规定填写。

  集合货物运输，应填写"conditions as per attached list"。

  货物体积用长×宽×高表示，如 DIMS：40cm×30cm×20 cm。
- [22J][22K][22L]栏分别填写货物总件数、总毛重、总运费。

㉖其他费用（other charges）[23]：填写除航空运费和声明价值附加费以外的其他费用。此栏中任一费用均需用三个字母表示，前两个字母表示费用种类，第三个字母表示费用归属。承运人收取的其他费用用"C"表示，代理人收取的其他费用用"A"表示。例如，"AWC"表示出票航空公司收取的货运单工本费；"AWA"表示代理人收取的货运单工本费。

㉗航空运费（weight charge）[24A][24B]：填写航空运费计算栏[22]栏计算所得的航空运费总数。如若航空运费预付，填入[24A]；航空运费到付，则填入[24B]。

㉘声明价值附加费（valuation charges）[25A][25B]：当托运人声明货物运输声明价值时，此栏填入声明价值附加费金额项。该费用必须与航空运费同步付款，即同时预付或同时到付。若声明价值附加费预付，填入[25A]；到付则填入[25B]。

㉙税款（tax）[26A][26B]：若需要时，应填写政府或官方当局要求征收的税款。税款应全部预付或到付，税收的细节不需要填写在[23]栏内。税款预付填入[26A]，到付则填入[26B]。

㉚由代理人收取的其他费用总额（total other charges due agent）[27A] [27B]：预付填入[27A]，到付填入[27B]。

㉛由出票航空公司收取的其他费用总额（total other charges due carrier）[28A][28B]：预付填入[28A]，到付填入[28B]。

㉜无名称阴影栏[29A] [29B]：无需填写，除非承运人需要。

㉝预付和到付费用总额（total prepaid/collect）[30A][30B]：

[30A]：填入[24A][25A][26A][27A][28A]等栏有关预付款项之和。

[30B]：填入[24B][25B][26B][27B][28B]等栏有关到付款项之和。

㉞托运人证明栏[31]：填写托运人名称，并由托运人或其代理人在本栏内签字或盖章。

㉟承运人填写栏[32A][32B][32C]：分别填入填开货运单的日期、地点、所在机场或城市的全称或缩写。日期按日、月、年的顺序填写。[32C]栏要求填开货运单的承运人或其代理人在本栏内签字。

㊱仅供有关承运人、目的地机场等在目的站使用栏[33A]～[33D]：收货人用目的地国家货币付费。

- 货币兑换比价（currency conversion rates）[33A]：填写运输始发地货币换算成目的地国家货币的比价（银行卖出价）。
- 用目的地国家货币表示的付费金额（CC Charges in Destination Currency）[33B]：填写用目的地国家货币表示的付费金额。
- 目的地费用（charges at destination）[33C]：最后一个承运人将目的站发生的费用金额填写在本栏中。
- 到付费用总额（total collect charges）[34D]：填写到付费用总额。

4. 国际航空货运单的修改

①当货运单内容填写出现错误需要修改时，应将错误处划去，并在旁边空白处填写

正确的内容，同时在货运单各联的修改处加盖修改人的戳印。此种更改应不影响货运单上的其他内容。

②每份货运单各栏只限修改一次，不得超过三处（相关联的多栏目修改可视为一处，只限一次）。如果发生多处填写错误或填写无法更改清楚时，应另填开新的货运单，原货运单作废。

常用飞机货舱数据：常用飞机货仓数据（kllxg.com）

　　货物的收运环节是整个航空货物运输业务流程中最为关键的步骤之一，它涉及货物运输流程中航空货物托运书的填写、航空货运单的填写、单证审核、货物的接收、货物标识的使用及各种收运限制条件等内容。因此，工作人员必须严格按照各项规定把控好收运环节，才能保证运输质量。

　　在国际航空货物运输中，还需要关注国际货物收运的相关规定。国际货物委托书与国际航空货运单是航空货物国际运输过程中的重要凭证，因此需要熟悉国际货物委托书和航空货运单的填写。

1. 简述国内航空货物托运的一般规定。
2. 简述航空货物重量和体积的限制。
3. 简述航空运输货物包装的基本要求有哪些？
4. 简述航空货物运输标记和标签的种类。
5. 简述国际货物收运的一般规定。
6. 在国际航空货物运输中，收运货物前应做好哪些准备工作？
7. 请练习正确填写一份国际航空货运单。

第5章

航空货物进出口流程

【学习目标】

- 掌握航空货物进出口流程的概念；
- 掌握航空货物出口运输代理业务流程和航空公司出港货物的操作流程；
- 掌握航空公司进港货物的操作流程和航空货物进口运输代理业务流程；
- 掌握国际货物报关、报验的概念；
- 掌握国际货物报关、报验流程。

"通关＋物流"一体化

2022年，1月25日，深圳海关联合深圳市商务局等部门，在全国首批推出"中国（深圳）国际贸易单一窗口航空物流公共信息平台"，并组织相关企业开展试点工作。

2021年8月，国家口岸办决定在广东、福建等地开展国际贸易"单一窗口"航空物流公共信息平台试点建设工作，全面打通航空物流领域的信息孤岛，提升信息使用效率，深圳成为全国首批试点地区之一。深圳海关牵头深圳市商务局，积极开展企业调研，深入了解企业开展空运业务的难点、堵点。

该平台可以免费为各类航空相关市场主体提供通关服务、物流服务、定制服务以及政府服务等功能，将通关资源和物流资源进行结合，实现以电子运单为基础的"通关＋物流"业务流程一体化，打破信息孤岛，实现航空通关和物流无纸化作业，提高企业通关、物流协同办理效率，海关等监管部门的监管执法效率，助力深圳航空枢纽高质量发展，进一步提升深圳空港跨境贸易便利化水平。

据了解，该平台是国际贸易"单一窗口"标准版的延伸和补充，实现了空运业务的"单一窗口化"，航司、货站等主体通过该平台实现免费数据交换传输服务，线上办理批量导入报关单等各类通关单证、查询每票货物"通关＋物流"全链条重要环节状态，以及办理查验预约和提醒等功能，实现空运业务的"一次录入、一单多报、一站获取"。

资料来源：深圳上线航空物流公共信息平台"通关＋物流"一体化线下流程线上办. 深圳商报，2022-01-27.

【案例思考题】

（1）什么是通关一体化？

（2）通关一体化为进出口贸易企业带来了哪些影响？

（3）通关一体化对航空货物运输带来了什么变化？

5.1 航空货物出口流程

航空货物出口流程指的是从托运人发货到承运人把货物装上飞机的物流、信息流的实现和控制管理的全过程。一般地，托运人采用委托航空运输代理人运输或直接委托航空公司运输两种方式。相应的，航空货运出口业务流程从环节来说，主要包含两大部分：航空货物出口运输代理业务流程和航空公司出港货物的操作流程（图 5-1）。前者的主体是航空运输代理人，后者的主体是航空公司。

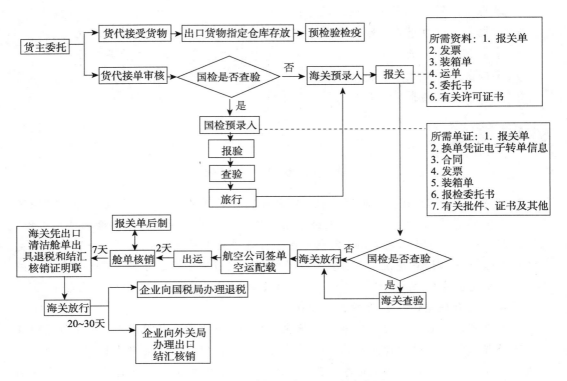

图 5-1　航空货物运输出口业务流程图

5.1.1 航空货物出口运输代理业务流程

航空货物出口运输代理业务流程主要包括以下 20 个环节：市场销售→委托运输→审核单证→预配舱→预订舱→接受单证→填制运货单→接受货物→标记和标签→配舱→订舱→出口报关→出仓单→申请集装设备→货物装箱装板→签单→交接发运→航班跟院→信息服务→费用结算。

1. 市场销售

承揽货物是货运代理业务的核心。作为航空货物运输销售代理人，其销售的产品是航空公司的舱位，只有飞机舱位配载了货物，航空货运才真正具有了实质性的内容，因此承揽货物处于航空货物出口运输代理业务流程的核心地位。

货代向货主进行询价，必须了解以下方面的情况。

①品名（是否危险品）。

②重量（涉及收费）、体积（尺寸大小及是否泡货）。

③包装（是否木箱，有无托盘）。

④目的机场（否是基本点）。

⑤要求时间（直飞或转飞）。

⑥要求航班（各航班服务及价格差异）。

⑦提单类别（主单及分单）。

⑧所需运输服务（报关方式，代办单证，是否清关派送等）。

从货主的角度来看，委托空代办理航空运输要比自己亲自办理来得更为便利，更有效率。因此，发货人一般也更愿意委托航空货运代理办理货物托运。

2. 委托运输

航空公司代理公司与出口单位（发货人）就出口货物运输事宜达成意向后，可以向发货人提供所代理的有关航空公司的"国际货物托运书"。对于长期出口或出口货量大的单位，航空货运代理公司一般都与之签订长期的代理协议。发货人发货时，首先需填写委托书，并加盖公章，作为货主委托代理承办航空货物出口货运的依据。航空货运代理公司根据委托书要求办理出口手续，并据以结算费用。因此，"国际货物托运书"是一份重要的法律文件。

根据《华沙公约》第 5 条第（1）款和第（5）款规定，"货运单应由托运人填写，也可由承运人或其代理人代为填写"。实际上，目前货运单均由承运人或其代理人代为填写。为此，作为填开货运单的依据——托运书，应由托运人自己填写，而且托运人必须在上面签字或盖章。托运书是托运人用于委托承运人或其代理人填开航空货运单的一种表单，表单上列有填制货运单所需的各项内容，并应印有授权于承运人或其代理人代其在货运单上签字的文字说明。托运书包括下列内容栏，如图 5-2 所示。

（1）托运人（shipper）

填托运人的全称、街名、城市名称、国名，以及便于联系的电话号码、电传号码或传真号码。

（2）收货人（consignee）

填收货人的全称、街名、城市名称、国名（特别是在不同国家内有相同城市名称时，必须要填上国名）以及电话号码、电传号码或传真号码，本栏内不得填写"to order"或"to order of the shipper"（按托运人的指示）等字样，因为航空货运单不能转让。

（3）始发站机场（airport of departure）

填始发站机场的全称，若机场名称不明确，可填城市名称。

（4）目的地机场（airport of destination）

填目的地机场（不知道机场名称时，可填城市名称），如果某一城市名称用于一个

国 际 货 物 运 输 托 运 书
SHIPPER'S INSTRUCTIONS　TO ARRANGE FOR SHIPMENT OF GOODS

Shipper's Name and Address 托运人			**TSL** Logistics **深圳市天驰达国际货运代理有限公司** TSL INT'L LOGISTICS CO.,LTD
Consignee's Name and Address 收货人			深圳市宝安机场兴围物流中心一期 B 栋××××室 TEL：+86-755-2777×××× EMAIL：berry××××@126.com
Notify Party 通知人			**Airfreight**　**To be prepaid**☐　**To be collected**☐ Charges　：　　　　　　　(If service available)
			Other　To be prepaid☐　To be collected　☐ Charges　：　　　　　　　(If service available)
			Freight Prepaid
Departure 始发港	Destination 目的港		Special Instruction HAWB NO:
Air Rate 运费			
D/D 门到门	D/P 门到机场	P/D 机场到门	P/P 机场到机场

Marks & No of Packages 件数，包装	Description of Goods 货物品名(中英文)	Gross Weight 毛重 (KG)	Measurement 尺寸 (CM)

L/C or no 是否具备出口单证 YES ( )　NO ( )	Drawback or no 是否退税 YES ( )　NO ( )	Insurance or no 是否保险 YES ( )　NO ( )

Documents to accompany Airwaybill of House Airwaybill (随机文件) ....

packing List ☐　Commercial Invoice ☐　Certificate of Origin ☐　Other Document ☐

托运人特别注意：

1. 托运人保证所填内容属实，品名与实际货物一致，与随机文件相一致，否则，由此而导致的托运人损失，承运人概不负责。
2. 如托运人不愿意买保险，货物发生丢失，损坏等情况时，均按《中华人民共和国民用航空法》等法律法规办理。提单资料修改请在航班提前 24 小时内书面通知我司。
3. 托运人要求买保险时，按货物申明价值的 0.3% 交纳保险费。
4. 严禁交运易燃易爆及其他违反国内，国际法律的违禁物品，违者责任由托运人承担。
5. 到付货物客人拒付,拒收,或托运人要求退运时，托运人必须承担所有退运费。

日期
Date　_____
经手人
Agent　_____
托运人签字盖章
Signature of Shipper　_____

经手人　_____

托运人证明以上所填全部属实，愿意遵守承运人的一切载运规定,并愿承担由此产生的法律和经济责任

图 5-2　国际货运运输托运书

以上国家时，应加上国名。例如：LONDON UK 伦敦，英国；LONDON KY US 伦敦，美国；LONDON TO CA 伦敦，加拿大。

（5）要求的路线/申请订舱（requested routing/requesting booking）

本栏用于航空公司安排运输路线时使用，但如果托运人有特别要求时，也可填入本栏。

（6）供运输用的声明价值（declared value for carriage）

填供运输用的声明价值金额，该价值即为承运人负赔偿责任的限额。承运人按有关规定向托运人收取声明价值费，但如果所交运的货物毛重每公斤不超过 20 美元（或其等值货币），无须填写声明价值金额，可在本栏内填入 "NVD"（no value declared，未声明价值），如本栏空着未填写时，承运人或其代理人可视为货物未声明价值。

（7）供海关用的声明价值（declared value for customs）

国际货物通常要受到目的站海关的检查，海关根据此栏所填数额征税。

（8）保险金额（insurance amount requested）

中国民航各空运企业暂未开展国际航空运输代保险业务，本栏可空着不填。

（9）处理事项（handling information）

填附加的处理要求，例如：另请通知（also notify）。除填收货人之外，如托运人还希望在货物到达的同时通知他人，请另填写通知人的全名和地址。

（10）货运单所附文件（document to accompany air waybill）

填随附在货运单上往目的地的文件，应填上所附文件的名称，例如：托运人的动物证明（shipper's certification for live animals）。

（11）件数和包装方式（number and kind of packages）

填该批货物的总件数，并注明其包装方法，例如：包裹（package）、纸板盒（carton）、盒（case）、板条箱（crate）、袋（bag）、卷（roll）等，如货物没有包装时，就注明为散装（loose）。

（12）实际毛重（actual gross weight）

本栏内的重量应由承运人或其代理人在称重后填入。如托运人已经填上重量，承运人或其代理人必须进行复核。

（13）运价类别（rate class）

本栏可空着不填，由承运人或其代理人填写。

（14）计费重量（千克）（chargeable weight）（kg）

本栏内的计费重量应由承运人或其代理人在量过货物的尺寸（以厘米为单位），并由承运人或其代理人算出计费重量后填入，或其代理人必须进行复核。

（15）费率（rate/charge）

本栏可空着不填。

（16）货物的品名及数量（包括体积及尺寸）[nature and quantity of goods（incl. dimensions or volume）]

填货物的品名和数量（包括尺寸和体积）。

若一票货物包括多种物品时，托运人应分别申报货物的品名，需要注意的是，填写品名不能使用"样品""部件"等这类比较笼统的名称。货物中的每一项均需分开填写，并尽量填写详细，如："9 筒 35 毫米的曝光动画胶片""新闻短片"（美国制）等，本栏所属填写内容应与出口报关发票和进口许可证上所列明的相符，所填写的货物尺寸应注明计量单位，对于危险物品，则应注明其专用名称和包装级别。

（17）托运人签字（signature of shipper）

托运人必须在本栏内签字。

（18）日期（date）

填托运人或其代理人交货的日期。在接受托运人委托后，单证操作前，货运代理公司的指定人员对托运书进行审核或称之为合同评审。审核的主要内容：价格、航班日期。目前，审核起降航班的航空公司大部分采取自由销售方式。每家航空公司、每条航线、每个航班甚至每个目的港均有优惠运价，这种运价会因货源、淡旺季经常调整，而且各航空公司之间的优惠价也不尽相同。所以有时候更换航班，运价也随之更换。需要指出的是货运单上显示的运价虽然与托运书上的运价有联系，但互相之间有很大区别。货运单上显示的是 TACT 上公布的适用运价和费率，托运书上显示的是航空公司优惠价加上杂费和服务费或使用协议价格。托运书的价格审核就是判断其价格是否被接受，预订航班是否可行。审核人员必须在托运书上签名和写上日期以示确认。

3. 审核单证

空代从发货人处取得单据后，应指定专人对单证进行认真核对，看看单证是否齐全，内容填写是否完整规范。审核单证应包括以下单证。

（1）发票、装箱单

发票上一定要加盖公司公章（业务科室、部门章无效），标明价格术语和货价（包括样品的发票）。

（2）托运书

一定要注明目的港名称和目的港所在城市名称，明确运费预付或运费到付、货物毛重、收发货人、电话/电传/传真号码。托运人签字处一定要有托运人签名。

（3）报关单

注明经营单位注册号、贸易性质、收汇方式，并要求在申报单位处加盖公章。

（4）外汇核销单

在出口单位备注栏内，一定要加盖公司章。

（5）许可证

合同号、出口口岸、贸易国别、有效期，一定要符合要求并与其他单据相符。

（6）商检证

商检证、商检放行单、盖有商检放行章的报关单均可。商检证上应有海关放行联字样。

（7）进料/来料加工核销本

要注意本上的合同号应与发票相符。

（8）索赔/返修协议

要求提供正本，要求合同双方盖章，外方没章时，可以签字。

（9）到付保函

凡到付运费的货物，发货人都应提供保函。

（10）关封

4. 预配舱

代理人汇总所接受的委托和客户的预报，并输入电脑，计算出各航线的件数、重量、体积，按照客户的要求和货物重、泡情况，根据各航空公司不同机型对不同板箱的重量和高度要求，制定预配舱方案，并对每票货配上运单号。

5．预订舱

代理人根据所指定的预配舱方案，按航班、日期打印出总运单号、件数、重量、体积，向航空公司预订舱。

6．接受单证

（货代操作）接受托运人或其代理人送交的已经审核确认的托运书及报送单证和收货凭证。将电脑中的收货记录与收货凭证核对。接受托运人或其代理人送交的已经审核确认的托运书及报关单证和收货凭证，并形成以下单据。

①制作操作交接单。

②逐单预配运单。

③逐单附报关单证。

将制作好的交接单、配好的总运单或分运单、报关单证移交制单。如此时货未到或未全到，可以按照托运书上的数据填入交接单并注明，货物到齐后再进行修改。

7．填制货运单

航空货运单包括总运单和分运单，填制航空货运单的主要依据是发货人提供的国际货运委托书，委托书上的各项内容都应体现在货运单项式上，一般用英文填写。

①直接运输的货物，填开航空公司运单，并将收货人提供的货物随机单据订在运单后面。

②如果是集中托运的货物，必须先为每票货物填开航空货运代理公司的分运单，然后再填开航空公司的总运单，同时还需要制作集中托运货物舱单，并将舱单、所有分运单及随行单据装入一个信袋，订在运单后面。

③最后制作《空运出口业务日报表》，供制作标签用。

8．接受货物

接受货物，是指航空货运代理公司把即将发运的货物从发货人手中接过来并运送到自己的仓库或直接送机场货站。

接受货物一般与接单同时进行。对于通过空运或铁路从内地运往出境地的出口货物，货运代理人按照发货人提供的运单号、航班号及接货地点、日期，代其提取货物。如货物已在始发地办理了出口海关手续，发货人应同时提供始发地海关的关封。

接货时，双方应办理货物的交接、验收，并对货物进行过磅和丈量，并根据发票、装箱单或送货单清点货物，核对货物的数量、品名、合同号或唛头等是否与货运单上所列一致。

9．标记和标签

标记：包括托运人、收货人的姓名、地址、联系电话、传真、合同号等；操作（运输）注意事项；单件超过 150 千克的货物。

标签：通常，一件货物贴一张航空公司标签，有分运单的货物（如集中托运的货物），每件再贴一张分标签。航空公司标签上三位阿拉伯数字代表所承运航空公司的代号，后八位数字是总运单号码。分标签是代理公司对出具分标签的标识，分标签上应有分运单号码和货物到达城市或机场的三字代码。

10. 配舱

配舱时，需运出的货物都已入库。这时需要核对货物的实际件数、重量、体积与托运书上预报数量的差别；应注意对预订舱位、板箱的有效领用、合理搭配，按照各航班机型、板箱型号、高度、数量进行配载。

同时，对于货物晚到、未到情况及未能顺利通关放行的货物做出调整处理，为制作配舱单做准备。实际上，这一过程一直延续到单、货交接给航空公司后才完毕。

11. 订舱

订舱，就是将所接收的空运货物向航空公司正式提出运输申请并订妥舱位。

接到发货人的发货预报后，向航空公司吨控部门领取并填写订舱单，同时提供相应的信息：货物的名称、体积、重量、件数、目的地、要求出运的时间等。航空公司根据实际情况安排舱位和航班。

货运代理公司订舱时，可依照发货人的要求选择最佳的航线和承运人，同时为发货人争取最低、最合理的运价。为此，就要求空运代理必须掌握每家航空公司、每条航线、每个航班甚至每个目的港的运价和航班日期的信息。

在订舱过程中，货代要与货主保持密切联系。订舱前，需要就航班选择和运价情况征得货主同意，订舱后，要及时向客户确认航班及相关信息（即将订舱情况通知委托人），以便及时备单、备货。

订舱后，航空公司签发舱位确认书（舱单），同时给予装货集装器领取凭证，以表示舱位订妥。

12. 出口报关

首先将发货人提供的出口货物报关单的各项内容输入电脑，即电脑预录入。在通过电脑填制的报关单上加盖报关单位的报关专用章；然后将报关单与有关的发票、装箱单和货运单综合在一起，并根据需要随附有关的证明文件；以上报关单证齐全后，由持有报关证的报关员正式向海关申报；海关审核无误后，海关官员即在用于发运的运单正本上加盖放行章，同时在出口收汇核销单和出口报关单上加盖放行章，在发货人用于产品退税的单证上加盖验讫章，贴上防伪标志；完成出口报关手续。

13. 出仓单

配舱方案制定后就可着手编制出仓单：出仓单的日期、承运航班的日期、装载板箱形式及数量、货物进仓顺序编号、总运单号、件数、重量、体积、目的地三字代码和备注。

14. 申请集装设备

向航空公司申领板、箱并办理相应的手续。提板、箱时，应领取相应的塑料薄膜和网。对所使用的板、箱要登记、销号。

15. 货物装箱装板

货物装入集装设备俗称"打板"。此过程要综合考虑货物的种类、轻重、大小及单证等的一致性和协调性。

注意事项：不要用错集装箱、集装板，不要用错板型、箱型；不要超装箱板尺寸；要垫衬，封盖好塑料纸，防潮、防雨淋；集装箱、板内货物尽可能配装整齐，结构稳定，并接紧网索，防止运输途中倒塌；对于大宗货物、集中托运货物，尽可能将整票货物装一个或几个板、箱内运输。

16. 签单

货运单在盖好海关放行章后还需要到航空公司签单，只有签单确认后才允许将单、货交给航空公司。

17. 交接发运

交接是向航空公司交单交货，由航空公司安排航空运输。

交单就是将随机单据和应有承运人留存的单据交给航空公司。随机单据包括第二联航空运单正本、发票、装箱单、产地证明、品质鉴定证书。

交货即把与单据相符的货物交给航空公司。交货前必须粘贴或拴挂货物标签，（交货时根据标签）清点和核对货物，填制《国际货物交接清单》。大宗货、集中托运货，以整板、整箱称重交接。零散小货按票称重，计件交接。航空公司审单验货后，在交接签单上验收，将货物存入出口仓库，单据交吨控部门，以备配舱。

18. 航班跟踪

需要联程中转的货物，在货物运出后，要求航空公司提供二程、三程航班中转信息，确认中转情况。及时将上述信息反馈给客户，以便遇到不正常情况时及时处理。

要进行货物追踪，首先要确认货物是通过哪家航空公司来承运的，并得到其相应的货运单号。此货运单号通过相应航空公司对应网站的货物在线追踪系统也可得知。若有些尚未在网上使用在线追踪系统的，可以通过相关的查询电话进行追踪。国内几大航空公司都使用了货物追踪查询系统，如国航、东航、南航、上航，都可以使用网络查询，对货物进行追踪。

19. 信息服务

航空货运代理公司必须在多方面为客户做好信息服务：订舱信息、审单及报关信息、仓库收货信息、交运称重信息、一程二程航班信息、集中托运信息、单证信息。总之，航空货运代理应为委托人进行全程信息服务。

20. 费用结算

费用结算主要涉及同发货人、承运人、机场地面代理人和国外代理人四个方面的结算。

（1）与发货人结算费用

在运费预付的情况下，收取以下费用。

①航空运费。

②地面运输费。

③各种服务费和手续费。

（2）与承运人结算费用

向承运人支付航空运费及代理费，同时收取代理佣金。

（3）机场地面代理结算费用

向机场地面代理支付各种地面杂费。

（4）与国外代理结算

与国外代理结算主要涉及付运费和利润分成等。

到付运费实际上是发货方的航空货运代理人为收货人垫付的，因此收货方的航空货运代理公司在将货物移交收货人时，应收回到付运费并将有关款项退还发货方的货运代理人。同时发货方的货运代理人应将代理佣金的一部分分给其收货地的货运代理人。

由于航空货运代理公司之间存在长期的互为代理协议，因此与国外代理人结算时一般不采取一票一结的办法，而采取应收应付互相抵消、在一定期限内以清单冲账的办法。

5.1.2　航空公司出港货物的操作流程

航空公司出港货物的操作流程是指自代理人将货物交给航空公司，直到货物装上飞机的整个业务流程。航空公司出港货物的操作流程如下（图 5-3）。

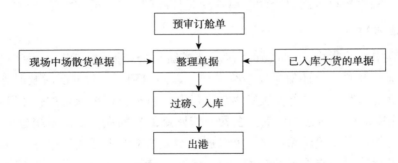

图 5-3　航空公司出港货物操作流程

1. 预审

预审（cargo booking advance，CBA）即国际货物订舱单。此单由国际吨控室开具，为配载人员进行配载工作的依据，配载人员一般应严格按照 CBA 要求配货。

（1）了解航班情况

根据 CBA，了解旅客人数，货邮订舱情况，有无特殊货物。对经停的国际航班，需了解前后站的旅客人数，舱位利用情况。

（2）估算本航班最大可利用货邮业载和舱位

货邮业载＝商务业载－行李重量货邮舱位＝总货舱位－行李舱位

（3）预划平衡

根据订舱情况，旅客人数及前、后舱分布，对飞机做到心中有数，如有问题，可在预配货物时及时调整。

（4）了解有关航线上待运货物情况

结合 CBA，及时发现有无超订情况，如有疑问，及时向吨控部门了解。

2．整理单据

整理的单据主要包括三个方面的单据：已入库大货的单据、现场收运的货物单据、中转的散货单据。

（1）已入库大货的单据

①检查入库通知单，交接清单（板箱号、高低板标识、重量及组装情况）是否清楚完整，运单是否和交接单一致。

②核对 CBA，做好货物实际到达情况记录，如果出现未订舱货物，应将运单放回原处。

（2）现场收运的货物单据

根据代理人提供的报关单、货物清单对运单进行审核，主要查看货物品名、件数、重量、运价及海关放行章，对化工产品要求提供化工部门非危险品证明。

（3）中转的散货单据

①整理运单，询问货物到达情况及所在仓库区位。

②寻找并清点货物，决定组装方式。

3．过磅和入库

①检查货物板、箱的组装情况和其高度、收口等是否符合规定。

②将货物送至电子磅，记录重量，并悬挂吊牌。

③对装有轻泡货物的板箱，查看运单，做好体积记录。

④在电脑中输入板箱号码、航班日期等，将货物码放在货架上。

4．出港

（1）制作平衡交接单

配载工作全部完成后，制作平衡交接单。

①注明航班、日期、机型、起飞时间、板箱号、重量、总板箱号、总重量。

②对鲜活、快件、邮件及特殊物品做出标识。

③标明高、中、低板。

④交接单一式四份，一份交平衡室，一份交外场，一份交内场出仓，一份交接后留底。

（2）制作舱单

①对航班所配货物的运单进行整理核对。

②将运单和货物组装情况输入电脑。

③制作舱单。

这里，舱单包括每一架飞机所装载货物、邮件的清单，每一航班总申报单的附件，向出境国、入境国海关申报飞机所载货、邮情况的文件，舱单是承运人之间结算运费的依据之一。其中，转运舱单由交运承运人填写，是承运人之间交接货物、文件的凭证。

5.2　航空货物进口流程

航空货物进口业务流程是指从飞机到达目的地机场,承运人把货物卸下飞机直到交给收件人的物流、信息流的实现和控制管理的全过程。航空货运进口业务流程的环节主要包含两大部分:航空公司进港货物的操作流程和航空货物进口运输代理业务流程。

5.2.1　航空公司进港货物操作流程

航空公司进港货物操作流程指的是从飞机到达目的地机场,承运人把货物卸下飞机直到交给代理人的整个流程。

航空公司进港货物的操作程序包括进港航班预报、办理货物海关监管、分单业务、核对运单和舱单、电脑输入、交接等。

1. 进港航班预报

填写航班预报记录本,以当日航班进港预报为依据,在航班预报册中逐项填写航班号、机号、预计到达时间。预先了解货物情况,在每个航班到达之前,从查询部门拿取航班 FFM、CPM、LDM、SPC 等电报,了解到达航班的货物装机情况及特殊货物的处理情况。

2. 办理货物海关监管

业务袋收到后,首先检查业务袋的文件是否完备,业务袋中通常包括货运单、货邮舱单、邮件路单等运输文件。检查完后,将货运单送到海关办公室,由海关人员在货运单上加盖海关监管章。

3. 分单业务

在每份货运单的正本上加盖或书写到达航班的航班号和日期。认真审核货运单,注意运单上所列目的港、代理公司、品名和运输保管注意事项。联程货运单交中转部门。

4. 核对运单和舱单

若舱单上有分批货,则应把分批货的总件数标在运单号之后,并注明分批标志;把舱单上列出的特种货物、联程货物圈出。根据运单份数与舱单份数是否一致,做好多单、少单记录,将多单运单号码加在舱单上,多单运单交查询部门。

5. 电脑输入

根据标好的一套舱单,将航班号、日期、运单号、数量、重量、特种货物、代理商、分批货、不正常现象等信息输入电脑,打印出国际进口货物航班交接单。

6. 交接

将中转货物和中转运单、舱单交给出港操作部门;将邮件和邮件路单交给邮局。

5.2.2　航空货物进口运输代理业务流程

航空货物进口运输代理业务流程，是指代理公司对于货物从入境到提取或转运整个流程的各个环节所需办理的手续及准备相关单证的全过程。航空货物进口运输代理业务流程包括代理预报、交接单货、理货与仓储、理单与到货通知、制单与报关、发货与收费、送货与转运等。

1. 代理预报

在国外发货前，由国外代理公司将运单、航班、件数、重量、品名、实际收货人及地址、联系电话等内容通过传真或 E-mail 发给目的地代理公司，这一过程被称为预报。到货预报的目的是使代理公司做好接货前的所有准备工作。其注意事项如下。

（1）注意中转航班

中转点航班的延误会使实际到达时间和预报时间出现差异。

（2）注意分批货物

从国外一次性运来的货物在国内中转时，由于国内载量的限制，往往采用分批的方式运输。

2. 交接单、货

交接单、货指货运代理凭到货通知向货站办理提货事宜。航空货物入境时，与货物相关的单据也随机到达，运输工具及货物处于海关监管之下。货物卸下后，将货物存入航空公司或机场的监管仓库，进行进口货物舱单录入，将舱单上总运单号、收货人、始发站、目的站、件数、重量、货物品名、航班号等信息通过电脑传输给海关留存，供报关用。同时根据运单上的收货人及地址寄发取单、提货通知。若运单上收货人或通知人为某航空货运代理公司，则把运输单据及与之相关的货物交给该航空货运代理公司。

航空公司的地面代理人向货运代理公司交接的有：国际货物交接清单、总运单、随机文件、货物。交接时要做到：

①单、单核对，即交接清单与总运单核对；

②单、货核对，即交接清单与货物核对。

核对后，出现问题的处理方式如表 5-1 所示。另外还须注意分批货物，做好空运进口分批货物登记表。

表 5-1　交接单、货问题处理

总运单	清单	货物	处 理 方 式
有	无	有	清单上加总运单号
有	无	无	总运单退回
无	有	有	总运单后补
无	有	无	清单上划去
有	有	无	总运单退回
无	无	有	货物退回

总之，航空货运代理公司在与航空公司办理交接手续时，应根据运单及交接清单核对实际货物，若存在有单无货或有货无单的情况，应在交接清单上注明，以便航空公司组织查询并通知入境地海关。

发现货物短缺、破损或其他异常情况，应向民航索要商务事故记录，作为实际收货人交涉索赔事宜的依据。部分货损不属运输责任，因为在实际操作中，部分货损是指整批货物或整件货物中极少或极小一部分受损，是航空运输较易发生的损失，故航空公司不一定愿意开具证明。即使开具了"有条件、有理由"的证明，货主也难以向航空公司索赔，但可据此向保险公司提出索赔。对货损责任难以确定的货物，可暂将货物留在机场，商请货主单位一并到场处理。

3. 理货与仓储

货运代理公司自航空公司接货后，即短途驳运至自己的监管仓库，组织理货及仓储。理货时应注意以下几个方面。

（1）核对数量、查验破损

逐一核对每票件数，再次检查货物破损情况，确有接货时未发现的问题，可向民航提出交涉。按《华沙公约》第 26 条："除非有相反的证据，如果收货人在收受货物时没有异议，就被认为货物已经完好地交付，并和运输凭证相符"；另外，《海牙议定书》第 15 条规定：关于损坏事件，收货人应于发现损坏后立即向承运人提出异议，最迟应在收到货物 14 天内提出。

（2）堆存、进仓

按大货、小货、重货、轻货、单票货、混载货、危险品、贵重品、冷冻品、冷藏品分别堆存、进仓。堆存时要注意货物箭头朝向，总运单、分运单标志朝向，注意重不压轻，大不压小。

（3）登记

登记每票货储存区号，并输入电脑。

4. 理单与到货通知

1）理单

（1）集中托运，总运单项下拆单

①将集中托运进口的每票总运单项下的分运单分理出来，审核与到货情况是否一致，并制成清单输入电脑。

②将集中托运进口总运单项下的分运单输入海关电脑，以便实施按分运单分别报关、报检、提货。

（2）分类理单、编号

运单分类，一般有以下分类法。

①分航班号理单，便于区分进口方向。

②分进口代理理单，便于掌握、反馈信息，做好对代理的对口服务。

③分货主理单，指对重要的经常有大批货物的货主，将其运单分类出来，便于联系

客户，制单报关和送货、转运。

④分口岸、内地或区域理单，便于联系内地货运代理，便于集中转运。

⑤分运费到付、预付理单，便于安全收费。

⑥分寄发运单、自取运单客户理单。分类理单的同时，须将各票总运单、分运单编上航空货运代理公司自己设定的编号，以便内部操作及客户查询。

（3）编配各类单证

货运代理人将总运单、分运单与随机单证、国外代理人先期寄达的单证（发票、装箱单、合同副本、装卸、运送指示等）、国内货主或经营到货单位预先交达的各类单证等进行编配。

代理公司理单人员须将其逐单审核、编配。其后，凡单证齐全、符合报关条件的即转入制单、报关程序。否则，即与货主联系，催齐单证，使之符合报关条件。

2）到货通知

货物到目的港后，货运代理人应从航空运输的时效出发，为减少货主仓储费，避免海关滞报金，尽早、尽快、尽妥地通知货主到货情况，提请货主配齐有关单证，尽快报关。

3）正本运单处理

电脑打制海关监管进口货物入仓清单一式五份，分别提交检验检疫和海关，提交给海关的两份中，一份海关留存，另一份海关签字后收回存档。运单上一般需盖妥多个章：监管章（总运单）、代理公司分运单确认章（分运单）、检验检疫章、海关放行章等。

5. 制单与报关

1）制单、报关、运输的形式

除部分进口货存放民航监管仓库外，大部分进口货物存放于各货代公司自有的监管仓库。由于货主的需求不一，货物进口后的制单、报关、运输一般有以下几种形式。

①货代公司代办制单、报关、运输。

②货主自行办理制单、报关、运输。

③货代公司代办制单、报关，货主自办运输。

④货主自行办理制单、报关后，委托货代公司运输。

⑤货主自办制单，委托货代公司报关和办理运输。

2）进口制单

制单指按海关要求，依据运单、发票、装箱单及证明货物合法进口的有关批准文件，制作"进口货物报关单"。部分货主要求异地清关时，在符合海关规定的情况下，制作《转关运输申报单》办理转关手续。

3）进口报关

报关大致分为初审、审单、征税、验放四个主要环节。

（1）初审

①初审是海关在总体上对报关单证作形式上的审查。

②审核报关单所填报的内容与原始单证是否相符，商品的归类编号是否正确，报关

单的预录是否有误等。

（2）审单

①审单是报关的中心环节，从形式上和内容上对报关单证进行全面的详细审核。

②审核内容包括：报关单证是否齐全、准确；所报内容是否属实；有关的进口批文和证明是否有效；报关单所填报的货物名称、规格、型号、用途及金额与批准文件所批的是否一致；确定关税的征收与减免等。

③允许通关时，留存一套报关单据（报关单、运单、发票）作为海关备案。

（3）征税

①根据报关单证所填报的货物名称、用途、规格、型号及构成材料等确定商品的归类编号及相应的税号和税率。

②若商品的归类或税率难以确定，海关可先查看实物或实物图片及有关资料后再行确定征税。

③若申报的价格过低或未注明价格，海关可以估价征税。

（4）验放

①货物放行的前提是：单证提供齐全，税款和有关费用已经全部结清，报关未超过规定期限，实际货物与报关单证所列一致。

②放行的标志：正本运单上或货运代理经海关认可的分运单上加盖放行章。

③放行货物的同时，将报关单据（报关单、运单、发票）及核销完的批文和证明全部留存海关。如果报关时已超过海关法规定的报关期限，必须向海关缴纳滞报金。

④验放关员可要求货主开箱，查验货物。此时查货与征税时查货，其目的有所不同，征税关员查看实物主要是为了确定税率，验放关员查验实物是为了确定货物的物理性质、化学性质及货物的数量、规格、内容是否与报关单证所列完全一致，有无伪报、瞒报、走私等问题。

⑤除海关总署特准免验的货物外，所有货物都在海关查验范围之内。

（5）报关期限与滞报金

①按海关法规定，进口货物报关期限为：自运输工具进境之日起的 14 日内，超过这一期限报关的，由海关征收滞报金。

②滞报金每天的征收标准为货物到岸价格的万分之五。

（6）货代公司对开验工作的实施

客户自行报关的货物，一般由货主到货代监管仓库借出货物，由代理公司派人陪同货主一并协助海关开验。客户委托代理公司报关的，代理公司通知货主，由其派人前来或书面委托代办开验。开验后，代理公司须将已开验的货物封存，运回监管仓库储存。

海关对大件货物、开箱后影响运输的货物实施开验时，货运代理公司及货主应如实将情况向海关说明，可申请海关派员到监管仓库开验，或直接到货主单位实施开验。

6. 发货与收费

（1）发货

办完报关、报检等手续后，货主须凭盖有海关放行章、检验检疫章的进口提货单到所属监管仓库付费提货。仓库发货时，须检验提货单据上各类报关、报验章是否齐全，并登记提货人的单位、姓名、身份证号以确保发货安全。保管员发货时，须再次检查货物外包装情况，遇有破损、短缺，应向货主做出交代。

（2）收费

货代公司仓库在发放货物前，一般先将费用收妥。收费内容有：到付运费及垫付佣金；单证、报关费；仓储费；装卸、铲车费；航空公司到港仓储费；海关预录入、动植检，卫检报验等代收代付费；关税及垫付佣金。

除了每次结清提货的货主外，经常性的货主可与货运代理公司签订财务付费协议，实施先提货、后付款、按月结账的付费方法。

7. 送货与转运

出于多种因素（或考虑便利，或考虑节省费用，或考虑运力所限），许多货主或国外发货人要求将进口到达货由货运代理人报关、垫税，提货后运输到直接收货人手中。货运代理公司在代理客户制单、报关、垫税、提货、运输的一揽子服务中，由于工作熟练，衔接紧密，服务到位，因而受到货主的欢迎。

1）送货上门业务

主要指进口清关后货物直接运送至货主单位，运输工具一般为汽车。

2）转运业务

主要指将进口清关后货物转运至内地的货运代理公司，运输方式为飞机、汽车、火车、水运、邮政等。

办理转运业务，需由内地的货运代理公司协助收回相关费用，同时口岸货代公司亦应支付一定比例的代理佣金给内地代理公司。

3）进口货物转关及监管运输

进口货物转关是指货物入境后不在进境地海关办理进口报关手续，而运往另一设关地点办理进口海关手续，在办理进口报关手续前，货物一直处于海关监管之下，转关运输亦称监管运输，意谓此运输过程置于海关监管之中。

（1）转关条件

进境货物经申请人向进境地海关提出申请，并具备下列条件者，经海关核准方可办理转关运输。

①指运地设有海关机构的，或虽未设海关机构，但分管海关同意办理转关运输，即收货人所在地必须设有海关机构，或邻近地区设有分管该地区的海关机构。

②运载转关运输货物的运输工具和装备具备密封装置和加封条件（超高、超长及无法封入运输装置的除外）。海关规定，转关货物采用汽车运输时，必须使用封闭式的货柜车，由进境地海关加封，指运地海关启封。

③承运转关运输货物的企业是经海关核准的运输企业。一般运输企业，尤其是个体运输者，即使拥有货柜车，也不能办理转关运输。

不具备上述条件，但有特殊情况的，经海关核准，也可以办理转关运输。

办理转关运输还应遵守海关的其他有关规定，例如：转关货物必须存放在海关同意的仓库、场所，并按海关规定办理收存、交付手续；转关货物未经海关许可，不得开拆、改装、调换、提取、交付；对海关加封的运输工具和货物，应当保持海关封志完整，不能擅自开启，必须负责将进境地海关签发的关封完整、及时地交指运地海关，并在海关规定的期限内办理进口手续。

（2）转关手续

转关货物无论采用飞机运输、汽车运输、火车运输，转关申请人（或货运代理）均须首先向指运地海关申请"同意接收××运单项下进口货物转关运输至指运地"的关封。

办理进口货物转关运输手续时，应向进境地海关递交以下材料。

①指运地海关同意转关运输的关封。

②《转关运输申报单》。

③国际段空运单、发票。

进境地海关审核货运单证同意转关运输后，还需做如下事项。

①将货物运单号和指运地的地区代号输入电脑进行核销，并将部分单证留存；

②将运单、发票、转关货物准单各一份装入关封内，填妥关封号加盖验讫章；

③在运单正本上加盖放行章；

④在海关配发给各代理公司的转关登记簿上登记，以待以后收回回执核销；

⑤采用汽车转关运输时，需在海关颁发的货运代理监管运输车辆的"载运海关监督货物车辆登记簿"上登记、核销。

5.3 国际货物报关报检

报关和报检都是办理进出口通关的过程之一。报关的对象是海关，报检的对象是进出口商品检验检疫部门。报检应先于报关，在商检部门检验完毕后，出具入境货物通关单，海关接受报关申请，审单征税放行。所有进出口商品（除自带绿色通道）都需要报关，但只有国家规定的商品才需要报检。

5.3.1 国际货物报关流程

报关是指进出口货物收发货人、进出境运输工具负责人、进出境物品所有人或者他们的代理人向海关办理货物、物品或运输工具进出境手续及相关海关事务的过程。根据《海关法》规定进出口运输工具、货物、物品必须向海关办理进出口手续，呈报相关单证，接受审核、查验，并依法征税。

进出口货物通关流程基本上分为申报、查验、征税、放行四个环节（如图5-4所示）。

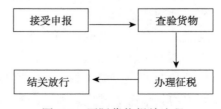

图5-4 国际货物报关流程

1. 进出口货物的申报

进出口货物的收、发货人或者他们的代理人，在货物进出口时，应在海关规定的期限内，按海关规定的格式填写进出口货物报关单，随附有关的货运、商业单据，同时提供批准货物进出口的证件，向海关申报。报关的主要单证有以下几种。

（1）进口货物报关单

一般填写一式二份（部分海关要求报关单份数为三份）；报关单填报项目要准确、齐全、字迹清楚，不能用铅笔；报关单内各栏目，凡海关规定有统计代号的，以及税则号列及税率一项，由报关员用红笔填写；每份报关单限填报四项货物；如发现有无情况或其他情况需变更填报内容的，应主动、及时向海关递交更改单。

（2）出口货物报关单

一般填写一式两份，填单要求与进口货物报关单基本相同（图 5-5）。如因填报有误或需变更填报内容而未主动、及时更改的，出口报关后发生退关情况，报关单位应在三天内向海关办理更正手续。

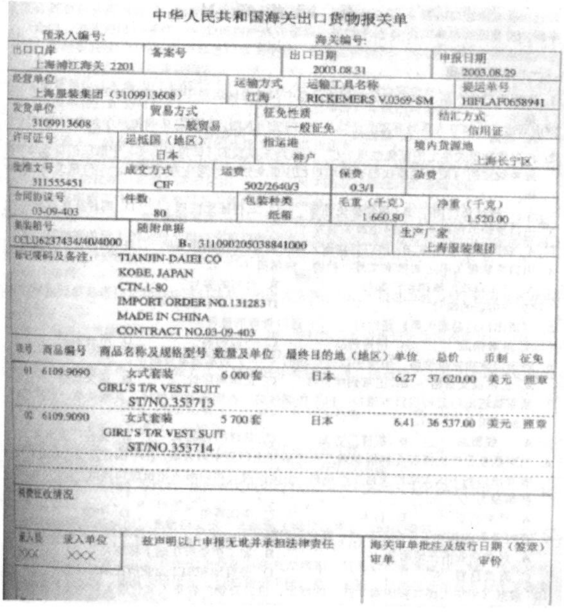
中华人民共和国海关出口货物报关单

预录入编号：　　　　海关编号：

出口口岸 上海浦江海关 2201	备案号	出口日期 2003.08.31	申报日期 2003.08.29
经营单位 上海服装集团（3109913608）	运输方式 江海	运输工具名称 RICKEMERS V.0369-SM	提运单号 HIFLAF0658941
发货单位 3109913608	贸易方式 一般贸易	征免性质 一般征免	结汇方式 信用证
许可证号	运抵国（地区） 日本	指运港 神户	境内货源地 上海长宁区
批准文号 311555451	成交方式 CIF	运费 502/2640/3	保费 0.3/1	杂费
合同协议号 03-09-403	件数 80	包装种类 纸箱	毛重（千克） 1 660.80	净重（千克） 1 520.00
集装箱号 CCLU6237434/40/4000	随附单据 B：311090205038841000	生产厂家 上海服装集团

标记唛码及备注：TIANJIN-DAIEI CO
KOBE, JAPAN
CTN.1-80
IMPORT ORDER NO.131283
MADE IN CHINA
CONTRACT NO.03-09-403

项号	商品编号	商品名称及规格型号	数量及单位	最终目的地（地区）	单价	总价	币制	征免
01	6109.9090	女式套装 GIRL'S T/R VEST SUIT ST/NO.353713	6 000 套	日本	6.27	37 620.00	美元	照章
02	6109.9090	女式套装 GIRL'S T/R VEST SUIT ST/NO.353714	5 700 套	日本	6.41	36 537.00	美元	照章

税费征收情况

录入员 XXX　录入单位 XXX　兹声明以上申报无讹并承担法律责任　海关审单批注及放行日期（签章）　审单　审价

图 5-5　出口货物报关单

（3）随报关单交验的货运、商业单据

任何进出口货物通过海关，都必须在向海关递交已填好的报关单的同时，交验有关的货运和商业单据，接受海关审核诸项单证是否一致，并由海关审核后加盖印章，作为提取或发运货物的凭证。随报关单同时交验的货运和商业单据有：海运进口提货单；海运出口装货单（需报关单位盖章）；陆、空运运单；货物的发票（其份数比报关单少一份，需报关单位盖章等）；货物的装箱单（其份数与发票相等，需报关单位盖章）等。需要说明的是如海关认为必要，报关单位还应交验贸易合同、订货卡片、产地证明等。另外，按规定享受减、免税或免验的货物，应在向海关申请并已办妥手续后，随报关单交验有关证明文件。

（4）进（出）口货物许可证

进出口货物许可证制度，是对进出口贸易进行管理的一种行政保护手段。我国与世界上大多数国家一样，也采用这一制度对进出口货物、物品实行全面管理。必须向海关交验进出口货物许可证的商品并不固定，而是由国家主管部门随时调整公布。凡按国家规定应申领进出口货物许可证的商品，报关时都必须交验由对外贸易管理部门签发的进出口货物许可证，并经海关查验合格无误才能放行。但对外经济贸易合作部所属的进出口公司，经国务院批准经营进出口业务的各部委所属的工贸公司、各省（自治区、直辖市）所属的进出口公司，在批准的经营范围内进出口商品，视为已取得许可，免领进出口货物许可证，只凭报关单即可向海关申报；只有在经营进出口经营范围以外的商品时才需要交验许可证。

（5）商检证书

海关指示报关单位出具商检证书，一方面是监督法定检验商品是否已经接受法定的商检机构检验，另一方面是取得进出口商品征税、免税、减税的依据。根据《中华人民共和国进出口商品检验法》及《商检机构实施检验的进出口商品种类表》规定，凡列入法定种类表检验的进出口商品，均应在报关前向商品检验机构报验。报关时，对于进口商品，海关凭商检机构签发的检验证书或在进口货物报关单上加盖的印章验收。

除上述单证外，对国家规定的其他进出口管制货物，报关单位也必须向海关提交由国家主管部门签发的特定的进出口货物批准单证，由海关查验合格无误后再予以放行。诸如食品卫生检验，药品检验，动植物检疫，文物出口鉴定，金银及其制品的管理，珍贵稀有野生动物的管理，进出口射击运动、狩猎用枪弹和民用爆破物品的管理，进出口音像制品的管理等均属此列。

2. 进出口货物的查验

进出口货物，除海关总署特准免验的之外，都应接受海关查验。查验的目的是核对报关单证所报内容与实际到货是否相符，有无错报、漏报、瞒报、伪报等情况，审查货物的进出口是否合法。海关查验货物，应在海关规定的时间和场所进行。如有特殊理由，事先报经海关同意，海关可以派人员在规定的时间和场所以外查询。申请人应提供往返交通工具和住宿并支付费用。

海关查验货物时，要求货物的收、发货人或其代理人必须到场，并按海关的要求负责办理货物的搬移、拆装箱和查验货物的包装等工作。海关认为必要时，可以自行开验、复验或者提取货样，货物保管人应当到场作为见证人。

查验货物时，由于海关关员责任造成被查货物损坏的，海关应按规定赔偿当事人的直接经济损失。赔偿办法：由海关关员如实填写《中华人民共和国海关查验货物、物品损坏报告书》一式两份，查验关员和当事人双方签字，各留一份。双方共同商定货物的受损程度或修理费用（存在争议时，可凭公证机构出具的鉴定证明确定），以海关审定的完税价格为基数，确定赔偿金额。赔偿金额确定后，由海关填发《中华人民共和国海关损坏货物、物品赔偿通知单》，当事人自收到《通知单》之日起，三个月内凭单向海关领取赔款或将银行账号通知海关划拨，逾期海关不再赔偿。赔款一律用人民币支付。

3. 进出口货物的放行

海关对进出口货物的报关，经过审核报关单据，查验实际货物，并依法办理了征收货物税费手续或减免税手续后，在有关单据上签盖放行章，货物的所有人或其代理人才能提取或装运货物。此时，海关对进出口货物的监管才算结束。

进出口货物因各种原因需海关特殊处理的，可向海关申请担保放行。海关对担保的范围和方式均有明确的规定。

4. 进出口业务的征税

根据海关法的有关规定，进出口的货物除国家另有规定外，均应征收关税。关税由海关依照海关进出口税则征收。需要征税费的货物，自接受申报 1 日内开出税单，并于缴核税单 2 小时内办结通关手续。

在此程序中，报关员应负责办理缴纳税费的相关事项，包括：

①随时答复或提供海关征税部门的问题或所需文件。

②凭海关开具的缴款通知书到指定银行缴纳关税和国内税。

在此程序中，海关应负责办理征收税费的相关事项，包括：

①审价。

②依据相关税率计征关税和依法减免。

③开出银行缴款书。

5. 注意事项

（1）货运代理公司接到单据后，会确认货物的商品编码，然后查阅海关税则，确认进口税率、确认货物的监管条件，如需做检验，则在报关前向有关机构报验。报验所需单据：报验申请单、正本箱单发票、合同、进口报关单两份。

（2）换单时，由代理公司催促船舶代理部门及时给海关传舱单，如有问题，应与海关舱单室取得联系，确认舱单是否转到海关。

（3）当海关要求开箱查验货物时，提前与场站取得联系，调配机力将所查箱子调至海关指定的场站（事先与场站确认好调箱费、掏箱费）。

（4）若是法检商品应办理验货手续。

如需商检，则要在报关前，拿进口商检申请单（带公章）和两份报关单办理登记手续，并在报关单上盖商检登记在案章以便通关。验货手续在最终目的地办理。如需动植检，也要在报关前拿箱单发票合同报关单去代报验机构申请报验，在报关单上盖放行章以便通关，验货手续可在通关后堆场进行。

6. 不同贸易方式进出口货物的报关流程

货物进出口报关应针对不同贸易方式确定通关方式及关税征收方式。

（1）国外展览品出境手续

①外资企业到国内参展，展览品办理暂时进出境手续，通关流程是：担保备案、报

关、查验、布展、展览、复出境、核销。已销售的征收关税，没有销售复运出境办理出境手续，退还担保。

②参展用品进出境不在同一关区，需要持加盖出境地海关签章的报关单向进境地海关或其上级单位办理暂时进出境货物的核销结案手续。

③暂时进出境货物关税依据暂时免征关税范围处理，按照货物的完税价格和其在境内滞留时间与折旧时间的比例计算征收进口关税。

（2）一般贸易出境维修物品征税

①出境维修物品复运入境也要征税，以境外修理费和材料费为基础审查完税价格。

②出境维修物品维修期限按合同规定及实际情况而定，不一定是 6 个月。

（3）退运货物入境

①退运货物指原进出口货物因残损、短少、品质不良或规格不符、延误交货等原因退运出、进境的货物。国外客户由于经济问题停业，适用退运货物免予征税。

②退运货物办理进口申报手续时，按规定提交单证和证明文件，海关确认后不予征收关税。

③不适用退运货物按一般贸易进口报关征税。

5.3.2 国际货物报检流程

报检是指有关当事人根据法律，行政法规的规定，对外贸易合同的约定或证明履约的需要，向检验机构申请检验、检疫、鉴定或准出入境或取得销售使用的合法凭证及某种公证证明所必须履行的法定程序和手续。

进出口货物报检业务流程大致有以下四个。

报检申请：报检人提供外贸合同、发票、提单、装箱单、信用证等单证；实施安全质量许可、卫生检疫注册的应提交有关证明文件复印件，并在报检单上注明文件号；

报检：将申请的相关信息录入 CIQ2000 系统，并将相关单证递交检验检疫局检务部门受理；

施检部门施检：施检部门接受单据、确认、检验、结果登记、拟制证稿、审核签字；

签发证书：检务部门对施检部门拟稿审核，并签发证书。

1. 入境货物的检验检疫工作程序

入境货物的检验检疫工作程序可以分为：申请报检、受理报检、办理通关、实施检验检疫、放行。

①法定检验检疫入境货物的货主或其代理人首先向卸货口岸或到达站的出入境检验检疫机构申请报检。

②检验检疫机构受理报检，转施检部门签署意见，计收费。

③对来自疫区的、可能传播传染病、动植物疫情的入境货物交通工具或运输包装实施必要的检疫、消毒、卫生除害处理后，签发《入境货物通关单》（入境废物、活动物等除外）供报检人办理海关的通关手续。

④货物通关后，入境货物的货主或其代理人需在检验检疫机构规定的时间和地点到

指定的检验检疫机构联系对货物实施检验检疫。

⑤经检验检疫合格的入境货物签发《入境货物检验检疫证明》放行，经检验检疫不合格的货物签发《检验检疫处理通知书》，需要索赔的签发检验检疫证书。

2. 出口报检流程

出口报检流程可分为接单、审单、预录、申报、验货、放行、下账。

（1）接单

报检操作人员接到客户或内部转来的单据后，在专门的登记簿上登记，有特殊要求的应注明，并询问出口的大致日期，出口运输方式是否需要出具检疫部门的证书等。

（2）审单

出口报检首先要核对出口报检单据是否齐全。单据如下。

①发票、装箱单、合同、报检委托书（青岛企业必须提供正本报检委托书）。

②有特殊要求的其他单据：使用信用证结汇的须提供信用证复印件、货物外包装（纸箱、塑编袋、网袋、桶包装等涉及食品安全卫生标识的），必须提供《出境货物运输包装性能检验结果单》正本。

③出口换证商品必须提供《出境货物换证凭单》正本。

④出口安全质量许可，食品卫生监督等管理范围之内的商品，必须提供生产厂家的两证管理编号及厂检合格单等。

⑤出口熏蒸货物必须提供场站入货通知书，并且确认货物存放于场站熏蒸区。

（3）预录

①出口单据审核完毕后，使用单证系统对单据进行预录入。预录入过程中，可以根据系统提示制单，并且可以根据系统对商品编码的要求最终确认所需单据是否齐全。

②在制单过程中出现计量单位与海关的计量单位冲突时，第一计量单位按商检规定的计量单位输入，第二计量单位按海关的规定输入。

③在制单预录入的过程中如果出现问题应及时与客户或操作人员联系。

④一般在预录入后待系统自动生成预录入报检编号后，打印报检出境货物报检单，交给报检员。

（4）申报

①报检员在接到全套申报单据发票、装箱单、合同、报检委托书、有特殊要求的其他单据后，在报检申请单上填写随附单据并注明报检员签名。

②到报检前台申报，随时解答商检官员对商品的提问，报检员必须对所申报商品及客户情况有所了解。

③申报完成，报检员根据申报货物的不同，将申报单据转往各个科室，并且根据各个科室的不同要求对单据进行登记。

（5）验货

①申报完毕的单据，报检员要及时联系客户验货，到检疫局科室预约验货时间并告知客户。

②验货完毕后将单据转回各科室。

（6）放行

①出口验货后到科室将验货单据找出，根据科室要求不同填写验货单据交科室主管人员签字，并在电脑中过机放行。

②到计费处计费，然后到商检财务缴纳检疫费。

③打印《出口货物通关单》，如果需要出具检疫部门证书的，还需在单据中注明，以便日后出具检疫证书。

④放行后将通关单交给报检操作人员或报关人员签收。

（7）下账

① 报检员将出口通关单及商检发票交给操作人员，操作人员将其复印登记留底，并注明公司编号。

② 将正本通关单交给报关员报关使用。

本章小结

国际航空货物运输是随着国际贸易的发展而发展起来的，同时国际航空货物运输也已成为影响和制约国际贸易进一步发展的重要因素。

国际航空货物运输出口业务可以采用委托航空运输代理人运输或直接委托航空公司运输两种方式。其中，委托航空运输代理人运输的业务流程包括市场销售、委托运输、审核单证、预配舱等 20 个环节。直接委托航空公司运输的出港货物操作流程包括预审、整理单据、过磅入库、出港等环节。

国际航空货物运输进口业务流程从其环节主要包含航空公司进港货物的操作流程和航空货物进口运输代理业务流程。航空公司进港货物的操作流程包括进港航班预报、办理货物海关监管、分单业务、核对运单和舱单、电脑输入、交接等。航空货物进口运输代理业务流程包括代理预报、交接单货、理货与仓储、理单与到货通知、制单与报关、发货与收费、送货与转运等。

在进出口贸易中经常会出现报关报检，报关针对海关部门，报检针对检验检疫部门，海关和检疫各司其职又相互联系，所以报关和报检也存在内部联系。

1. 国际货运进口业务分为哪两种方式？分别有哪些环节？

2. 国际货物报关报检有哪些区别和联系？

自学自测　　　　扫描此码

第 6 章

货物运输与交付

【学习目标】

- 掌握货物仓储管理的注意事项；
- 掌握航班舱位控制和货物配载的基本方法；
- 熟悉货物装卸的要求；
- 掌握货物的发运顺序；
- 熟悉货物分批运输和中转运输的要求；
- 掌握货物到达与交付的业务流程。

花湖机场的货物转运中心

2022 年 11 月 27 日凌晨 4 时 21 分，一阵巨大的轰鸣声打破冬夜寂静，一架由深圳宝安机场起飞的全货机平稳降落在鄂州花湖机场；卸货完毕，这架飞机将迅速装载快件，于清晨 6 时 20 分返航。这不到两小时的一降一起，标志着鄂州花湖机场货运航线开通运行。

不同于客运航线的腹舱带货，鄂州—深圳航线是花湖机场首条在凌晨起降的全货机航线，由顺丰航空采用 737 型全货机执飞，运载货物为常规快件，辐射范围包括武汉、黄石、黄冈等周边城市。航线开通后，鄂州将成为顺丰航空的第 91 个全球通航站点、第 61 个国内通航站点。

目前，顺丰航空是国内机队规模最大的货运航空公司，全货机数量达 77 架，已搭建起"覆盖全国、辐射亚洲、延伸欧美"的航线网络。近期，顺丰航空还将开通鄂州—上海全货运航线，计划采用波音 757 机型执飞，运输效率更高，运量更大。

位于花湖机场核心位置的顺丰转运中心已基本建成，这是花湖机场内的地标，也是其作为我国首座专业货运枢纽的与众不同之处——一般客运机场以值机和候机大厅为主体，花湖机场则以转运中心为主体。飞机停在机位，货物通过指廊内的传送带进入转运中心分拣。机位布置按转运中心的工艺流程布置，满足最小接驳时间，就近起飞，节省投资、提升效率。

这座转运中心投用后，输送设备总长约 52 千米，设备总量超过 2.3 万台，近期规划产能每小时 28 万件，远期规划达每小时 116 万件。花湖机场 97%的货物将在这里进行转运分拣，500 多台 AGV 智能搬运车将承担自动分拣货物的任务。这种搬运车主要依靠激光定位。机场运营方通过 5G 网络将任务指令发送给智能搬运车，车辆根据不同任务行驶不同的轨迹。在鄂州花湖机场，5G 信号时延低至十几毫秒，确保搬运车"眼疾手快"。为确保货物在机场高速高效流转，5G、大数据和云计算、人工智能等一批新技术将在机场创新应用。当飞机进入机位后，升降平台车自动完成升降对接；待货物被运送到地面后，接送货物的平板车已经行驶到平台车前就位，工程师团队开发了一套车、路、云协同自动驾驶生态环境，自动接驳车、无人驾驶飞机引导车、无人巡逻车等可自主循图行驶，自主感知避障。

资料来源：http://www.thepaper.cn/newsDetail_forward.21876275.

【案例思考题】

顺丰航空在花湖机场的战略布局对我国航空物流的发展有什么重要意义？

6.1 货物仓储管理

仓储就是货物收运后或交付前对入库货物进行储存和保管。《中国民用航空货物国内运输规则》第 16 条规定：承运人应当根据进出港货物运输量及货物特性，分别建立普通货物及贵重物品、鲜活物品、危险物品等货物仓库。货物仓库应当建立健全保管制度，严格交接手续；库内货物应当合理码放、定期清仓；做好防火、防盗、防鼠、防水、防冻等工作，保证进出库货物准确完整。

6.1.1 货物存储

货物存储过程中的注意事项如下。

①进入仓库的货物，要有仓库保管员亲临现场，做到将货物交接单、货运单与货物相核对，确认无误后，依据仓库布局指挥搬运员按照要求将货物放置在指定位置，同时做好入库记录。

②根据货物性质采取相应的措施。例如，同一批货物应当码放在一起；急件货物与小件货物应当放置在一起；贵重物品、危险物品应当放入有锁的专门仓库；鲜活易腐物品应根据需要放入冷库储存。有条件的承运人还可以对小件货物和急件货物分别建立仓库，以做好配运工作。

③货物码放一定要整齐、稳定，做到大不压小、重不压轻，木箱不压纸箱；同时，货物所贴的标签、标志应当朝外，以便于辨认和及时运输。

④货物存放要有空隙与足够的通道，以便于核对、装卸及车辆通过。

⑤保管人员要了解和掌握库存情况，坚持每天做好记录，并准备好第二天发运的货物，保证进出库货物完整准确。

⑥仓库的管理必须明确责任，划分区域，专人专管，每日进行核对、清点、检查和登记工作。若发生未交接的货运单和货物，必须当日查清，及时处理。

6.1.2 货物出仓

货物出仓是指将库内货物按照货邮舱单和航空货运单进行核对后单独存放，并准备运输的工作。

货物出仓过程中的注意事项如下。

①清楚所配货物的体积能否装入货舱，重量是否超过货舱地板承受力。

②为便于复核装机的货物、邮件，保管员应填写装机单。

③出仓时货物保管人员必须注意"三核对、三符合"，即货运单与货邮舱单相符、货邮舱单与装机单相符、装机单与出仓货物相符。

④货邮出仓搬运时必须严格按照包装上的储运指示标志处理，如有需要特殊照料的货物，保管员应事先向搬运人员交代清楚。货物出仓时，如对货物重量或者件数有怀疑，应当及时复重；如发现货物重量或者体积过大，无法装入货舱，应当另行调配；对分批发运的货物，除标准件外，应每批核实过称，不可估算。

⑤出仓的货邮，应按航班飞机和到达地点及货舱号分别堆放，注意不要与未出仓的货邮混杂。

⑥包装不够完善或运输手续不齐全的货物，应分别修好包装、补齐手续才能出仓。已经发生破损、短少，还未查明原因的货物，运输手续不齐全而且不能确定收货人的货物，以及需要加固或更换包装的货物，都不能出仓。

6.1.3　货物组装

1. 集装器的组装

组装集装器货物时应将装在同一个集装器内的货物或邮件单独记录，记录内容包括货运单号码、件数、目的站。集装器组装完毕后，应进行整个集装器的计重。计重得出的数据、集装器编号、每一个集装器上货物的重量、集装器的存放位置以及集装器上装载货物的详细信息都应详细记录留存备查。

集装货物组装的基本要求如下。

①将经过检查适航的集装箱或集装板放置在托盘或其他带有滚轴装置的平台设备上，集装板上或集装箱内的杂物及积雪、积水等应清除干净，保持集装板和集装箱干净、整洁。严禁将集装器放置在地面上组装货物。

②检查所有待装货物，根据货物的卸机站、重量体积、包装材料及货物运输要求设计货物组装方案。要求大货、重货装在集装板上，体积较小、重量较轻的货物装在集装箱内。组装时，体积或重量较大的货物放在最下层，并均匀码放，小件和轻货放在中间，轻泡货物、精密易碎货物装在最上层。

③危险物品或形状特异可能危害飞机安全的货物，应将其固定，可以使用填充物将集装器塞满或使用绳、带捆绑，以防损坏设备、飞机，造成事故。

④遵循"大不压小、重不压轻、木箱不压纸箱"的货物码放原则合理码放货物。

⑤根据飞机货舱高度确定集装货物高度，任何情况下，宽体飞机下货舱的最大装载高度为 163 厘米，主货舱集装货物高度根据机型不同而不同。

⑥集装货物组装完毕后，应对整个集装器进行计重，计算结果是飞机载重平衡的重要依据。

⑦集装货物过重后，应详细填写集装器挂牌，作为后续各环节继续操作的依据，集装器货物的集装器挂牌应放入集装器挂牌专用袋内，集装板货物的集装器挂牌应拴挂在集装板网套上。

2. 散装货物的组装

散装货物和邮件出库后应组装在拖斗车上，组装完毕后应对整个拖斗车进行复重，复重得出的货物重量作为复核出港货、邮重量的依据。拖斗车的编号、存放位置及车上装载货物的详细信息应做详细记录留存备查。

6.1.4　货物交接

货邮组装完毕后，出港仓库保管员应在出港货邮舱单的相应位置签字后与监装员进行交接。

出港库房保管员在出港货邮舱单上填写的主要内容应包括货物、邮件的件数、重量、组装的拖斗号及预配舱位等信息，如果有特种货物，还要注明特种货物的种类和装机位置。宽体机的出港货邮舱单还应分别注明集装器编号和每一个集装器装载货物邮件的件数、重量。

出库完毕后，出港库房保管员应根据出港货邮舱单上的出库信息将航班号、机号、拖斗号等信息填入"出港货邮装机指示牌"，将其挂在拖斗上，作为监装员装机的依据。

航班上装有特种货物时，货运配载员应根据货物性质填写"特种货物机长通知单"，由出港仓库保管员、监装员和机长依次签字进行交接。

货邮出库后，出港仓库保管员应在规定时间内将注有货邮重量、拖斗号、舱位及出港库房保管员、监装员签字确认后的货邮舱单交回货运配载。

6.1.5　清库

清库即清理仓库，从事货运库区保管人员定期对进出港货物、余留库存货物、不正常运输的货物进行核对、清点、检查、登记的一项工作。

库区应建立健全保管制度，严格交接手续；库内货物应当合理码放、定期清库；做好防火、防盗、防鼠、防水、防冻工作，保证进出库货物准确完整。仓库管理必须明确责任，划分区域专人专管，定期进行核对、清点、检查和登记工作，如发现实际货邮与记录清单不符，必须当日查清情况。库区保管人员要及时掌握库存货物情况，每日清点库存货物待运量，并要及时反映积压情况，对积压严重的航线，应向上级报告，提出停收和清运的建议。

6.2　航班舱位控制

舱位控制就是根据货物的性质、急缓程度和收益大小，有计划地安排舱位，并合理地利用每一航段的最大吨位，充分发挥航班运输的快捷性，有效地提高运输服务质量，争取货物收益最大化。

6.2.1　舱位控制的基本要求

①航空公司舱位控制部门必须对舱位进行科学管理，并且要了解和掌握货物的重量、体积、尺寸，以及占用集装箱、集装板的数量。

②对急件和鲜货等紧急时效性货物应当优先留出吨位，以确保货物及时运出。

③对于联程运输的货物，应当考虑中转站的运输能力；对于特种货物，应当征得中转站的同意并订妥舱位才能运输。

④中转站的吨位控制部门如果接受了始发站的订舱要求，应按照始发站要求预留吨位，已经定妥吨位的货物，进港部门必须在航班起飞前 2 小时与出港配载部门交接。

6.2.2　舱位分配

舱位分配可以分为协议舱位和开放舱位两种方式。

协议舱位主要是指为保证航班舱位的充分利用，承运人与销售代理人签订相关协议，在一定时间内，在一定航线上，给予该销售代理人固定舱位配额。一般货源稳定的代理，或者由于货物的特殊性，需要在舱位上予以保障的，代理与航空公司之间通常会用协议的办法固定舱位。在一些淡旺季非常明显的航线上，航空公司也会通过协议舱位的办法控制货量，保证基本收益。

在航班舱位不紧张的情况下，一般使用开放舱位的办法。任何客户都可以随时向航空公司预订舱位，航空公司的舱位管理人员决定是否接受预订，并根据市场情况随时调整业务载量和可用容积。为了取得更好的收益，航空公司还可以根据市场需求信息及时调整运价。在自由销售舱位的过程中，航空公司为了取得更好的收益，通常有以下几种做法。

①根据以往的航班数据及预测分析，适当超售。

②优先选取运价高的优质货物类型，如急件、贵重物品等。

③为了充分利用舱位，采取大件和小件结合，重货和轻货组合收运。

④根据客户类型和预定时间，随时调整运价。

通常情况下，两种方式同时使用。舱位销售的原则如下。

①保证有固定舱位配额的货物。

②保证邮件、快件舱位。

③优先预订运价较高的货物舱位。

④保留一定的零散货物舱位。

⑤未订舱的货物按交运时间的先后顺序安排舱位。

6.2.3　舱位预订

舱位预订（简称订舱）是指为保证托运货物的运输时限，托运人与承运人之间预先约定的运输货物的航班和日期，是运输合同的内容之一。

1．订舱时限

航空公司应设定订舱的开放时限，并对社会公布。货主应在航空公司规定的时限内预订运输航班的舱位。

2．订舱的途径

托运人可以通过互联网、电话、传真、电报、电子邮件等方式预订舱位，也可直接到航空公司预订舱位。

3．必须订舱的货物

危险品、活体动物、鲜活易腐货物、贵重物品、灵柩及其他有运输时限的货物，托运人必须订妥全程航班和舱位才能运输。

4．订舱所需信息

①货运单号码。
②货物品名、包装、重量、件数、尺寸、体积。
③货物的始发站、中转站（如果有）和目的站。
④准确的联系人名称及联系方式。

6.3 货物配载

货物运送之前，需要根据货物的性质及舱位控制制度等因素，对货物进行合理配载，以避免舱位浪费或者货物积压。货运配载是货物运输过程中一项非常重要的工作，直接关系到货物运输的正常进行和经济效益的提高。配载人员主要负责飞机的载重与平衡的配算，配算好的飞机能最大限度地发挥其经济效益。

6.3.1 飞机可用业载

飞机可用业载受飞机最大起飞重量、最大着陆重量、最大无燃油重量、飞机基本重量、飞机燃油重量等因素共同影响。每次航班飞行之前，必须根据具体情况和有关规定，对飞机的最大可用业务载量进行计算，以便获得准确的装载数据，保证飞行安全，并充分利用飞机的载运能力。

1．有关术语

（1）飞机最大起飞重量（maximum take-off weight，MTOW）

根据飞机结构强度和发动机功率等因素规定的飞机在起飞线起飞滑跑时全部重量的最大限额。如果飞机在起飞时的条件不能满足使用这个最大限额的要求，应当根据当时的起飞条件，并按照规定对最大起飞重量加以修正，使用所允许使用的起飞重量起飞。

（2）飞机最大着陆重量（maximum landing weight，MLW）

根据飞机起落架和机体结构所能够承受的冲击载荷而规定的飞机在着陆时全部重量的最大限额。如果飞机在着陆时的条件不能满足使用这个最大限额的要求，应按照规定对最大着陆重量加以修正，使用所允许使用的着陆重量着陆。

（3）飞机最大无油重量（maximum zero fuel weight，MZFW）

除燃油之外允许的飞机最大可用重量。规定飞机最大无油重量主要是考虑飞机机翼的结构强度。

（4）飞机基本重量（basic weight，BW）

除业务载量和燃油之外，已经做好飞行准备的飞机重量。飞机基本重量包括空机重量、附加设备重量、空勤组重量及其随带物品和用具的重量、服务设备和供应品重量，以及其他应计算在基本重量之内的重量。每次飞机执行飞行任务时，这些重量是不同的，在计算飞机最大可用业务载量时，应以该架飞机当时的基本重量为准，即必须对飞机基本重量进行修正。

（5）飞机起飞燃油重量（take-off fuel，TOF）

飞机在执行任务时所携带的全部燃油的重量，包括航段燃油重量（trip fuel weight，TFW）和备用燃油重量（final reservie fuel weight，FRW）两个部分，但是不包括飞机在地面开车和滑行时所消耗的燃油重量。航段燃油重量是飞机自起飞航站至降落航站整个航段所消耗的燃油重量，备用燃油重量是飞机自降落航站至备降机场和飞机在备降机场上空持续飞行 45 分钟（国内机场 30 分钟）所需要消耗的燃油重量的总和。

（6）飞机最大可用业务载量

执行飞行任务的飞机可以装载的最大重量。

2. 最大可用业务载量的计算

最大可用业务载量通过下面三个公式进行计算后获得。

（1）根据最大起飞重量计算

飞机最大起飞重量包括飞机基本重量、业务载重量和飞机燃油重量，可得：

最大可用业务载量 = 最大起飞重量 − 修正后飞机基本重量 − 飞机燃油重量　　（6-1）

（2）根据飞机最大着陆重量计算

飞机最大着陆重量包括飞机基本重量、业务载重量和备用燃油重量，可得：

最大可用业务载量 = 最大着陆重量 − 修正后飞机基本重量 − 备用燃油重量　　（6-2）

（3）根据飞机最大无油重量计算

飞机最大无（燃）油重量包括飞机基本重量和业务载重量，可得：

最大可用业务载量 = 最大无（燃）油重量 − 修正后飞机基本重量　　（6-3）

最大起飞重量、最大着陆重量和最大无油重量，是从不同的方面对重量进行的限制。所以计算得出的最大可用业务载重量不同。为了保证飞机在起飞和着陆时均不超过飞机的各种重量限制，确保飞行安全，必须采用上述 3 个公式计算得出的最小数值作为该架飞机本次飞行的最大可用业务载量。

例如，某架 B737 型飞机执行某次航班。飞机基本重量为 28846 千克，飞机燃油重量为 10500 千克，航段燃油重量为 6400 千克。飞机最大起飞重量为 56623 千克，最大着陆重量为 47359 千克，最大无燃油重量为 43213 千克。计算该航班的最大可用业务载量。

根据上述公式计算得出的最大可用业务载量分别是:

最大可用业务载量 1 = 56623 − 28846 − 10500 = 17277 千克

最大可用业务载量 2 = 47359 − 28846 − (10500 − 6400) = 14413 千克

最大可用业务载量 3 = 43213 − 28846 = 14367 千克

在以上三个最大可用业务载量值中,选择最小数值作为该航班的最大可用业务载重量,即该航班最大可用业务载重量为 14367 千克。

如果在上述航班中增加一名机组人员,按照 80 千克计算,计算该航班的最大可用业务载量。

由于增加一名机组人员、应当对飞机基本重量进行修正,修正后飞机基本重量为 28926 千克使用最大起飞重量、最大着陆重量和最大无燃油重量计算所得最大可用业务量分别是 17197 千克、14333 千克和 14287 千克,选择最小数值作为该航班的最大可用业务发重量,即该航班的最大可用业务载重为 14287 千克。

3. 业载分配

（1）飞机的实际业载重量

① 飞机的实际业载重量是指实际配装上飞机的旅客、行李、邮件、货物重量的总和。

当飞机的实际业载等于最大业载时,飞机为满载状态。理论上讲,满载的经济效益最好,所以预配工作以飞机满载为标准,预计实际业载。

② 当飞机的实际业载小于最大业载时,飞机为空载（或次载）状态。准确地知道飞机的剩余业载、可适量地接收旅客和货物,最大限度地减少航班的空载,提高飞机的客座利用率和载运率,提高运输经济效益。

③ 当飞机的实际业载大于最大业载时,飞机为超载状态。超载飞机表现出的最主要问题有:需要较高的起飞速度;需要较长的起飞跑道;减小了爬升速度和角度,降低了最大爬升高度;缩短了航程;降低了巡航速度;降低了操纵灵活性;需要较高的落地速度;需要较长的落地滑行距离。

这些降低飞机效率的因素在某些情况下可能并不会产生严重的影响。但如果发生机翼表面结冰或发生故障等情况时,可能造成极其严重的后果。因此实际的业务载重量绝对不能超过本次航班的最大业务载重量。

（2）航班各航段可用业务载重量的分配

对于无经停站的航班来说,飞机可以全程利用的业载,即为飞机在始发站起飞时的最大业载;对于有经停站的航班来说,由于航段距离不同,耗油量不同,备油量也不同,同一架飞机在各站的最大业载很可能不同。为了最大限度地利用远程吨位,体现最好的经济效益,这就要求配载人员全面了解各站的最大业载,确定本站的可用业载。以有经停站的航班为例,航班业载分配的基本原则有以下几点。

① 航班的始发站作为航班舱位控制站,负责全程航线的舱位控制和分配。

② 运输淡季,航班舱位不紧张的航线,可以使用开放舱位的管理方法。航班控制站应随时注意航班舱位的预订情况。运输旺季、航班舱位紧张的航线,应使用部分舱位固定配额、其余开放的方法。

③优先分配远程业载，尽可能多地分配远程吨位，可以最大限度地减少后续航班的空载。

④有多个经停站的航班，采取固定配额的方式分配舱位，配额量由控制站（始发站）、经停站商定。已经确定的配额不得随意变更。装机站可以使用至远程航站的舱位配装近程航站的货物，不得使用至近程航站的舱位配装远程航站的货物。经停站不得将过站货物拉下换装本站货物。

4. 航班货邮载运能力的计算

航班的货邮最大可用载量和容积可通过下面 2 个公式进行计算。

$$货邮最大可用载量 = 航班允许最大业载 - 旅客人数 \times 旅客重量 - 行李重量 \qquad (6\text{-}4)$$
$$货邮最大可用容积 = 货舱总容积 - 行李体积 \qquad (6\text{-}5)$$

承运人在航班起飞前一天，利用离港系统查看航班的旅客人数。通常情况下旅客的重量是成年人每人按 80 千克计算，儿童每人按 40 千克计算，再根据不同舱位等级旅客携带的免费行李额的重量，计算出货舱载量。计算航班的货邮载运能力时，应考虑机型、天气、季节、航路、有关航站的特殊要求等情况对航班载量的影响，还要综合机务、航行、客运部门的意见，避免航班超载或空载。实际操作中，航空公司在对航班机型的运输舱位进行控制的时候，除对飞机货舱载重进行控制外，还必须对装载货物的体积进行控制。一般来说，减去合理使用损耗后，装载货物的总体积不宜大于飞机货舱容积的 80%。

6.3.2　货物配载注意事项

货物配载过程中的注意事项如下。

①注意按货物的发运顺序、运输路线和分配发运的规定办理。运输急件货物或有时限的货物时，应按照货运单上指定的日期或航班运送货物；每批 5 千克以下的小件货物可以酌情提前配运。

②建立舱位控制制度，合理配载，避免舱位浪费或货物积压。

③配载联程货物时，要考虑到联程中转站的转运能力。

④尽量利用货舱载量和舱位，重量大、体积小的货物要与轻泡货物搭配装载。注意同一舱位的各种货物性质有无抵触。对于货机的配载，应选择客机不便装卸或不能载运的超重、超大货物。

⑤配载的重量宁可小于而不能超过限额，同时选择好在最后结算载量时需要增加或拉卸的货物。

6.3.3　临时加货与临时拉货

1. 临时加货

装机站可以根据飞机舱位和业载情况，实施临时加货。

2. 临时拉货

临时拉货是指装机站或经停站由于各种原因临时将已装上飞机或待装的货物全部或部分拉下。临时拉货的原因有：由天气、加油、行李过多等造成飞机减载；货邮预配过多、货物超重、板箱超重，无法装机；货物体积超过飞机舱门尺寸、集装板组板不合规定造成装机困难或无法装机；临时以急件货物换下普通货物；机型调配、大机型换成小机型等。

临时拉货应该按照配载时的相反顺序进行，尽量将同一货运单的货物同时拉下，如果每票货物拉下几件，会出现更多的不正常情况。货物卸下飞机后应尽快运回仓库，与保管员进行交接。

6.3.4 编制货邮舱单

货邮舱单是航班在始发站或经停站所装卸全部货物、邮件的清单。它是承运人和地面服务代理人装卸、分拣的依据，也是承运人结算航空运费的凭证（表 6-1）。

表 6-1　国内货邮舱单

编号：_____

航班号：_____　飞机号：_____　飞行日期：_____　始发站：_____　到达站：_____

货运单号码	品名	件数	重量（kg）	始发站	到达站	备注	经手人签字
共计	货物			制表：_____			
	邮件						
	公邮			复核：_____			

1. 货邮舱单的一般规定

①承运人应根据所配货物的货运单及邮件总路单填写货邮舱单或输入计算机打印。

②货邮舱单要留存备查，交接时要填制舱单、承运人联交接单，并与货运单承运人联一起转交结算部门。

③货邮舱单的保存期限为两年。

④航班无货邮时也必须编制货邮舱单，即"空舱单"，空舱单上必须注明"NIL"字样。

⑤一个航段的货邮舱单一式至少六份，一份供货物出仓，一份作为本站存查，一份用于结算（附在货运单的承运人联后），另外两份（或多份）随货运单交到达站，配载室留存一份。

2. 货邮舱单的填写方法

①航班号、飞机号：填写所配运货物的航班号和飞机号。

②飞行日期：填写该次航班飞行的年、月、日，以及飞机的出发地城市名称。

③始发站、到达站：按照货运单上的始发站和到达站填写。

④货运单号码：逐行按照货运单号码的顺序排列，填写货运单号码或者邮件路单号码。

⑤品名：填写货运单所列货物品名。

⑥件数、重量：按照货运单所列的件数和重量填写。

⑦备注：根据每票货物的性质和储运注意事项内容填写。如分批货物的批次、中转货物的最终目的站、联程货物的到达日期，以及是否为急件、贵重物品、押运货物等。

⑧经手人签字：到达站或者接收货物人员核对无误之后在此栏签收。签收不能使用简称，必须写清姓名全称。

⑨总计：分别填写货物累计总件数、总重量。

⑩制表、复核：填单和出仓人在此栏分别签字。

6.4　货　物　装　卸

装卸作业是运输业务工作中不可缺少的组成部分，是保证货物安全运输的重要环节。装卸作业与确保飞行安全、提高运输服务质量、保证航班正点、保证运输过程顺利进行等都有直接的关系。装卸作业的主要工作包括货物在运输过程中各个环节的装卸搬运，维修与保管各种装卸车辆、设备和工具，协助做好仓库管理工作等。

6.4.1　货物装卸的准备工作

①制订作业计划。装卸调度应根据进出港飞机的架次、机型、时间和作业量的大小合理签派"装机工作单"和"卸机工作单"，对作业班组布置任务，提出要求，要妥善调配劳动力与装卸车辆、设备。使进、出港的每一架飞机都有指定人员负责。

②对于出港飞机，每一个作业班组要确实清点由本组负责装机到达每一个目的地的货物件数、重量，集装板、箱的数目和应装载的舱位。

③对于到港的飞机，要了解载重电报及进港货物舱单上有无需要特别注意或者优先卸机的特种货物，如有此类物件，应当由专人负责装卸处理。

④对于过港飞机，要根据机型和装卸作业量，安排好作业程序和劳动分工，防止错装错卸和漏装漏卸。

⑤对装卸机械设备和车辆要定期进行检查和试车，特别是制动系统，要保证处于完好状态。

⑥夜间进行装卸作业，应当对已装车的出仓货物指定专人负责看守。

6.4.2　货物装卸的一般要求

航空货物应当建立健全监装、监卸制度，并由专职人员对作业现场实施监督检查，一般有以下要求。

1. 确保飞机飞行安全

①严格按照货邮舱单准确装卸货物，防止错装、错卸、漏卸、多装或漏装，影响飞机的飞行安全。

②在装运危险物品、放射性同位素等具有危险性的货物时，必须查看有无不正常的现象。

③若发现货物、邮件有异常现象时，应当将货物、邮件迅速转移至安全地区。

2. 保证飞机及设备良好

①使用机动装卸车辆进行装卸时，应使车辆与飞机舱门保持一定距离。

②对于前三点飞机，装机应先装前舱，卸机应先卸后舱，以防止机尾下沉。

③装载重量较大的货物，要轻起慢落，防止砸坏飞机地板结构。

④装载底面积小而重量大的货物，要注意是否超过机舱地板的承受力。

3. 保证货物运输的安全性

①对于任何货物，装卸时都应严格按照货物外包装指示标贴操作，轻拿轻放，严禁翻滚抛掷或者强塞硬挤，避免货物破损。

②装放在容器内的货物要堆码整齐紧密，重不压轻、大不压小，木箱不压纸箱。

③在雨天进行装卸，要使用雨布等将货物盖好，防止因为雨淋而使货物受潮损坏。

④装卸时严禁吸烟，也不能携带易燃物品。

4. 保证货物装卸准确、迅速

①凡货物的出入仓或者装卸作业，都必须根据相关业务单据认真核对，装卸飞机时，必须清点货物件数是否正确，清点完成后要有负责人员签字确认。

②如发现货物不正常情况，如货运单和运输货物不符、包装破损、内装物渗漏等情况，应当按有关规定办理签注或者填写事故记录等手续，随后进行处理。

③根据飞机起飞时间先后和装机量大小安排装机顺序，保证每架飞机在旅客登机前10分钟完成装卸作业，过站飞机则应在旅客登机前5分钟完成货物的装卸，不能因为装卸工作而延误飞机的起飞时间。

④装机时要根据货物的形状、重量、性质合理调配，做到合理利用飞机舱位，在保证货物安全的基础上，充分利用飞机载重量和货舱容积，以达到每架航班的经济利益最大化。

⑤为卸机方便，在同一货舱内装载的货物，注意应当将最后到达的货物先装进货舱，中途站到达的货物后装进货舱，放在舱门附近。

⑥在目的站，飞机上的货物卸载完成后，应由作业人员对货舱进行认真检查，防止漏卸。

5. 保证装卸作业安全

①加强安全生产和规章制度的教育，建立日常和定期的安全技术教育制度，使装卸人员不断提高对安全生产重要性的认识，掌握进行安全生产的必要知识和技能。

②认真总结货物安全装卸作业的经验，采取有效措施，防止发生事故。

③禁止没有驾驶执照的人员驾驶机动车辆，操作装卸机械设备的人员应当进行严格的训练、考核，并经领导批准，方能独立参加作业。各种机械设备也应按照相关的技术标准管理规定来使用。

④根据夏季和冬季气候情况，制定防暑、降温、防寒、防冻等措施，保证货物的安全装卸。

6.4.3　装机操作

1. 窄体飞机或宽体飞机散货舱

装机人员根据装机指令单进行装机操作，按照"装前卸后"的原则，先装前货舱，后装后货舱，装机前应检查货舱内是否干净整洁，相关的网套等设备是否完好。货舱内外的装卸人员应相互配合，防止货物拥堵在货舱门口挤坏飞机舱门或坠地。货邮码放要求整齐美观、合理利用舱位。

窄体飞机装载单件重量超过 80 千克的超大、超重货物时，必须谨慎操作，格外小心，防止用力不均或其他原因影响到人员、货及飞机安全。超大超重货物应放在货舱门口附近便于卸机站卸货。超大超重货物必须按规定的程序捆绑牢固，飞机上没有捆绑设施的，应按规定将隔离网套挂好、拉紧，防止货物在飞行过程中发生移动或翻滚，损坏飞机或设备，危及飞行安全。

对于圆柱体、圆筒类货物，在装机前应仔细检查货物包装，检查有无渗漏。在装机时应注意按照包装上的方向标签码放货物，没有方向标签的，圆筒的开口必须保持向上。已经装在托盘上的圆筒类货物装机后应按超重货物进行捆绑固定。对于零散的圆筒类货物，装机时应使用绞绳或尼龙带按照 4～6 件一组，将货物捆绑在一起，然后固定在飞机货舱地板上，防止货物在飞行过程中发生翻滚、移动。

2. 宽体飞机

装机人员根据装机指令单进行装机操作。装机人员应首先核实装机指令单上所列的集装器编号与实际装载货邮的集装器编号是否一致，确认无误后，将集装器按装机指令单排列的先后顺序联接。装机时，要按照"装前卸后"的原则，先装飞机的前下货舱，后装飞机的后下货舱和主货舱。

装机前应检查货舱内的限动挡块是否齐全，传动轮能否正常运转，传动装置有无损坏或缺少。装机人员要随着平台车的机械传动和货舱传动系统的力量将集装器推（拉）到指定的位置，打下飞机货舱内固定集装器的卡子，将集装器固定住。无论装有货物的集装器还是调运的空集装板、集装箱，装机后必须将其四周的集装板限动挡块或卡子全部打起，使之处于工作状态。装完飞机后，要检查网套有无松动、集装器限动挡块是否按规定打牢，确认安全后离开货舱。

6.4.4　卸机操作

1. 窄体飞机或宽体飞机散货舱

装卸人员依据卸机指令单进行操作，按照"装前卸后"的原则作业，先卸后货舱，后卸前货舱。卸机时，应注意查看每一件货邮的外包装有无破损、变形，内装物有无散落、丢失、损坏、渗漏，动物有无死亡等情况。飞机货舱内的装卸人员要和货舱外拖斗上码放货物的装卸人员互相配合，卸货时要轻拿轻放，不得摔、扔货物。拖斗上负责码货的装卸人员应按照货物体积大小及货物指示标志合理搭配码放，保证货邮安全。

卸机完毕，要仔细检查货舱内有无漏卸的货物、邮件及托斗上货物码放是否牢固，在确保安全的前提下挂牵引车运回仓库。货邮在地面运输时，必须有人押运，防止在运输途中损坏或丢失。

特种货物卸机时一定要按照特种货物卸机规定操作，轻拿轻放，禁止倒置。特种货物要与其他货物分开码放。特种货物卸下飞机后要及时运回仓库，禁止在客机坪或仓库以外的任何地方存放，避免因此造成动物死亡、鲜活易腐物品变质、贵重物品丢失等情况，确实需要在客机坪或其他地方短时间存放时要安排专人监护。

2. 宽体飞机

装卸人员依据卸机指令单进行操作，按照"装前卸后"的原则作业，先卸后货舱，后卸前货舱。平台车靠近飞机货舱门停稳后，卸机人员进入货舱，打开货舱内的集装器限动装置，然后按顺序卸下集装器。卸机时应随时注意检查货物有无损坏、变形、散落、丢失，动物有无死亡等情况，还应检查飞机货舱、机内设备和集装器有无损坏。

6.5　货　物　运　送

承运人要根据货物自身的性质，按照一定的顺序进行发运。需办理急件运输的货物，托运人应当在货运单上注明发运日期和航班，承运人应当按指定的日期和航班运出。如需办理联程急件货物，承运人必须征得联程站同意后方可办理。

限定时间运输的货物，由托运人与承运人约定运抵日期并在货运单上注明。承运人应当在约定的期限内将货物运抵目的地。

6.5.1　货物的发运顺序

已订妥舱位的货物，如果由于某种原因，导致航班货运载量减少，航空公司就必须在货物中做出取舍，一般会提前确定一个货物的发运顺序。这个顺序每个航空公司略有差别，但基本原则大致相同。同样，航空公司可能面临已装载货物需要临时拉货的情况，先把哪些货物拉下，也要按照顺序进行。通常将货物按照优先级别分为以下四种。

（1）A级货物、表示优先于所有其他货物运输的货物，包括以下几项。

①政府命令急运的货物、紧急航材、急救药品、外交信袋。

②快件、新闻稿件、邮件、不正常运输货物及文件。

③鲜活易腐货物、活体动物、灵柩、骨灰。

④临时拉下的订舱货物。

（2）B级货物：已经订妥舱位的其他货物。

（3）C 级货物：普通运价的未订舱货物。

（4）D 级货物：低运价的未订舱货物。

6.5.2　运输路线的安排

①运输路线的选择应当合理、经济、迅速，把几种方案加以权衡、比较，择优而定。

②凡有直达航班的，均应由直达航班运送货物，尽量避免迂回倒置运送及不合理中转，有紧急货物需迂回以加快运输速度时，必须经过运输路线上有关航站同意。

③如果直达航班的班次较少，利用联程航班中转运输速度较快时，可交联程航班运送。各航站在一般情况下应根据运程合理的原则选择货物的联程地点及衔接航班。

④需要分批发运的货物，应尽量沿着同一运输路线，而不要分几条运输路线发运，以免造成运输混乱。

6.5.3　运输机型的选择

①根据货物尺寸、重量和批量等因素，选择适当的机型安排货物的运输舱位。

②需要经过中转运输才能到达目的站的货物，应考虑全程航班的机型。各航段机型不一致时，按照全程最小机型能够载运的货物体积、尺寸和重量安排运输。

6.5.4　货物分批运输

一份航空货运单的货物应当尽可能使用同一班机运送，如果因为运力等情况的限制，一批货物不能一次运抵目的站，则可以分多批次运输。

分批发运的货物应当尽量减少分批次数，以免增加工作手续和发生差错。

分批运输的货物，原则上原货运单跟着第一批货物同时到达目的站，货运单额外副本可跟其他批次货物到达目的站。

对于国内货物分批运输，应当填制分批发运单（表 6-2）。分批发运单一式两联，一联留出发站作为处理下批货物发运的依据，一联随每批货物运至到达站作为承运的凭证。

表 6-2　航空货物国内运输分批发运单

		运单号	
始发站		目的站	
收货人姓名、地址		电话号码	
		邮政编码	

第一承运人	到站	第二承运人	到站	第三承运人	到站

件数　包装	货物品名	实际重量	计费重量	体积或尺寸	列明价值

续表

航班号			飞机号		日期	
本批				待运		
批次	件数	重量	体积或尺寸	件数	重量	体积或尺寸
经手人				发运站		
				运单号		

6.5.5　中转货物运输

中转货物运输是指经由两个或两个以上的航班运送才能到达目的站的货物运输。

1. 中转货物运输的一般规定

①始发站应根据运力、机型情况有计划地收和运，成批货物要经过后续航站的同意，并且后续航站应当做好转运准备。

②活体动物、鲜活易腐物品等特种货物一般不办理中转货物运输业务，特殊情况时，需要事先向中转站订妥转运航班和舱位。飞机起飞后，要向中转站、目的站发报告知。

③始发站需要根据中转站的机型和装卸条件填开航空货运单，运费一次收清。

④针对分批货物的中转，可以根据始发站的要求，分批到达、分批中转，也可以整票货物到齐后一次中转。

⑤中转站接受中转货物时应当进行下列项目的检查。

- 货物包装、封志是否完好。
- 货物的件数与中转舱单和货运单是否相符。
- 鲜活易腐物品是否出现异常，是否适合继续运送。
- 活体动物的状态是否良好。
- 货物运输路线是否正确。
- 货运单等文件是否齐全。
- 货运单"储运注意事项"栏是否有特殊要求，并符合承运人的规定。

⑥凡发现内装货物破损、包装问题等异常情况，应及时填写事故记录，并发电向有关航站查询，并设法弥补差错，整修包装，以便续运。如果货物（包装）破损严重，继续发运可能增加货物破损程度，应停止转运，并电告始发站货物破损情况，转告托运人提出处理意见，并将处理情况记录移交查询部门备案，以便进行后续处理。

2. 中 转 舱 单

中转舱单是承运人在转交中转货物时所填写的文件，经接收承运人签字后，成为承运人运输货物和承运人之间财务结算凭证之一。同时，它也是判别货物损失和延误等运输责任的重要依据（表6-3）。

表 6-3　航空货物中转舱单

			NO 号码：	
AIRPORT 机场		DATE 日期	TRANSFERRED TO 接运承运人	
AWB NUMBER 货运单号码	AWB DESTINATION 货运单目的地	NUMBER OF PACKAGES 货物件数	WEIGHT（KG）货物重量（千克）	REMARKS 备注

TRANSFERRED BY 交接承运人：＿＿＿＿＿＿
（TRANSFERRING CARRIER）
　　　　　　　（航空公司名称）

BY 经手人：＿＿＿＿＿＿＿＿＿＿＿＿
　　　　　　　（SIGNATURE）
　　　　　　　　　（签名）

TIME 时间：　　　　DATE 日期：

ABOVE CONSIGNMENT（S）RECEIVED IN FULL AND APPARENT GOOD AND CONDITION EXCEPT AS NOTED IN THE REMARKS COLUMN. 上述货物除在说明内声明外，接到时完好无损。
RECEIVED BY 接运承运人：＿＿＿＿＿＿
　　　　　　　（RECEIVING CARRIER）
　　　　　　　　　（航空公司名称）

BY 经手人：＿＿＿＿＿＿＿＿＿＿＿＿
　　　　　　　（SIGNATURE）
　　　　　　　　　（签名）

DISTRIBUTION 分配

ORIGINAL 原件（WHITE 白色）—TRANSFERRING （REVENUE ACCOUNTING）递交运承运人财务结算部门

COPY 2 第二联（PINK 粉红色）—TRANSFERRING（STATION PILE）中转站留存

COPY 3 第三联（YELLOW 黄色）—RECEIVING CARRIER（REVENUE ACCOUNTING）递接运承运人财务结算部门

COPY 4 第四联（GREEN 绿色）—RECEIVING CARRIER（STATION PILE）目的站留存

6.6　货物到达与交付

6.6.1　货物到达处理

货物按照约定的条件和时间到达目的站后，目的站机场工作人员必须做好接机准备，主要涉及以下工作。

1. 航班进港前的准备

①根据装机站拍发的货邮舱单报、货运单报、特种货物装载报、集装器控制电报和货物不正常运输电报，做好航班进港的准备工作。

②飞机落地后，应及时到飞机上接取业务文件袋（业务文件袋中通常包括货运单分舱单、邮件路单、货邮舱单等运输文件），并根据飞机配载平衡图填制卸机单（表6-4）。卸机单一式两份，由卸机人员签名后一份留存，另一份与舱单一起留存。

③业务文件袋接回后，应尽快核对货运单与货邮舱单是否相符，对多收或少收的货运单在货邮舱单上注明、同时根据货物流向编制货物交接单。监卸人员应当根据飞机载重电报或者货邮舱单，监督卸机人员把货物卸下飞机一直运送至仓库为止。

表 6-4 卸机单

_____航班	_____飞机		年 月 日
	行李	邮件	货物
载重表件数			
实卸件数			
特种货物			

④航空承运人必须使用预先传输或随机到达的货邮舱单向海关申报，该货邮舱单不能作任何修改，如果有必须修改的事项，只允许在备注栏内注明。目前为止，大多数发达国家的海关要求承运人在向海关申报时采用电子数据传送货邮舱单报的形式。各国政府规定不同，应根据当地规定进行操作。

④对于目的站为本航站的货物，应在货运单上或计算机系统中注明货物到达日期，该日期作为向收货人收取货物保管费的计算依据。

（6）所有进港的货物和邮件都必须按照海关的要求办理通关手续。

2. 货物核对

①货物卸回仓库后在海关监管库区内核对。

②货物的核对应以航班为单位。核对的内容包括货物标签、件数和目的站，同时检查货物的外包装、封志是否完好，如有异常，记录在货邮舱单上并填写货物不正常运输记录。

③对于整集装器托运或分拨的货物，应核对集装器编号。下列情况下的集装货物航空承运人只负责核对集装器编号，不负责检查或核对集装器内所装货物。

① 装在一个集装器内，货运单件数栏内为一件，货物品名栏内注明"SLAC"，即托运人的装载和计数。

② 属于同一卸机站，装在同一集装器内且转运时无需更换集装器的直转货物。

3. 货物的分拣与交接

将货物、货运单、货物交接单及随附的运输文件按照货物流向送至各自相对应的部门（海关监管货物必须有海关关封）。核对无误后，交接双方在货物交接单上签字。

分拣程序包括货运单的分拣和货物的分拣。

（1）货运单的分拣

承运人根据航班的货邮舱单，确认并核对货运单是否齐全，然后根据货运单所列收货人的地址和货物性质等进行分拣。

相关工作人员需在每份货运单的正本上加盖或书写到达航班的航班号和日期；认真审核货运单，注意货运单上所列目的站、代理公司、品名和储运注意事项等；将联程货运单交中转部门。

（2）货物的分拣

在货物卸机完毕后，根据货运单将货主自行提取、运往市区，及货主提取或送交代理人的货物分别存放，并分别填写到达货物交接清单（表 6-5）。送往市区的货物应尽量在当日送，最迟不超过 12 小时。

表 6-5　到达货物交接清单

到达站：＿＿＿＿＿＿　　　　日期：＿＿＿年＿＿＿月＿＿＿日　　　　　　编号：＿＿＿＿＿＿

货运单号码	件数	重量	发运站	航班号	交货人	接货人	提货日期	提货人	发货人
合计			交货人				接货人		

飞机到达的 2 小时内必须根据货邮舱单和航空货运单将货物分拣完毕，最迟不超过 4 小时。如果发现运输不正常，应立刻通知查询部门电告前方站和始发站，后续的查询工作均以此为依据。对装有特种货物的航班进行分拣时，应注意特种货物的特性，适当给予特殊照顾。如果货物外包装破损，应做好事故签证并交由交接双方和值班领导共同签字确认。

6.6.2　发出到货通知

货物运送到目的站之后，除另有约定外，承运人或其代理人应及时向收货人发出到货通知。到货通知的方式可以多种多样，主要包括电话通知、书面通知和手机信息通知等形式，无论何种形式通知，都必须留下已经通知到或者无法通知到收货人的有效证据。到货通知的一般规定如下。

①急件货物的到货通知应在货物到达的 2 小时内发出。

②对于能够预知收货人名称及到达时间的货物（如包机货物等），应当在知道飞机到达时间后即可通知提货。

③普通货物的到货通知，应在到达机场或者市区货运处后 24 小时内发出。

④如果货运单没有随货物到达，应当根据货物包装的发货标志通知收货人提货。如有疑问，应当发电查询情况或待收到货运单后再做处理，以避免通知错误。

⑤在发出到货通知 5 天以后，如果收货人没有提货，应当再次发出到货通知。

6.6.3　货物交付

航空货物交付是指收货人验收货物并在航空货运单上签字的全过程。承运人交付货物时要仔细检查收货人的证明和文件，以防冒领、错领。同时，要计算收取相关费用。

1. 目的站收取的费用

各国在目的站收取的费用有不同规定。中国境内目的站收取的费用项目包括到付运费、到付运费手续费、保管费和地面运输费等。

（1）到付运费

到付运费是指由收货人在提取货物时支付的货物航空运费、声明价值附加费及其他费用。到付运费的计算公式为

到付运费 =（航空运费 + 声明价值附加费 + 其他到付杂费）× 所在地国家当日银行比价的卖出价

（2）到付运费手续费

到付运费手续费是指目的站为收货人办理到付运费时按规定比例收取的劳务费用。计算公式为

到付运费手续费 =（航空运费 + 声明价值附加费）× 中国银行当日比价的卖出价 × 5%

一票货物的到付运费手续费的最低收费为 100 元人民币。

（3）保管费

普通货物：自承运人发出到货通知的次日起免费保管 3 天，分批到达的普通货物的免费保管期限从通知提取最后一批货物的次日起计算。超过免费保管期限的货物，每日每千克收取保管费人民币 0.10 元，保管期不满 1 日按 1 日计算。每份货运单最低收取保管费的标准为人民币 5.00 元。

贵重物品：自贵重物品到达目的站的次日起，每日每千克收取保管费人民币 5.00 元，保管期不满 1 日按 1 日计算。每份货运单最低收取保管费人民币 50.00 元。

危险物品：自承运人发出到货通知的次日起免费保管 3 天。超过免费保管期限的货物，每日每千克收取保管费人民币 0.50 元，保管期不满 1 日按 1 日计算。每份货运单最低收取保管费人民币 10.00 元。

需要冷藏的鲜活易腐物品、低温、冷冻物品：自航班到达后免费保管 6 小时。超过 6 小时，每日每千克收取保管费人民币 0.50 元，保管期不满 1 日按 1 日计算。每份货运单最低收取保管费人民币 10.00 元。

分批到达货物按最后一批货物的到达日期作为收取保管费的时间依据。

（4）被扣留货物的收费

货物被检察机关扣留或因违章等待处理存放在仓库中，应当由收货人或托运人付保管费和其他有关费用。

2. 清点交付

除另有约定外，货物只交付给货运单上指定的收货人。承运人交付货物前应检查提货人的提货证明、文件是否完备有效。计算并收取到付运费、到付运费手续费、保管费和地面运费等有关费用。

提货人在提取货物前，应付清所有应付费用并自行办妥海关和检验检疫等手续。

承运人应当按货运单列明的货物件数清点后交付收货人。

发现货物短缺、损坏时，应当会同收货人当场查验，必要时填写"货物运输事故记录"，并由双方签字或盖章（表 6-6）。

收货人提货时，对货物外包装状态或重量如有异议，应当场提出查验或者重新过秤核对。

收货人提取货物后并在货运单上签收而未提出异议，则视为货物已经完好交付。

表 6-6　运输事故记录

编号：

货运单或邮件单号码

托运人地址

收货人地址

货物品名 _____　件数/重量 _____

受损品名 _____　件数/重量 _____

货物价值 _____　损失价值 _____

事故类别　　（1）货物损坏　　（2）包装破损　　（3）丢失　　（4）受潮　　（5）其他

事故发生或发现地点 _____　日期 _____　航班 _____

事故主要情况 _____

_____

_____

_____

事故处理情况 _____

_____

_____

_____

填写单位　　　　　　　　　　　经办人（签字）

日期　　　　　　　　　　　　　收（发）货人（签字）

注：（1）此记录只作为 YL 与托运人/收货人之间对货物运输事故的证明和以后处理依据，不涉及对责任的确认。

　　（2）此表填写一式两份，一份留存，一份交托运人/收货人。

2. 分批货物的交付

国内运输的分批货物，如果有前站的分批发运单或电报，到达站可以将到达的货物分批交付给收货人，但须做好记录。如果没有前站的分批发运单或电报，必须等单、货到齐后才能办理货物交付手续。货物交付完成后，到达站应将已交付货物的货运单逐日整理并按日期装订，妥善保存。

板箱中"搭积木"　方寸间创利润

谈及机场地面服务人员，大家最先想到的是值机、安检、地勤。殊不知在机场货站有一个特殊的群体，虽然他们文化素质不高，却在做最具有技术含量的工作。他们每天在板箱中"搭积木"，为的就是让每架飞机的货物容积利用率达到最大。他们，就是将货物组装上板箱的"组板师"。

货站，不同于候机楼，每天迎来送往的不是旅客，而是一件件形状各异、包装不同的货物。这些货物送来货站时零散无序，登机时却被有序的拼装在形状大小各异的板箱中，最后分毫无差的放入机型各异的飞机货舱中。拼装货物的整个过程，需要组板师的专业技能。

每天，组板师上班的第一件事就是查看航空公司计划，了解执飞航班机型。因为不同机型所需装配的板箱各异，就算是同一机型，经过改装，所需板箱也会不同。为最大限度利用机舱容积，组板师都要熟背所有的机型和板型，以便最终组好的板箱既能通过舱门，又能恰到好处地装满机舱。

在领取完合适的板箱后，组板师就要开始考虑如何在保证货物完好无损的情况下，将尽量多的货装入容积限定的箱和组上高度受限且底面积固定的板上。对于其中的技巧，有11年组板经验的王师傅说："我们都按照'交错叠放、骑缝码放'的原则进行组装。当然，因为货物形状大小各异，如何在受限的情况下码放更多的货，这就全凭多年的工作经验了。而且，每个板都有最大承重，为将板的利用率最大化，遇到超重，我们还要通过计算使用不同大小的垫板加大货物的受力面积，保护集装器和方便地勤装卸。"

对于组板师来说，组板比装箱更考验一个人的组板技术。除了"搭积木"技术要一流外，使用麻绳及绑带固定货物也是一项集体力和经验于一体的技术活。有12年组板工作经验的何师傅介绍说："广州出口的货物以服装包等软性货物居多，在组装过程中，货物极容易变形移动，尤其是邮件。所以我们在组装过程中，会通过麻绳对货物进行固定。麻绳有'十'字形和'井'字形，我们会根据货物包装的不同，选择不同的捆绑方式。除了用麻绳固定外，我们有时还需要用到绑带，绑带的作用和麻绳大致相似，但是绑带的受力大，我们使用时需根据货物的重量进行计算，再确定如何使用。"

广东地处热带和亚热带季风气候区，雨水较多。每逢雨季，组板师们都会为货物的"完美"离港做大量准备工作。从机场货站至飞机腹舱，货物需经过一段露天的机坪运输，为确保组好板的货物不被雨水打湿而受损，组板师都会提前为组好板的货物统一穿上"雨衣"。即在货物装载完毕后先覆盖一层雨布，再用网绳在雨布外充分固定，以有效达到"避雨"的效果。但针对鲜活易腐货物，如最常运输的海鲜，考虑到其高成本且对包装完好性要求较高等因素，无论是否下雨，组板师都要为其穿上"雨衣"，且保证完全覆盖，以降低外包装的破损率。而对于活体动物，如运输量最大的鸡苗，因其整个运输过程需要氧气，过早覆盖雨布会造成其在待运过程中缺氧致死，因此组板师会在航班交接前的最后时刻为其加盖雨布，由于雨布覆盖在网绳外，因此组板师还需用细绳在外部捆绑固定，确保雨布不会在运输过程中滑落。

组板师默默无闻地为每一架离港的航班"搭积木"，并通过他们专业的技术，利用板箱中的方寸空间为航空公司争取利润最大化。

配载平衡，不容有失的生命之重

自助值机为何经常有座位被锁定呢？

为了给飞机预留可调空间，飞机配载员会锁定一些座位。每一个座位都会对飞机重心产生影响，配载师会根据不同机型，预先锁定一些位置，保证重心在安全范围之内。这些被锁定的座位在建航班时就会锁上，一般在航班起飞前24小时或当天根据实际情况放开调整。

配载是合理控制航空器的业载重量，通过客、货、邮、行的舱位装载调整航空器重心位置，从而使航空器重心处于安全范围之内。由于航空器在飞行过程中没有着力点，所以严格按照规定的载量运输并保持重心平衡是十分重要的安全要求。航空公司或机场配载部门的主要职责，是向机组、相关单位以特定文件格式如实报告航班装载信息，并保证装载能够满足飞机的各种限制条件，达到安全、经济的目的。事关广大旅客的生命财产安全和民航业的公众形象，配载工作责任重大，平衡安全不容有失，如果出现失误将会造成十分严重的后果。

案例 1：2013 年 10 月 19 日，一架由 Air Niugini 运营的 ATR42-320F 货机计划从巴布亚新几内亚 Madang 飞往 Tabubil。飞机从 25 号跑道起飞，抬前轮时机长报告杆重，随后中断起飞并全力刹车，但飞机已停不下来，最终冲出跑道，坠入机场围栏外的一条小溪，一名机组人员受伤。

飞机上共装载了 330 箱当地制造的香烟，副驾驶计算并经机长批准的航班最大业载为 3710 千克。监装在事故发生后表示，飞机按照每箱香烟 12 千克进行装载，但并没有称重。香烟的生产商，根据装载在飞机上的香烟类型，提供的重量数据显示，实际每箱重量均超过 12 千克，令人难以置信的是，最大业载 3710 千克的飞机，可以装载到 3960 千克，而实际重量更大，达到了 4303 千克，超载 593 千克。不幸的是，在事故调查委员会开展实地调查之前，飞机上的香烟已经被大量卸下，无法确定飞机的具体装载情况。所幸香烟制造商协助装机人员对 A 区的装载情况记忆犹新。

据此，调查人员重建了 A 区的装载，舱单上记录的 A 区 350 千克的装载，实际上装载了 1136 千克，超载 786 千克，要知道整架飞机总计超载才 593 千克，飞机最靠前的 A 区超载就达到了 786 千克。飞机的实际重心位置虽然已经无法重建，但据此可以想象，重心一定严重超出了极限。此外 A 区实际装载 1136 千克，也超过了 A 区最大业载限额 1000 千克。飞机最大起飞重量为 16900 千克，舱单显示实际起飞重量为 16606 千克，没有超载，然而考虑实际装载情况，飞机实际起飞重量比最大起飞重量大 343 千克。

案例 2：据《堪培拉时报》报道，澳大利亚交通安全局公布一份报告，指肇事客机原定在 2014 年 5 月 9 日于堪培拉机场出发，飞往西澳省城市珀斯。机上共有 150 名乘客，其中 87 人为小学生。但航空公司职员误把 87 名小学生，以每名成人的 87 千克标准体重来计算，而非标准小童重量的 32 千克，多算了 3.5～5 千克。遂在安排机位时直接将所有小学生集中在机尾座位，导致起飞时出现机头过重而机尾过轻的情况。幸好机长及时察觉，并拉动控制杆，保持机尾不会碰撞地下，令客机成功起飞。

只是算错了一些货物的重量和孩子的体重，为什么会造成严重的危害呢？

这还要从航空器在飞行中的平衡特性说起。航空器在飞行过程中要受到各部分作用力的影响，作用于航空器各部位上的力导致其飞行姿态发生变化。

简而言之，航空器在飞行过程中要保证三种平衡，上仰或下俯被称为俯仰平衡；向左侧或向右侧倾斜被称为横侧平衡；向左方或向右方转向被称为方向平衡。航空器一旦在飞行中平衡失控，可能造成机毁人亡的重大事件，所以配载平衡是一项十分重要的运行安全工作。

国际权威机构对 1970—2005 年全球航空事故库进行研究后指出，在 82 起安全事故中载重平衡是不容忽视的影响因素，在由载重平衡引发的事故中客运占 61%，货运占 39%。

本章主要介绍民航货物在始发站准备发运与到达目的站交付之前所涉及的一系列活动，主要包括货物的仓储、航班舱位管理、货物配载、货物装卸、货物运送及到达交付等业务流程，这些环节是保证货物运输质量和运输安全的重要部分。

1. 货物仓储、运送和装卸作业主要包括哪些工作？需要注意哪些事项？

2. 货物运输的发运顺序是什么？

3. 中转站接受中转货物时应检查哪些项目？

4. 航空货物运输中的舱位控制有哪些要求？

5. 简述到货通知的一般规定。

6. 到港货物的处理流程有哪些？

7. 如何计算航班货邮载运能力？

自学自测　　扫描此码

第 **7** 章

特种货物运输

【学习目标】

- 了解几类常见的特种货物；
- 熟悉特种货物运输的一般规定；
- 掌握特种货物航空运输的特点及注意事项；
- 熟悉特种货物航空运输事故的应急处理；
- 掌握特货机长通知单的填写。

危险品航空运输——危险在哪里？

1973 年，加利福尼亚一家电子厂将一批由零件、设备和化工产品组成的货物运往其位于苏格兰的工厂。一部分货物从加利福尼亚运出，另一部分货物包括 160 只装有硝酸的木箱从新泽西运出。这两部分货物在纽约组成一票货物申报为"电子设备"。在拼板时工人将一些包装件倒置过来，拼板完成 5 小时后装上了飞机，飞机到达巡航高度不久，机组人员闻到了烟味。由于烟雾越来越大，机组决定在波士顿机场紧急迫降。在降落的过程中飞机撞到地面，3 名机组人员全部罹难，飞机坠毁，货物抛洒在波士顿湾。

1996 年，美国瓦卢杰（Value Jet）航空公司的 592 航班（dc-9 飞机）运输使用过的氧气发生器，因氧气发生器意外发生反应，造成货舱内剧烈燃烧（温度高达 3000 华氏度），592 航班在起飞后 15 分钟飞机坠毁，机上 110 名旅客和机组人员全部罹难。

2014 年 3 月 10 日，吉祥航空 HO1253 航班在执飞上海至北京任务过程中，货舱烟雾警告装置被触发，飞机紧急备降于济南遥墙机场。据悉，该航班的一件货物内含有腐蚀性、易燃化学品"二乙胺基三氟化硫"，但货运单上填写的货物品名为"标书、鞋子、连接线和轴承"。据悉，该票货物是由申通快递有限公司揽收的，申通快递有限公司因与航空公司无销售代理协议，交由上海秉信物流有限公司运送，上海秉信又将货物转交持有航空货运单的上海申海杰国际物流有限公司进行了托运。吉祥航空 HO1253 航班火警是一起典型的将危险品谎报为普通货物运输的危险品事故征候。由于上述 3 家公司超出经营范围承揽危险品运输，并采用隐瞒手法将危险品谎报为普通货物运输，性质十分恶劣，严重危及民航安全，因此中国航协注销了 3 家公司的货运销售代理资质。

从以上几个案例我们不难看出危险品航空运输安全的极端重要性，前两起事故都导致了机毁人亡的重大后果，血的教训是惨痛的，在警醒的同时，我们应该反思如何才能防止这样的悲剧再次发生。近年来，民航监管机关依法行政、依法监管，重点对瞒报、隐报、匿报危险品或在普通货物中夹带危险品运输等违规行为加大了监察和处罚力度，严肃查处了一批违法违规运输危险品的事件，保证了危险品航空运输安全。

资料来源：危险品航空运输：危险在哪里？http://www.caacnews.com.cn/1/6/020101704/t20170406_1211487.html

【案例思考题】

（1）特种货物运输安全的重要性。

（2）结合案例思考哪些物品属于特种货物？

（3）随着社会发展，航空运输的特种货物种类发生了怎样的变化？

7.1　危险物品运输

危险品是指在航空运输过程中，可能含有对健康、安全、财产或者环境造成危害的，并在国际航协《危险品规则》一书的危险品表中列出的，或者依据此规则归类为危险品的物品或者物质。

中国民用航空局对危险品航空运输活动实施监督管理，民航地区管理局依照授权，监督管理本辖区内的危险品航空运输活动；凡使用航空器载运危险品的承运人，均应事先取得民航局颁发的危险品航空运输许可证。

7.1.1　危险物品运输概述

1. 法律责任

（1）法律、法规和资料

危险品运输所依据的国际法律、法规和资料主要包括联合国危险运输专家委员会（United Nations Committee of Experts on the Transport of Dangerous Goods，UN CETDG）制定的《危险品货物运输的建议书》（橙皮书），国际原子能机构（International Atomic Energy Agency，IAEA）制定的——《放射性物品安全运输规则》，国际民航组织制定的——《危险品航空安全运输技术细则》（简称《技术细则》），国际航协制定的——《危险品规则》（Dangerous Goods of Regulation，DGR）。

《技术细则》是依据联合国危险品运输专家委员会的建议书和国际原子能机构的放射性物品安全运输规则制定的，联合国各缔约国都必须执行。

在国际民航组织发布该细则的同时，国际航协也发布了一个新的规则——DGR，这一规则包含了国际民航组织《技术细则》的全部内容，并且由于使用方便，可操作性强，在世界航空运输领域中作为操作性文件被广泛使用。

规范危险品航空运输的国内法律法规主要是中国民用航空总局颁发的《中国民用航空危险品运输管理规定》（CCAR—276）。

（2）托运人责任

托运人在交运危险品时，必须遵守 DGR 的规定，还要遵守始发站、中转站以及目的站所在国家的有关规定。除此之外，托运人在将危险品包装件或者合成包装文件交给承运人之前，还必须履行如下具体职责。

①托运人必须向其雇员提供信息，使其能履行与危险品航空运输有关的职责。

②确保所交运的危险品不属于航空禁运的物品或者物质。

③根据 DGR 对其交运的危险品进行正确地识别、分类、包装、加标记、贴标签及填制文件，符合航空运输的条件。

④参与危险品航空运输准备的全部有关人员必须接受过培训，才能履行其职责。

⑤如果托运人没有经过训练，则要请"有相应资质的"人员在货物准备过程中代表托运人履行其职责。

⑥确认所交运的危险品完全符合所有航空运输要求。

⑦文件保留。

（3）承运人职责

对承运人来说，是否收运危险品，是非强制性的。因此，承运人可以提出危险品运输的特殊要求（即通常所说的承运人差异）。

承运人在运输危险品时，主要职责包括收运、存储、装载、核查、提供信息、紧急情况的报告、保存记录、培训。

2. 运输限制

除符合 CCAR—276 和 TI 规定的规范和程序外，禁止危险品的航空运输。大多数危险品在遵守一定规则的情况下，是可以用客机安全运输的。但是，有些危险品，经鉴定危险性过大，在任何情况下都禁止航空运输；有些危险品，根据其性质，通常情况下，属于航空禁运，但是经有关国家豁免后是可以航空运输的；还有一些危险品不能在客机上运输，仅限于在全货机上运输。

（1）禁止运输的危险品

在正常运输状态下，易爆炸、发生危险反应、产生火焰或者危险的热量，或者易释放毒性、腐蚀性的发散物、易燃气体或者蒸汽的物质，在任何情况下都禁止航空运输。

这些物质以英文字母的顺序被列在 DGR 4.2 表（蓝页）中，没有联合国（UN）编号，并注明"Forbidden"（禁止运输）字样。但应注意的是，不可能将所有在任何情况下都禁止航空运输的危险品一一列出，因此对该类物质的交运应格外注意，以保证这类物品不会被交付运输。

在非常紧急的情况下，或者当其他运输方式不合适，或者完全遵守 DGR 违背公众利益时，应努力确保整体运输安全水平，并应符合 ICAO《技术细则》附件 18 中 21 项规定，在提供安全运输方案的条件下，有关国家（包括货物的始发站、中转站、飞越站、目的站国家和承运人所属国）可以对 DGR 中的规定给予豁免。豁免运输的航空禁运危险品，通常情况下属于客机禁运或者客、货机均禁运的危险品。

（2）隐含危险品

在托运人按照一般情况申报的货物中，可能隐含有某些危险品，而这些危险品不易从托运人的申报中确定其属性。收运人员应按照 DGR 相关规定对疑似有危险品的货物进行检查。例如，汽车配件（小型汽车、发动机、摩托车配件），可能含有磁性物质，此类物质虽然不符合对磁性物质的定义，但是可能因影响飞机仪表而需要特殊运载；也可能含有发动机、汽化器，含有燃油或者曾经装有燃油的油箱，轮胎充气设备中的压缩气体，湿电池、灭火瓶，含氮的减震器/支架、气囊冲压器/气囊组件等。

交运的货物如果含有 DGR 第 2.2 节中列出的货物品名，收运人员应要求托运人仔细检查其货物。如果证实该货物不含有任何危险品，则必须在货运单上声明该货物不具有危险性。例如，在货运单的"货物品名"栏内注明"Not Restricted"。

以泛指名称申报的货物可能隐含危险品，因此承运人的收运人员必须经过充分训练，且有能力辨别检查出以普通货物形式空运的隐含危险品。

（3）例外数量危险品

当运输某些类型的数量很少的危险品时，可以根据例外数量危险品的规则运输。在 DGR 中称这类危险品为例外数量危险品，免受 DGR 关于危险品文件、危险性标签、装载隔离要求的限制。特别注意的是，并不是所有危险品都可以作为例外数量危险品运输的，在 DGR 中有严格的要求。

对于例外数量危险品，每个包装件内有严格的数量限制。三层包装法（内包装、中层包装及外包装）和对吸附材料的要求，可以保证例外数量危险品的安全运输。例外数量危险品在标记、装载、文件方面都有例外要求。

例外数量危险品包装件必须粘贴"例外数量"标签，便于进行识别。

例外数量危险品不需要托运人危险品申报单，但是需要托运人在货运单的"货物品名"栏中注明"Dangerous Goods in Excepted Quantities"字样。

（4）限制数量危险品

对于某些危险品，如果符合测试等规定，可以作为限制数量危险品进行运输。

（5）国家和承运人差异

任何国家或者承运人都有权在承运人差异中使用 DGR 第 2.9 节。托运人托运危险品时，必须遵守有关国家和承运人的特殊规定。承运人及其地面代理人在接收危险品时，要遵守有关差异要求。

7.1.2　危险品的分类和识别

托运人应对准备空运的全部危险品进行识别、分类。托运人必须做到正确并全面地识别托运货物中所有满足危险品标准的物品和物质；确定每一危险品的类别/项别，必要时还应确定其次要危险性；必要时，在确定每一危险品的类别/项别后，还要划定其相应的包装等级。

为了储运的安全和管理的方便，根据危险品所具有的不同危险性质，将危险品划分为九大类。有些类别的危险品还可以进一步细分，分为不同的项别。第 1 类至第 9 类危险品的编号顺序仅仅是为了方便，并非表明其相对危险程度。

在许多情况下，某一危险品的危险性不止一个，除具有据以分类的主要特性外，还具有一些其他性质。这些物质或者物品就具有多重危险性。据以分类的主要特性为主要危险性，其他一种或者多种特性为次要危险性。

1. 第 1 类：爆炸品

（1）定义

第 1 类爆炸品包括如下物质或者物品。

爆炸性物质（物质本身不是爆炸品，但能形成气体、蒸汽或者粉尘爆炸的不包括在第 1 类内）。不包括那些太危险以致不能运输或者那些主要危险性符合其他类危险品定义的物质。

爆炸性物品是指含有一种或者一种以上的爆炸性物质的物品。爆炸性物品，不包括某些装置，该装置内含有爆炸性物质，但是由于其含量和性质的原因，在运输过程中被意外或者偶然点燃或引发时，该装置的外部不出现抛射、起火、冒烟、放热或者发出声响等情况。

上述未提到的，为产生爆炸或者烟火实用效果而制造的物质和物品也定义为爆炸品。

（2）分类

爆炸品按其危险程度的不同分为六项。

1.1 项，有整体爆炸性危险的物品和物质。

1.2 项，有迸射危险但是无整体爆炸危险性的物质和物品。

1.3 项，有燃烧危险并有局部爆炸或局部迸射危险或这两种危险都有、但无整体爆炸危险的物质和物品。

1.4 项，不呈现重大危险的物质和物品。

1.5 项，有整体爆炸危险的非常不敏感物质。

1.6 项，无整体爆炸危险的极端不敏感物质。

（3）分类的批准

在运输爆炸品之前，任何一种新型爆炸性物质和制品的分类、配装组及运输专用名称的确定，必须经过生产国的主管部门批准。如果有必要，还必须经过运输的主管部门批准。

（4）举例

爆炸品通常情况下禁止空运。例如，TNT 炸药或者鱼雷等。

有一些爆炸品空运只能用全货机运输。例如，遇难信号、油井射孔弹、点火器等。只有属于 1.4S 爆炸品才可用客机运输。例如，手枪弹药、信号弹、安全熔丝、某些类型的烟火等。

2. 第 2 类：气体

（1）定义

气体是指具有下列性质的物质：在 50 ℃时，其蒸气压大于 300 kPa，或在 20 ℃、标准大气压为 101.3 kPa 时，完全处于气态。除具有放射性的气体外，所有气体无论其危险性如何，都被划为第 2 类危险品。此外，第 2 类危险品也包括气溶胶制品。

（2）分类

根据运输中气体的主要危险性，第 2 类气体可分为三项。

2.1 项，易燃气体。

2.2 项，非易燃无毒气体。

2.3 项，毒性气体。

如图 7-1 所示。

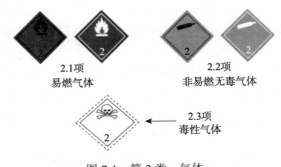

2.1项
易燃气体

2.2项
非易燃无毒气体

2.3项
毒性气体

图 7-1　第 2 类：气体

（3）举例

2.1 项，易燃气体，如氢气、甲烷、丙烷、丁烷、乙炔、打火机等。

2.2 项，非易燃无毒气体，如惰性气体、氮气、氧气、二氧化碳气体、灭火器等。

2.3 项，毒性气体，如氯气、氨气等。大多数有毒气体禁止空运，有些允许运输，如无水氨。

3．第 3 类：易燃液体

（1）定义

易燃液体是指闭杯试验闪点不超过 60 ℃或者在开杯闪点试验不超过 65.6 ℃时，放出易燃蒸汽的液体、液体混合物、含有固体的溶液或者悬浊液（图 7-2）。

闪点是指当试验容器内的液体产生的易燃性蒸汽在空气中达到某种浓度而遇火源被点燃时的最低温度，此温度并非指液体自燃的温度。除特别说明外，闪点均为闭杯

符号（火焰）：黑色或白色

图 7-2　第 3 类：易燃液体

闪点。闪点与爆炸极限有着密切的联系，当液体受热迅速挥发时，如果液面附近的蒸汽浓度正好达到其爆炸下限浓度时，此时的温度为闪点。

（2）举例

某些涂料、清漆、酒精、黏合剂、丙酮、汽油、苯、二硫化碳、香水类产品等。

4．第 4 类：易燃固体、自燃物质、遇水释放易燃气体的物质

（1）定义

易燃固体是容易燃烧或通过摩擦可能引燃或助燃的固体。易于自燃的物质是指即使数量小也能在与空气接触后 5 分钟之内引燃的物质。遇水放出易燃气体的物质是通过与水的作用，容易具有自燃性或放出危险数量的易燃气体的固态或液态物质或混合物。

（2）分类

第 4 类危险品分为三项（图 7-3）。

4.1项　　　　　　4.2项　　　　　　　4.3项
易燃固体　　　　易于自燃物质　　　遇水放出易燃气体的物质

图 7-3　第 4 类：易燃固体

4.1 项，易燃固体。包括易燃固体、自身反应物质、减敏爆炸品。

4.2 项，自燃物质。自燃物质是指在正常运输条件下能自发放热，或者接触空气能够放热，并随后起火的物质。包括自燃固体、自燃液体和自发放热物质。

4.3 项，遇水释放易燃气体的物质。遇水释放易燃气体的物质是指这种物质与水反应自燃或产生足以构成危险数量的易燃气体。

（3）举例

4.1 项，易燃固体。例如，安全火柴、硫黄、赛璐珞、硝基萘等。有些是自身反应物质，例如 4-亚硝基苯酚。

4.2 项，自燃物质。例如，白磷或者黄磷、二氨基镁等。

4.3 项，遇水释放易燃气体的物质。例如，碳化钙、金属钠等。

5. 第 5 类：氧化剂和有机过氧化物

（1）定义

氧化剂和有机过氧化物主要的危险在于当遇到酸碱或与还原剂或易燃物品接触火受到高温、摩擦、撞击等就会迅速分解，造成引燃或发生爆炸。如过氧化氢应避免与碱性及氧化性物质混合。

（2）分类

第 5 类危险品又细分为两项：5.1 项，氧化剂；5.2 项，有机过氧化物（图 7-4）。

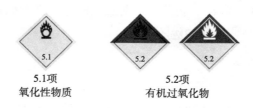

5.1项　　　　　　5.2项
氧化性物质　　　有机过氧化物

图 7-4　第 5 类：氧化剂和有机过氧化物

5.1 项，氧化剂。氧化剂是指本身未必可燃，但通常会放出氧气可能引起或促使其他物质燃烧的物质。

5.2 项，有机过氧化物。有机过氧化物是指含有二价-O-O-结构和可视为过氧化氢的一个或两个氢原子已被有机基团取代的衍生物的液态或固态有机物。本术语还包括有机过氧化物配制物（混合物）。有机过氧化物是可发生放热自加速分解、热不稳定的物质或混合物。此外，它们还可能具有以下一种或多种性质：易于爆炸分解，速燃，对碰撞或摩擦敏感，与其他物质发生危险性反应，损伤眼睛。

（3）举例

5.1 项，氧化剂。双氧水、过氧化钠、硝酸铵化肥、氯酸钙、漂白粉、高锰酸钾等。

5.2 项，有机过氧化物。过氧乙酸、过氧化丁酮等。

6. 第 6 类：毒性物质和感染性物质

（1）定义

毒害品指凡进入人体后，能损害机体的组织与器官，并能在组织与器官内发生生物化学或生物物理的作用，扰乱或破坏机体的正常生理功能，使机体发生病理变化的物质，又称为毒物。

（2）分类

第 6 类危险品又细分为两项：6.1 项，毒性物质；6.2 项，感染性物质（图 7-5）。

6.1 项，毒性物质

毒性物质是指在吞食、吸入或与皮肤接触后，进入人体可造成死亡或者严重受伤或者损害人的健康的物质。

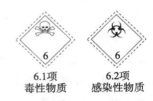

6.1项
毒性物质

6.2项
感染性物质

图 7-5　第 6 类：毒性物质
和感染性物质

6.2 项，感染性物质

感染性物质是指已知含有或者有理由认为含有病原体的物质。病原体定义为可对人类和动物引起感染性疾病的微生物（包括病菌、病毒、罗克次氏病原体、寄生虫、真菌）和其他媒介物。感染性物质必须归为 6.2 项，并划归到适用的 UN2814、UN2900、UN3291 或者 UN3733 中的一个。

（3）举例

6.1 项，毒性物质。例如，砒霜、尼古丁、氰化钾、农药等。有些完全禁止运输，如溴丙酮。

6.2 项，感染性物质，病毒、病菌，如艾滋病病毒、狂犬病毒。感染性物质还包括一些诊断标本及医疗或临床废弃物。

7. 第 7 类：放射性物质

（1）定义

放射性物质是指自发和连续地放射出某种类型辐射（电离辐射）的物质，这种辐射对健康有害，可使照相底片或者 X 射线片感光。这种辐射不能被人体的任何感官（视觉、听觉、嗅觉、触觉）觉察到，但是可用合适的仪器探测和测量。

（2）分类

放射性物质没有下设分项。放射性物质的包装件、合成包装件及专用货箱等级按照危险性分为三个等级：Ⅰ级（白）视为级别最低的类别，Ⅱ级（黄）视为级别中等的类别，Ⅲ级（黄）视为级别最高的类别（图 7-6）。国内航班只承运Ⅰ、Ⅱ级包装的放射性同位素。此标识强制性要求在下半部分用黑体标出文字：RADIOACTIVE（放射性）/FISSILE（易裂变的）、CONTENTS（内容物名称）、ACTIVITY（强度）。

图 7-6 第 7 类：放射性物质

（3）举例

医疗或者工业用放射性核素或同位素。例如，钴-60、铯-131 和碘-132 等。

8. 第 8 类：腐蚀性物质

（1）定义

腐蚀性物质是指在发生泄露的情况下，由于发生了化学反应而能够严重损伤与之接触的生物组织或者严重损坏其他货物及运输工具的物质（图 7-7）。

（2）举例

电池电解液、硫酸、氢氧化钠、氢氧化钾、汞、镓等。

符号：黑色
第8类腐蚀性物质

图 7-7 第 8 类：腐蚀性物质

9. 第 9 类：杂项危险品

（1）定义

杂项危险品是指不属于上述第 1 类至第 8 类的任何危险性类别，但是在航空运输中确有危险性的物质和物品（图 7-8）。

（2）分类

第 9 类危险品主要包括如下物质或者物品。

航空限制的固体或者液体。具有麻醉性、有害性、刺激性或者其他性质的物质，一旦在航空器上溢出或者泄露，能引起机组人员极度烦躁或者不适，不能正常履行职责的任何物质。

符号：黑色 　符号：黑色
杂项危险货物 　锂电池

图 7-8 第 9 类：杂项物品

磁性物质。为航空运输而包装好的任何物质，在包装件外表面任一点 2.1 米处的磁性强度不低于 0.159 安/米，即为磁性物质。

高温物质。运输或者交运温度等于或高于 100℃的液态物质或者温度等于或者高于 240℃的固态物质。

危害环境的物质。对水域环境有污染的液态或者固体物质及其溶剂和混合物（包括制剂和废料）。

转基因生物和转基因微生物。不符合传染性物质的定义，但是能够以非正常自然繁殖方式改变动物、植物或者微生物物质的转基因生物和转基因微生物，必须划定为 UN3245。如果得到始发、中转和目的地国的使用批准，则不受 DGR 限制。

杂项物品和物质。例如，石棉、干冰、消费品、化学药品和急救物品、救生设备、内燃发动机、机动车辆、聚合物颗粒、以电池为动力的设备或者车辆、连二亚锌等。

（3）举例

石棉、大蒜油、救生筏、内燃机、车辆、电动轮椅、航空救生器材等。

半成品聚合物材料。例如，聚氯乙烯颗粒，属于聚合物颗粒。

磁电管、未屏蔽的永磁体、钕铁硼，属于磁性物质。

冰、冷冻蔬菜、冰盒（ICEBOX）等，含有固体二氧化碳（干冰）。

10. 识别

（1）危险品品名表

只有正确地分类、识别，才能确定如何对危险品进行包装、加标记、粘贴标签和正确地填制危险品航空运输文件，才能保证运输的各个环节都能正确、完全地执行相关规则，以保证安全。

DGR 第 4.2 节中列出了危险品品名表，包括 3000 多种具有危险成分并有可能航空运输的物品或者物质的名称。该表是按照危险品的运输专用名称的英文字母顺序排列的，表中列明了危险品的类/项别、次要危险性、危险品标签、包装等级、包装说明号，以及在客/货机运输的数量限制和特殊规定等。本表定期进行修改，但是在交运中仍可能遇到危险品品名表中没有列出的新物质，这需要在具体操作中注意。

（2）使用说明

具体如表 7-1 所示。

表 7-1　危险物使用说明

联合国编号	名称和说明	英文名称	类别或项别	次要危险性	包装类别	特殊规定
0004	苦味酸铵，干的，或湿的，按质量含水低于 10%	AMMONIUM PICRATE dry or wetted with less than 10% water, by mass	1.1D			
0005	武器弹药筒，带有爆炸装药	CARTRIDGES FOR WEAPONS with bursting charge	1.1F			
0006	武器弹药筒，带有爆炸装药	CARTRIDGES FOR WEAPONS with bursting charge	1.1E			
0007	武器弹药筒，带有爆炸装药	CARTRIDGES FOR WEAPONS with bursting charge	1.2F			

危险物名每个条目对一个编号，该编号采用联合国编号（以下简称 UN 号）。危险货物品名表的条目包括以下四类。

① "单一"条目适用于意义明确的物质或物品。

示例：

UN 1090 丙酮

UN 1194 亚硝酸乙酯溶液

② "类属"条目适用于意义明确的一组物质或物品。

示例：

UN 1133 黏合剂，含易燃液体

UN 1266 香料制品，含有易燃溶剂

UN 2757 固态氨基甲酸酯农药，毒性

UN 3101 液态 B 型有机过氧化物

③ "未另作规定的" 特定条目适用于一组具有某一特定化学性质或特定技术性质的物质或物品

示例：

UN 1477 无机硝酸盐，未另作规定的

UN 1987 醇类，未另作规定的

④ "未另作规定的" 一般条目适用于一组符合一个或多个类别或项别标准的物质或物品

示例：

UN 1325 有机易燃固体，未另作规定的

UN 1993 易燃液体，未另作规定的

危险货物品名表分为以下七栏。

第 1 栏 "联合国编号" 即危险货物编号，是根据联合国分类制度给危险货物划定的系列编号。

第 2 栏 "名称和说明" 即危险货物的中文正式名称，用黑体字（加上构成名称一部分的数字、希腊字母、另、特、间、正、邻、对等）表示；也可附加中文说明，用宋体字表示（其中 "%" 符号代表：如果是固体或液体混合物及溶液和用液体湿润的固体，为根据混合物、溶液或湿润固体的总质量计算的质量分数，计数单位为 10^{-2}；如果是压缩气体混合物，按压力装载时，用占气体混合物总体积的体积分数表示，计数单位为 10^{-2}；或按质量装载时，用占混合物总质量的质量分数表示，计数单位为 10^{-2}；如果是液化气体混合物和加压溶解的气体，用占混合物总质量的质量分数表示，计数单位为 10^{-2}）。

第 3 栏 "英文名称" 即危险货物的英文正式名称，用大写字母表示；附加说明用小写字母表示。

第 4 栏 "类别或项别" 即危险货物的主要危险性，其中第 1 类危险货物还包括其所属的配装组，危险货物的类别或项别及爆炸品配装组划分按 GB6944 确定。

第 5 栏 "次要危险性" 即除危险货物主要危险性以外的其他危险性的类别或项别，按 GB 6944 确定。

第 6 栏 "包装类别" 即按照联合国包装类别给危险货物划定的包装类别号码，按 GB6944 确定。

第 7 栏 "特殊规定" 即与物品或物质有关的任何特殊规定，其适用于允许用于特定物质或物品的所有包装类别。

7.1.3　危险品包装：标记和标签

按照 DGR 要求，托运人负责对危险品全面包装，并有责任使装有危险品的每个包装件或者合成包装件上的标记和标签符合技术细则和 DGR 的要求。

1. 包装

包装是危险品安全航空运输的一个必不可少的环节。DGR 为所有航空运输可接收的危险品提供包装说明，范围很广，包括内包装、外包装。包装通常要求使用 UN 规格包装，除非危险品是根据限制数量或者例外数量规定进行空运的。

一个包装件内允许的危险品数量受到 DGR 的严格限制，以减少危险发生的可能性。危险品必用高质量的包装来盛放，必须能经受住在空运过程中遇到的各种正常情况，其结构设计及严密程度要足以防止任何意外泄漏。

（1）包装方式

危险品的包装方式包括单一包装和组合包装两种。单一包装是指在运输过程中，不需要任何内包装来完成其盛放功能的包装，一般由钢铁、铝、塑料或者其他被许可的材料制成，如钢桶。

组合包装是指由木材、纤维板、金属或塑料制成一层外包装，由金属、塑料、玻璃或者陶瓷制成内包装。根据不同需要，包装内还可装入吸附或者衬垫材料。

（2）UN 规格包装

UN 规格包装一般由政府部门授权的机构进行性能测试，以保证在正常运输条件下，内装物不得损失。此性能测试的技术标准取决于内装物的危险性程度，并且在外包装上标有 UN 规格包装标记。

UN 规格包装的性能测试一般包括跌落试验、堆码试验、穿刺测试等。包装代号有内包装、外包装两套代号。

内包装不需要在 UN 外包装上注明（图 7-9）。

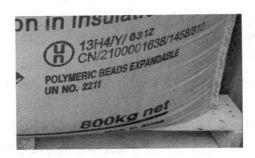

图 7-9　UN 外包装标记

复合包装是由复合材料制成的包装，由内、外两层不同材料组成一个不可分割的包装整体，以这种包装形式进行填充、存储、运输及放空。复合包装属于单一包装。

（3）限制数量包装件和例外数量包装

限制数量包装件。只适用于数量较少的危险品，其性能测试不同于 UN 规格包装只满足 DGR 规定的跌落试验、堆码试验要求即可。在危险品包装上不印有关规格标记，但是必须标注"LIMITED QUANTITY"或"LTD QTY"字样。限制数量危险品允许客机运输。

限制数量危险品包装说明代号及数量限制列在 DGR 4.2 表的 G、H 栏，限制数量包装代号前带有字母"Y"。例如，Y305。

限制数量危险品包装件必须要用组合包装，不允许使用单一包装，包括复合包装；内包装必须符合 DGR6.1 节的要求；限制数量包件的毛重不能超过 30 千克。

例外数量包装。极少量的危险品可以采用例外数量包装运输。

（4）合成包装件

合成包装件是同一托运人为了操作和存储方便而把一个或者多个包装件合并起来的整体。

合成包装件可以是"敞开"型的。例如，置于木托盘上的绑紧或者裹紧的箱子；也可以是"封闭"型的。例如，置于纤维板箱内的一个或者多个包装件。

2．标记

（1）标记分类

根据 DGR，标记可分为：包装规格标记，以鉴别包装设计及规格；运输专用标记，包装件上加注的标记。

标记可以印刷、标注或者用其他方式置于包装件上，但是必须耐久、清楚易辨、经受外界气候变化而不至于降低其效能、与背景有较强的对比度并鲜明醒目。

（2）基本标记

每个包装件上必须有的标记为运输专用名称、UN 或者 ID 编号、托运人及收货人名称及地址。

除此之外，根据不同的危险品，附加不同的标记。

3．标签

（1）分类

标签分以下两种（图 7-10）：危险性标签（正方形倾斜 45°），大多数危险品都需要贴此类标签；操作标签（矩形），某危险品需贴此种标签，它既可单独使用（如磁性物质），又可同危险性标签同时使用（如仅限货机）。

图 7-10　标签示例

（2）标签的粘贴

标签应粘贴在包装件的正确位置上。在可能的情况下，标签应紧邻托运人、收货人的地址粘贴。次要危险性标签应紧邻主要危险性标签粘贴。如果包装尺寸允许，标签必须同运输专用名称、UN 编号、标记粘贴在包装的同一表面。

危险性标签只要求在包装件一侧粘贴，但是放射性物质的标签必须贴在包装件两个相对的侧面上。

所有标签必须牢固地粘贴或者印制在包装件上，并且必须全部可见，不能被包装的任何部分或者其他标签所遮盖。每一标签所处的背景必须与标签形成鲜明的颜色对比，否则，必须用虚线或者实线勾出标签的轮廓。一个标签不得粘贴在包装的不同面上。圆筒型或者其他细长型包装件，其尺寸不得小到使标签自身覆盖。

包装件或者合成包装件上与运输无关的标签必须除去。

只有当包装件表面无法粘贴标签时，才可以使用结实耐久的拴挂标签。

合成包装件的标签。要求合成包装件内的包装件上使用的标签清晰可辨，否则所有包装件上的标签应在合成包装件的外部重现。如主要危险性标签已显示了次要危险性标签，则无须再粘贴次要危险性标签。

其他国际或者国内运输规则需要的标签，如国际海运危险货物规则（International Maritime Dangerous Goods，IMDG）编号的海洋污染标记，也允许作为 DGR 要求以外的标签使用，条件是它们不得因为颜色、设计或者形状而与规定的标签混淆或者矛盾。

7.1.4 运输操作

1. 接收

（1）一般要求

托运人托运危险品时，必须依据 DGR 的相关规定正确填写托运人危险品申报单，向承运人保证所托运的货物能够准确地识别、分类、包装、标记、标签，并准备好与运输有关的文件。

收运危险品的人员应检查托运人提供的危险品分类、项及运输专用名称的有关资料。托运人所提供的资料包括以下一种或几种：产品性质说明、理化检测报告、安全技术数据或同等性质的资料，以及国家级专业实验室出具的货物性质检测报告。

对于危险品使用的 UN 规格包装，必须根据 DGR 中的相关规定，检查该包装是否具有包装检测机构出具的包装性能测试报告。该测试报告通常是《出境货物运输包装性能检验结果单》及《出境危险货物包装容器使用鉴定结果单》。

收运时还应参照 DGR 第 2.9 节国家及承运人差异、国际货物运输规则第 7.3 节和第 8.3 节国家及承运人信息，注意查阅危险品运输的中转站和目的站国家及续程承运人的不同规定。

（2）检查

承运人收运危险品时，必须依照危险品收运检查单逐项进行检查，检查单上的各项目必须全部检查完毕后，方能确定该危险品是否可以收运。只要申报单及其他相关文件、包装、标记、标签等有一项不符合要求，就应拒绝收运。如果拒收，应将托运人危险品申报单和危险品收运检查单各一份退给托运人。每拒收一次，即在危险品收运检查单上标明"Not Accepted"（拒收）时，承运人向托运危险品的托运人或者其代理人收取一次的检查费用。退回的托运人危险品申报单不得重新使用。托运人对于不符合要求的文件或者货物包装可重新进行准备。

2. 存储

（1）危险品仓库或者存放区

危险品的包装件应在专门设计的危险品仓库或者危险品存放区中存放。危险品在危险品仓库中的存储，应按其危险性不同的类别、项别分别放置在不同的仓库中或不同区域内。如果没有专门用来存放危险品的仓库，危险品存放场所可在普通货物的仓库中存储，但必须存放在指定区域以便集中管理。这一区域必须设有明显标志，必须有明显的隔离设施。

（2）危险品仓库（含存放区）设施

危险品仓库必须设置安全、充足的照明设备和足够、有效的消防设施，以备在发生事故时能及时采取应急措施。

每一分库房必须具有相应的通风设施，以便有效地消除仓库内因储存大量的危险品而难以避免地散发出的化学物品气味。

危险品仓库应配备防护服和防毒面罩及其他必需相应物品，以备在发生危险品泄漏及危险品事故时，能够及时、从容地采取应急措施，实施个人防护。防护面具主要包括过滤式防毒面具和隔绝式氧气或空气面具等。

（3）危险品仓库管理

专门从事危险品仓库储存的工作人员必须参加危险品常识培训并取得上岗证书，受过防火与灭火的专门训练，并熟悉各类危险品的性质及其事故的处理办法。

危险品操作人员必须依照轻拿轻放原则和请勿倒置原则搬运和码放危险品包装件。性质相抵触的危险品包装件在仓库的码放必须符合隔离原则。

3. 装载

（1）装载原则

危险品装载工作中，应严格遵守以下装载原则。

预先检查原则。危险品的包装件在组装集装器和装机之前，必须进行认真检查，包装件在完全符合要求的情况下，才可继续进行作业。

方向性原则。对于有方向性标签或标记装有液体危险品的包装件均按要求贴有向上标签（需要时还应标注"THIS SIDE UP"）。操作人员在搬运、装卸集装板或集装箱及装机的全过程中，必须按该标签的指向使包装件始终保持直立向上。

轻拿轻放原则。在搬运或装卸危险品包装件时，无论是采用人工操作还是机械操作，都必须轻拿轻放，切忌磕、碰、摔、撞。

固定货物，防止滑动原则。危险品包装件装入集装器或者飞机货舱后，为防止损坏，装载人员应将它们固定在货舱内，以免危险品包装件在飞机飞行中滑动或者倾倒。

隔离原则。有些不同类别的危险品，互相接触时可以发生危险性很大的化学反应，称之为性质抵触的危险品。为了避免这样的危险品在包装件偶然漏损时发生危险的化学反应，必须在存储和装载时对它们进行隔离。

可接近性原则。在装载时，必须使仅限货机（粘贴有仅限货机标签）的危险品包装件具有可接近性。在必要的时候，只要包装件的大小和重量允许，应将该包装件放置在机组人员可以用手随时将其搬开的位置。但有些危险品不适用此要求。

（2）性质相抵触的危险品的隔离

性质相抵触的危险品包装件在任何时候不得相互接触或相邻放置。在仓库中存储时，应有 2 米以上的间隔距离。

装在集装板上或在货舱内散装的情况下，可采用如下两种方式中的任何一种。

将两种性质抵触的危险品包装件分别用尼龙带固定在集装板或飞机货舱地板上，两者的间距至少 1 米。

用普通货物的包装件将性质互相抵触的两个危险品包装件隔开，两者的间距至少 0.5 米。

需要互相隔离的危险品见表 7-2。判断性质抵触的危险品时，考虑危险品包装件上所有的危险性标签。不管是主要危险性还是次要危险性都要考虑。横行与纵行交叉点为"×"，则表示所对应的两种危险品的性质相互抵触。

表 7-2　危险品隔离表

类　项	1.1、1.2、1.5	1.3、1.6	1.4	2.1	2.2	2.3	3	4.1	4.2	4.3	5.1	5.2	6.1	6.2	7	8	9
爆炸品 1.1、1.2、1.5	*	*	*	4	2	2	4	4	4	4	4	2	4	2	4	2	×
爆炸品 1.3、1.6	*	*	*	4	2	2	4	3	3	4	4	2	4	2	2	2	×
爆炸品 1.4	*	*	*	2	1	1	2	2	2	2	2	2	×	4	2	2	×
易燃气体 2.1	4	2	2	×	×	×	2	1	2	×	2	2	4	2	1	×	×
无毒不燃气体 2.2	2	2	1	×	×	×	1	×	1	×	×	×	2	1	×	1	×
有毒气体 2.3	2	2	1	×	×	×	2	×	2	×	2	2	1	2	1	1	×
易燃气体 3	4	4	2	2	1	2	×	×	2	1	2	2	×	3	2	×	×
易燃固体 4.1	4	4	2	1	×	×	×	×	1	×	1	1	×	3	2	1	×
易燃气体 2	4	4	2	2	1	2	2	1	×	1	2	2	1	3	2	1	×
遇湿易燃物品 4.3	4	2	2	×	×	×	1	×	1	×	2	2	×	3	2	1	×
氧化剂 5.1	4	4	2	2	×	2	2	1	2	2	×	2	1	3	1	2	×
有机过氧化物 5.2	4	4	2	2	×	2	2	1	2	2	2	×	1	3	2	2	×
毒害物 6.1	2	2	×	×	×	1	×	×	1	×	1	1	×	1	×	3	×
感染物质 6.2	4	4	4	2	2	2	3	3	3	3	3	3	1	×	3	3	×
放射性物质 7	2	2	2	1	×	1	2	2	2	2	1	2	×	3	×	2	×
腐蚀品 8	4	2	2	1	×	×	×	1	1	1	2	2	×	3	2	×	×
杂类危险物质和物品 9	×	×	×	×	×	×	×	×	×	×	×	×	×	×	×	×	×

注：表中的数码系指"水路危规"中 2.2.2 至 2.2.1.1.4 小节中定义的下列术语。

1——"远离"（距离不少于 3 米）

2——"隔离"

3——"用一整个舱室或货舱隔离"

4——"用一介于中间的整个舱室或货舱作纵向隔离"

×——见"水路危规"第 1 类引言隔离一节

注2：港口储存危险货物，其隔离数码分别表示如下。

库内：　　　　　　　　　场地：

1——相距 3 米　　　　　　1——相距 3 米

2——分库房　　　　　　　2——相距 10 米

3——中间隔一个库房　　　3——相距 30 米

注3：本表中 1.1-9 是指"水路危规"中危险货物的分类、分项。

*——详见《国际危规》第 1 类爆炸品之间的隔离要求。

2012 年年底，A 销售代理公司经某外航航班（中国—B 国）运输了一票普通快件货物。飞机在 B 国降落时，经 B 国民航局抽查，发现该票普货内含疑似危险品。B 国民航局遂将该信息通报至中国民航局。C 地区管理局按照中国民航局的指示对该案进行了调查取证，最终认定托运人 A 销售代理公司构成在普货中夹带危险品，并依据《中国民用航空危险品运输管理规定》（CCAR—276）第 276 条、第 303 条规定对其给予警告和罚款人民币 2 万元的行政处罚。

7.2　贵重物品运输

7.2.1　贵重物品的定义

贵重物品是指珍贵、价值高的，承运人需要进行特殊安排处理和储存的一类物品。毛重每千克运输声明价值，国际货物超过 1000 美元或等值货币、国内货物超过 2000 元人民币的，以及含有下列物品中的一种或多种的货物为贵重物品。

①黄金（包括提炼或未提炼过的）、金锭、混合金、金币及各种形状的黄金，如金粒、金片、金箔、线条、管、环合黄金铸造物。

②白金（即铂）、白金类稀有贵重金属（如钯、铱、钌、锇、铑），各种形状的铂合金，如铂金粒、铂金片、铂金箔、线条、管、网、带、棒等。

此外，以上金属及其合金的放射性同位素，还应该按照危险品运输的有关规定办理。

③合法的钞票、债券、股票、旅行支票、邮票（不包括新印刷的邮票）。

④钻石、红宝石、蓝宝石、祖母绿、猫眼儿、翡翠、白玉、黄玉、墨玉、碧玉、珊瑚、孔雀石、松石、青金、蛋白石、天然珍珠等宝石制作的首饰，以及由上述贵金属、宝石制作的手表及其首饰。

⑤珍贵的古董（如书法、绘画、古玩等）展品、特种工艺品等。

7.2.2　贵重物品的识别

识别作为贵重物品的白金、黄金、珍贵的宝石和钞票、股票等并不困难，而识别每千克货物的价值是否超过 2000 元人民币则不是很容易的事情。因为货物的品种繁多，所以在判断其价值时，用毛重乘以 2000 元，然后与它的商业发票价值相比较，以确定这批货物是否为贵重物品。

7.2.3　贵重货物运输的一般规定

①贵重货物不得与其他货物混装在同一个集装箱内。

②贵重货物散货舱运输时，在情况许可下，应单独装舱。

③贵重货物应由车长（船长、机长）确认装车（船、机）位置，小件的贵重物品由车长（船长、机长）保管。

④贵重货物的装载情况应在载重表（单）和载重电报中申明。

7.2.4　贵重货物运输的特殊规定

①托运人要求急运的货物，经承运人同意，可以办理急件运输，并按规定收取急件运费。

②贵重物品应当用坚固、严密的包装箱包装，外加"#"字形铁箍，接缝处必须有封志。

③根据货物的性质，在运输过程中需要专人照料、监护的货物，托运人应当派人押运；否则，承运人有权不予承运。押运货物需预先订妥舱位。

④押运员应当履行承运人对押运货物的要求并对货物的安全运输负责。押运员应当购买客票和办理乘机手续。

⑤托运人派人押运的货物损失，除证明是承运人的过失造成的以外，承运人不承担责任。经证明是由于承运人的过失造成的，按《中国民用航空货物国内运输规则》第四十五条的有关条款赔偿。

⑥承运人应当协助押运员完成押运任务，并在押运货物包装上加贴"押运"标贴。在货运单储运注意事项栏内注明"押运"字样并写明押运的日期和航班号。

7.2.5　贵重物品的包装要求

①除有人押运的人民币和其他有价证券等不易损坏的物品，其外包装可以用结实的麻、布袋包装外，其他贵重物应据其性质采用坚固的木箱或铁皮箱包装。外包装应用"#"形铁腰捆紧，包装箱接缝处必须用铅封或火漆封志，封志要完好，封志上最好有托运人的特别印记。

②贵重物品包装内应用衬垫材料填塞严实，不得松动。

③外包装上必须使用挂签，不得使用贴签或其他粘贴物。在货物外包装上，不得有任何显示货物性质、种类的标志。

7.2.6　贵重货物的运输监管

1. 监控调度

贵重物品管理、运单管理、调度指令、回单管理，委托业务跟踪、物品跟踪、物品实时跟踪、历史轨迹回放、行程查询。

2. 报警

报警确认、报警取消、遥控熄火、遥控恢复、分发报警、越界报警、指定路线报警。

3．通信

信息发送、通信记录查询、通信参数设置。

4．地理信息管理

电子栅栏、贵重物品流动范围控制。

7.2.7　贵重物品储运注意事项

①收运贵重物品认真检查包装封志是否完好。如有缺陷，要求货主完善包装，否则拒绝接收该货物。

②交接、装卸和存储保管如下。

- 对贵重物品须有严格的交接手续。装机和卸机、出仓和入仓、城区与机场之间的交接，必须由交接人员逐件点装、点卸、点交、点接。在装卸机单和交接清单上都要注明贵重物品的件数，并有交接人员签字。在地面运输时，必须有人押运。
- 在库区里应有贵重物品库，设有专人看守分离控制装置，贵重物品要有专人护送到飞机上，同样也要护送从飞机上卸下的贵重货物至库房。贵重货物在整个运输过程中都要被监护。由于涉及额外的工作，所以这类货物的运输要相应增加费用（见运费计算），即收取附加费用。
- 贵重物品在装机或集装箱过程中，至少应有三人在场，其中一人必须是承运人的代表。
- 装卸贵重物品应严格注意轻拿轻放，避免挤压，禁止碰撞、摔滚。
- 市内货运和机场仓库要有专门处所设立贵重物品仓库，并应指定专人负责保管。要有防火、防盗、防潮等安全措施。
- 贵重物品到达后，应立刻通知收货单位提取。在交付时，应会同收货人查验货物的包装、封志，办清一切手续。

7.2.8　贵重物品运输事故处理及责任赔偿

①贵重物品包装破损轻微，封志未破坏，能确定内件未短少或损坏者，经整修后继续发运。但应在货运单上注明整修事项。

②如包装破损、内件可能受损或减少，出发站应停止发运，并会同发货单位进行处理。如果在经停站或联程站发现，应停止运送，报请当地运输部门领导，根据具体情况决定处理办法。必要时，可在领导的指导下开箱检查。如有缺损，通知出发站转请托运人提出处理意见。到达站对于包装破损的贵重物品应妥善保管，并迅速通知收货人前来共同开箱检验受损情况。

③运输过程中，发现贵重物品标记脱落、包装破损、内件短缺或遗失等不正常情况，均应立即会同机组或有关人员检查受损情况，过秤重量，并详细填制运输事故记录。

④发生贵重物品运输事故，应及时向上级汇报，查明情况，明确责任。如发生丢失

或内件缺少时，应立即电请有关航站协助查找。有关航站应密切配合，尽快查明答复。

⑤贵重物品包装、封装完好，但内件短缺损伤，除能证明是承运人责任事故造成者外，承运人不承担责任。

托运行李丢了珍贵玉石　航空公司仅赔 150 元

时间：2012-10-13　　货物：玉石原石　　托运人：段先生

收运人及航班：华夏航空公司　G52642 航班

事情经过：段先生原准备随身携带装有许多玉石原石的行李箱登机，因箱子超重只能办理托运。到达重庆江北国际机场后，段先生领取自己的箱子时发现箱子破裂，且至少丢失 3 块贵重原石，价值超过 20 万元。事后，华夏航空公司按照公司规定对段先生赔付 150 元。

小贴士：《国内航空运输承运人赔偿责任限额规定》第三条规定如下。

国内航空运输承运人（以下简称承运人）应当在下列规定的赔偿责任限额内按照实际损害承担赔偿责任，但是民航法另有规定的除外。

（一）对每名旅客的赔偿责任限额为人民币 40 万元。

（二）对每名旅客随身携带物品的赔偿责任限额为人民币 3000 元。

（三）对旅客托运的行李和对运输的货物的赔偿责任限额，为每公斤人民币 100 元。

7.3　活体动物运输

同危险品运输一样，活体动物运输也是一个极其复杂的过程，其成功的运输，不仅关系到托运人的利益，也关系到承运人的利益。并且，不容忽视的是，活体动物的运输水平既是承运人运输能力的体现，也关系到航空运输安全。承运人有责任将动物安全良好地运送到目的地，这就必须保证动物在各个运输环节处于良好的状态，这也就要求承运人的工作人员对所运输的动物要有一定程度的了解，对操作规程要严格地执行。

7.3.1　活体动物定义

活体动物是指活的家禽、家畜、鱼类、野生动物（包括鸟类）、试验用动物和昆虫等。活体动物在航空运输过程中，需要满足特定的运输条件，并需要给予特殊照料。

根据动物特性，通常将空运的动物分为八类。

宠物、家畜类：人工饲养的哺乳动物，如猫、狗、猪、牛、马等。

鸟、家禽类：身上有羽毛、能飞行、体温恒定的脊椎动物，如鸟、鸥、雀、燕、鸽、鸡、鸭、鹅等。

灵长类：具有手和足的动物，如猴、狐猴、猿、猩猩等。

爬行类：身体表面具有鳞或者甲，体温随气温高低变化，用肺呼吸，卵生或者卵胎生无变态的动物，如蛇、蜥蜴、龟、鳖、玳瑁等。

两栖类：通常没有鳞或者甲，也没有毛，四肢有趾，没有爪，体温随气温高低变化，能在水中和陆地生活的动物，如青蛙、蟾蜍等。

鱼类：在海洋、江河、湖泊、池塘中出产的水生动物，如鱼、泥鳅、黄鳝等。

昆虫类：身体分头、胸、腹的节肢动物，如蜜蜂、蝎子、蚕等。

未驯化的哺乳动物类：最高等的脊椎野生动物，如象、虎、狮、熊等。

7.3.2　活体动物的规定

1. 航空运输活体动物的依据

活动物运输必须符合国际公约、运输过程中有关国家和承运人的规定。在具体操作过程中，必须符合国际航协的《活体动物规则》（Live Animals Regulations，LAR）的有关规定。

LAR 是由国际航协会同国际动物流行病组织和国际濒危野生动植物种贸易公约联合出版的。在 LAR 中，对动物运输之前的准备工作、包装规格、文件装卸、存储、健康、卫生等作了详细解释，确保动物不致伤害自己和操作人员。因此，遵守 LAR 将有助于在航空运输的各个阶段中保持动物的运输安全。LAR 的有效期为 10 月 1 日至次年的 9 月 30 日。

LAR 主要包括如下内容。

①适用性；

②政府规定；

③承运人规定；

④预订舱位及预先安排；

⑤动物行为；

⑥动物名称表；

⑦文件；

⑧包装容器的要求；

⑨标记和标签；

⑩操作。

此外，有关运输动物的种类限制、机型要求及押运员的配备要求等，还要参阅 Tact Rules。

2. 收运动物的条件

托运人托运动物时，必须符合以下条件。

①动物健康状况良好，不致传播疾病，特别是狂犬病的传播。

②动物运输必须符合国家有关规定。托运属于检疫范围的动物要有当地检疫机关的免疫注射证明和动物检疫合格证明；托运属于国家保护的动物应随附有关部门准运证明，托运属于市场管理范围的动物要有市场管理部门的证明（图 7-11）。

③装运动物的设施既要便于装卸，又要适合动物特性和空运的要求。

附件 1 **动物检疫合格证明**（动物 A）

编号：

货　主		联系电话			
动物种类		数量及单位			
启运地点	省　市（州）　县（市、区）　乡（镇）　村（养殖场、交易市场）				
到达地点	省　市（州）　县（市、区）　乡（镇）　村（养殖场、屠宰场、交易市场）				
用　途		承运人		联系电话	
运载方式	□公路 □铁路 □水路 □航空			运载工具牌号	
运载工具消毒情况	装运前经________消毒				
本批动物经检疫合格，应于______日内到达有效。 官方兽医签字：________ 签发日期：　年　月　日 （动物卫生监督所检疫专用章）					
牲畜耳标号					
动物卫生监督检查站签章					
备注					

第一联　共一联

小动物运输申请书

Application for Pets Transportation

编号 000001

旅客姓名 Name	联系电话 Tel
航班号/日期 Flt No. / Date	始发地/目的地 Original /Destination
小动物种类 PetSpecies	小动物年龄 Pet age
持有的旅行文件名称及编号： Certificate No.	

声明Declaration:

1. 以下小动物不适合航空运输，山航不再接受此类小动物托运。Shandong Airlines nolonger accepts such pets as checked baggage.

- 出生不足6个月的小动物。Pets less than 6 months old.
- 扁鼻犬、扁鼻猫。Snub-nosed or pug-nosed dogs and cats .
- 斗犬：比特犬、土佐犬、巴西菲勒犬及其杂交品种、阿根廷杜高犬。

Fierce dog: Such as American Pit Bull Terrier, Tosa Inu, Fila Brasileiro and their hybrid varieties, Argentine Dogo.

- 不适应高温高空环境的犬种：萨摩耶犬。

The breed does not adapt to high temperature and high altitude environment : Samoyed dog

- 怀孕小动物或是在飞机起飞前48小时之内刚刚分娩过的小动物。

A pregnant pet or a pet that has just been delivered within 48 hours before the plane takes off.

2. 转运小动物的容器应符合民航局《活体动物航空运输包装》MH/T1014-2004 及我公司要求。The containers for small animals must meet the requirements of "MH/T1014-2004, Packing of Live Animals for Air Transportation" and Shandong Airlines.

3. 旅客应对所托运的小动物承担全部责任，除山航原因外，在运输中出现的小动物患病，受伤和死亡，山航不承担责任，如果动物在任何国家、州或属地被拒绝入境或过境，对其受伤、丢失、延误、患病或死亡，山航不承担责任。

The passenger shall assumes full responsibility for the pets. Shandong Airlines shall not be liable for injury to or loss, delay, sickness or death of pets in the event that it is refused entry into or passage through any country, state, or territory.

4. 我已阅读并同意山航关于小动物运输的相关说明。I have read and agreed with the Shandong Airlines' instructions on the transportation of pets.

提示航空公司注意事项（由旅客填写）

Notice For Shandong Airlines

图 7-11　动物检疫文件

3. 责任

（1）托运人的责任

活体动物必须健康状况良好以适于空运。

托运人必须声明托运的哺乳动物是否怀孕或者在 48 小时前分娩过。怀孕的哺乳动物，托运人应提供该动物适于运输并且没有可能在途中生产的兽医证明。

按照 LAR 的要求，做好动物分类、描述、包装、标记和贴标签工作。备齐进出口、过境的动物运输许可证、健康证书、CITES 文件等。

定妥航班、日期、确定航线，如果有特殊运输要求，应作好运输前的准备。将航班的详细情况通知收货人，以便动物到达后及时提取。

运输过程中，如果动物需要喂食、喂水的，备齐食物和饮水，此食物和饮水不得违反始发站、经停站、目的站国家和地区的相关规定，还应在盛装动物的容器外粘贴喂食喂水提示，并将有关文件与动物包装件一起随附运输。

（2）承运人的责任

检查运输文件是否齐备，包括货运单、托运证明、进出口许可、动物健康证明等。

接收前，充分考虑货物包装、机型、货舱空间、货舱情况、天气、装载位置、影响动物的其他货物、押运员、地面存储设施等因素，并向托运人作出说明。

包装容器的符合性。托运人应确保包装容器适合动物的航空运输，承运人在收运时应对其进行必要的检查。

收运。承运人以填制活体动物收运检查单的方式对货物进行相关的检查、验收。

国家和承运人规定。充分了解运输过程中有关承运人关于动物运输的规定，并向托运人作出说明。

动物福利。承运人有责任确保动物得到足够的保护，免受因自然环境、恶劣天气等造成的伤害。

培训。包括对承运人相关操作人员及销售代理人的业务培训，如果有必要还应包括相关托运人的业务培训。

（3）承运人的有限责任

由于自然原因造成的动物死亡或者由于动物本身行为、与其他动物相互间的行为，如咬、踢、抵、牙刺或者窒息造成的动物死亡或伤害及由此产生的一切费用，承运人不承担责任。

由于动物自身原因或者其行为造成的动物押运人员死亡或伤害，承运人不承担责任。

托运人如果违反了国际航协活体动物运输的有关规定及政府法令而触犯法律，将承担相应的法律责任。

7.3.3　活体动物的包装

1. 活体动物的包装要求

动物包装是动物安全运输的重要保证。近年来，托运人无视包装要求托运动物，承运人违反包装要求收运动物，导致动物逃逸或者死亡的事故时有发生。这些事故会严重影响承运人的服务质量和安全飞行。所以，活动物运输的包装，一定要符合特定的包装要求，不能因任何原因或者以任何方式降低包装要求。

（1）包装容器必须清洁，防逃逸、防渗漏，便于安全操作

包装能防止动物破坏、逃逸或者接触外界。例如，凶猛的动物，狮、虎、豹、熊、狼、蟒等应用铁笼盛装，外加双层铁网，并有便于装卸的把环。

包装底部应置有防止动物排泄物散溢的设施，必要时加放四边向上折起的、具有足够高度的金属或者塑料托盘，托盘内应放有足够的吸附材料。

凡是承运人不具备的照料动物的特殊设备、装卸大动物的人力和设备，都应由托运人提供，这一点必须在收运货物之前向托运人说明。

（2）包装要结构合理、通风良好，可以使动物安全舒适

包装尺寸应适合所运输动物的机型的货舱门大小和货舱容积，并适应动物的习性，特别注意要为动物留有适当的活动余地。

需要由外界提供氧气的动物，至少应在包装的三面设置足够的通气孔，防止动物窒息。

包装上应具备或者附带有饲喂动物的设施。

（3）经承运人同意不用盛装的动物

马、牛、羊等动物，通常由承运人使用专用的集装设备运输，而不需要托运人提供

单独的容器，但是必须有防止动物走动的系留设备，如分隔栏杆、绳网、腰带、鼻绳等，以免因动物走动而影响飞机平衡。

2. 活体动物的包装举例说明

LAR 中为各类动物的运输容器提供了范例，并对容器所适宜盛装的动物、包装的设计和构造、运输前所需要完成的准备工作、给动物喂食和喂水的要求，以及装载等工作都作出了非常具体的规定。这里举出两类包装容器作为说明。

（1）宠物类动物容器

这类容器适用于家养的猫和狗的运输，容器所使用的材料包括纤维玻璃、金属、硬塑料、焊接的金属网、硬木和胶合板等。确保容器内的每个动物都拥有足够的空间，且能够正常地站立、转身或以自然姿态趴卧。

（2）普通鸟类容器

采用金属网、木料、塑料、玻璃纤维、合成物或细布和其他轻质材料等。应考虑动物的正常习性，根据所装载鸟的种类，在容器内为其留出自由活动的空间。

3. 标志

（1）标记

包装上要写明托运人和收货人的姓名、详细地址和 24 小时可以联系的电话等。包装上要写明与活体动物托运证明书上一致的动物的科学名称、普通名称及每一包装件内动物的数量。

对人类有危害的有毒动物，应要求托运人在包装上注明"POISONOUS"（有毒）字样。托运对人具有攻击性的凶猛动物，如凶猛的禽鸟、兽类时，应要求托运人在包装上注明"THIS ANIMAL BITE"（有咬伤危险）等警示字样。

如果需要给动物用药，包装上必须写明药物名称、剂量、用药时间和药效时间。

如果有必要，在外包装上注明给动物喂食喂水的说明。需要特殊照料的动物，托运人还应在包装上注明相关注意事项。

（2）标签

根据活体动物的种类，在包装上粘贴或者拴挂活体动物标签或者实验用动物标签。如果需要，包装的四个侧面应粘贴或者拴挂向上标签或者标注向上方向标志。

7.3.4 活体动物的运输文件

1. 检疫证书

托运人托运活动物时，应提供检疫证书。检疫证书应为始发站国家动物检疫部门出具的动物检疫证明，我国为中华人民共和国出入境检验检疫局签发的"动物卫生证书"。动物托运证明书所列动物品种、数量应与检疫证书所列一致，检疫证书应列明始发、到达国家（地区），有效期，签发机构的印章等。

2. 活体动物运输托运证明书

托运人必须填写活体动物运输托运证明书一式两份，声明托运人已经做好所有预先安排，并且对所运输的动物已经做出正确描述，包括动物种类、学名、普通名称，其包装也符合航空运输的相关规定，以及承运人和政府主管当局的规定。同时声明所运输的动物健康状况良好，适于航空运输，货物中不含有受国家保护的野生动物。如果包括受国家保护的野生动物，托运人应持有政府部门签发的运输许可证，许可证附在货运单后。

托运人还应表明由于自然原因造成的动物死亡或由于动物本身的或与其他动物相互间的行为，如咬、踢、抵、牙刺或者窒息造成的动物死亡或者伤害及由此产生的一切费用，承运人不承担责任；由于动物自身原因或者其行为造成的动物押运人员死亡或者伤害，承运人不承担责任；托运人如果违反了国际航协《活体动物运输规则》的有关规定及政府法令而触犯法律，将承担相应的法律责任等。

托运人还应保证承担这样一些责任：托运的动物符合国家的有关法令和民航局的有关规定，动物在托运之前已经办妥检疫手续，托运野生动物要提供政府部门签发的许可证，所有有关证明随附在货运单后面；对所托运的动物已经做出正确的分类及包装，动物名称准确，标签和标记完好；已经根据承运人的各项要求做好空运前的准备工作；收货人已经获悉有关航班的信息，并已做好提取货物的准备。

3．进、出口许可证明和 CITES 文件

属于国家保护动物或者列入 CITES 中的动物，托运人应出具政府主管部门签发的进、出口许可证明，如濒危野生动植物种允许进出口、再出口证明书及有关国际组织或者国家规定需要办理的进出口证明书。

运输任何列入 CITES 中的物种，均应出具 CITES 文件。需注意的是，所托运的动物物种应与在有效期之内的 CITES 相符，并且 CITES 文件上应有官方徽标和签发机构的名称及地址。

4．货运单

除随动物一起运输的饲料、设备外，不得将动物与其他货物共用一份货运单运输。在货运单"货物品名"（nature and quantity of goods）栏内，应注明动物的具体名称和准确数量，同时注明"AVI"（活体动物操作代码）字样，如果有必要，还应注明动物分类号，以及包括国家、地区区号等信息的 24 小时应急电话。

在"货运单储运注意事项"（handling information）栏内，注明"Shipper's Certification for Live Animals Attached"（活体动物证明）及随附相关文件的名称。

7.3.5　活体动物的存储和装载

1．存储

（1）存储环境

动物有可能因地理位置和气温的变化而造成生病或者死亡，所以应根据托运人的要求进行仓储，并且特别注意存储环境的要求。例如，对于怕冷、怕风的动物，应放置在避风处或者保暖的地方；对于怕光、怕晒、怕热的动物，要放置在安静阴凉处，避免过度的光线和噪声。

再如，根据动物的习性，野生动物（包括哺乳动物和爬行动物）喜欢黑暗或者光线暗淡的环境，一般放置在安静阴凉处。家禽或者鸟类一般放置在敞亮的地方。

（2）隔离措施

对于互为天敌的活动物，来自不同地区或者发情期的动物，应采取隔离放置。此外，动物应与食品、有毒物质、传染性物质、放射性物质、灵柩、干冰等隔离放置。

实验用动物应与其他动物分开放置，避免交叉感染。

上述要求不仅适用于货物在仓库存储期间，同样适用于货物在飞机货舱装载期间。

2. 装载

（1）一般要求

装机前，应检查货物包装是否完好，发现包装破损，或者有排泄物、液体渗漏现象，应及时采取补救措施，否则，不得装机。

应将动物装在适合其运输条件的货舱内，这些条件通常包括供氧、通风、调温等。承运人的机务工程部门通常可以提供哪些货舱内供氧，哪些货舱内温度可以调控到适合装载动物的状态之下。

载运耗氧量大的动物，应参照有关标准，确定装载数量。

装机后，填写特种货物机长通知单与机长进行交接，并拍发特种货物装载电报通知经停站和目的站。

卸下动物容器后，对货舱放置动物的位置应进行清洁、消毒、灭菌。

（2）组装

除了专用集装箱外，不得将动物（冷血动物除外）装在集装箱中运输。装在集装板内运输的动物也不能用塑料布苫盖，雨天需要使用防雨器材苫盖时，苫布与动物包装之间须留有足够空间，以便空气流通，防止动物窒息，装机时应将苫布去掉。

集装板上应加垫塑料膜等防水材料，以防止动物的排泄物污染和腐蚀货舱、飞机设备及集装箱、板。

装在集装板上运输的动物，应与其他货物分开码放，不得混装，货物之间应保留足够的距离，以保证空气流通。

应使用保护限动装置，如用集装板网罩对动物容器进行固定。

（3）装载位置

装卸货物时，动物应后装先卸。这主要是为了保证将动物装在靠近货舱门的位置，以便在飞机落地时，立即打开货舱门通风。并且，一旦发生航班延误，或者在中转站停留时间过长时，可以将货舱门打开给动物通风。

装载动物时，应尽量避开货舱内报警探头、通风口的位置。

有异味的动物，供实验用的猴子、兔子、豚鼠及发出叫声的家禽和狗等，应装在飞机的下货舱。

动物容器应放置平稳，保持水平位置，必要时应给予固定。在货舱内，动物容器不能被其他货物覆盖。

（4）隔离

动物容器之间、容器与其他货物之间要有适当间隙，保证空气流通。

动物不能与食品、有毒物质、传染性物质、放射性物质、灵柩、干冰等装入同一集装器中或者同一货舱内。

互为天敌、处于发情期、来自不同地区的动物不能装载在同一货舱内运输。

对于进口的动物，在到达口岸前的运输过程中，不得与不同种、不同产地、不同托运人或收货人的活动物相互接触或使用同一运输工具。

航空货运操作不当致两万鸡苗只剩五千？

2012 年 5 月，据《京华时报》报道，某鸡场管理者照例从承德老家赶去首都机场，验收从四川购进的 21000 只小鸡幼苗。当他到达货仓，发现只剩下 5600 多只小鸡存活，其他都已死亡。

"我今年就从四川购进了 4 次鸡苗，最多的一次只死了 200 多只。"无奈之下，该鸡场经营者只能将仅存的 5600 多只鸡苗运回承德，并联系卖家。据卖家讲，自己经营的鲜货都是由四川某物流代理、经航空公司货运航线托运的。据鸡场经营者讲，到达首都机场时，鸡苗的箱子中间还盖着一层塑料布，"布捂得很严实。"他推测，鸡苗在短短几个小时内大范围死亡，这和塑料布有直接关系。记者联系到负责北京航线的经理，经证实，5 月 12 日当天，成都确实下过雨，为保证鸡苗的安全，才盖上一层塑料布。他表示："鸡苗属于鲜货，在代理商景翔交货之前，已和我们签订'死亡自负'的协议。"由此，一般情况下，航空公司对鸡苗的死亡不负责。

代理商则表示，鸡场经营者需提供证明材料，证实是航空公司操作失误导致，"我们正在和航空公司协商，看看能不能给蒋先生补偿点损失"。

思考题：你认为在这一事件中，哪些环节存在问题导致鸡苗损失？

7.4　鲜活易腐货物运输

7.4.1　鲜活易腐货物定义

鲜活易腐货物是指在一般运输条件下，因气候、温度、湿度、气压变化或者运输时间等原因，容易引起变质、腐烂或者死亡的物品。例如肉类、水果类、蔬菜类、鲜花等植物类、水产品类，需要低温保存的食品、药品、人体器官、试剂、疫苗、人体蛋白等生物制品，都可以归类为鲜活易腐货物。

除此之外，鲜活易腐货物还包括某些活体动物和动物制品，其中较为典型的是活的鱼、虾、蟹、赤贝、沙蚕等，都应遵守关于动物运输的规定。某些价值极高的鲜活易腐货物，如鳗鱼、蟹苗、人体蛋白等，托运人声明价值符合贵重物品价值标准的，还应遵守贵重物品运输的规定。使用干冰（固体二氧化碳）作为冷冻剂的鲜活易腐货物，还应遵守危险品运输的规定。

7.4.2 有关国家和国际组织的鲜活易腐货物运输规定

1. 有关国家的鲜活易腐货物运输规定

大多数国家对某些包括食品在内的鲜活易腐货物进行限制，甚至禁止进口，还有一些国家对鲜活易腐货物的转运严格限制，也有许多国家严格控制初级产品的出口。对于这些规定，托运人应通过当地有关国家的使领馆来获取这些国家关于鲜活易腐货物运输的详细规定。

在国际航协 TACT RULES 一书的"国家规定"一节中，可以查阅到世界各国有关限制或者禁止鲜活易腐货物运输的法律条款，这些法律条款适用于植物和植物制品、食物、动物制品、疫苗等许多鲜活易腐货物。

凡列入《濒危野生动植物种国际贸易公约》内的濒危植物及其产品或者国家保护植物，必须提供所在国家林业主管部门或者濒危动植物管理部门出具的野生动植物濒危物种进出口许可。

许多鲜活易腐货物在运输过程中必须带有始发站国家有关主管当局出具的检验检疫证明及其他相关文件。

托运人有责任遵守货物运输过程中有关国家的各种法规，但是，承运人在接收鲜活易腐货物前，应该尽可能查验其是否符合有关政府的规定。

2. 有关国际组织的鲜活易腐货物运输规定

除了有关输入到单个国家的货物的管理法规外，有些法规适用于地域上或者经济上的共同体。例如，欧共体曾有这样的规定：所有经由航空运输进入欧共体的动物产品须在入境港口接受兽医检查。这种检查由国家兽医部门或者其指定的机构在规定的边境检查站进行，内容包括文件证明检查、身份检查、生理检查。生理检查也可以在目的港进行，只要该目的港是规定的检查站之一。文件检查是为了对产品的产地及目的地和动物检疫证明等文件进行核实。

7.4.3 鲜活易腐货物的托运和接收

1. 托运

为了保证鲜活易腐货物运输的安全，托运人托运鲜活易腐货物时，应备齐运输文件，对货物进行妥善包装。

托运人应遵守国际公约、国际惯例、货物出发地和运输过程中有关国家的法律和规定，以及承运人的有关规定。凡是需要检验检疫证明的鲜活易腐货物，托运人托运货物前必须到检验检疫部门办理有关文件。另外，还要符合运输过程中有关国家的货物进出口和过境规定，具体可参阅国际航协 TACT RULES 一书中的相关规定，或者直接向有关政府部门、承运人咨询。如果因托运人违反国际公约、国家法律及承运人的有关规定托运货物，给承运人或者承运人对之负责的其他人造成损失，托运人应承担责任，并对承运人运输此种鲜活易腐货物而造成的损失给予赔偿。

托运人应赔偿由于以下原因造成的承运人的损失。

①托运的鲜活易腐货物中含有法律禁止运输或者限制运输的物品。

②货物的标识、数量、地址、包装或者货物品名不正确、不合法、不完整。进出口许可证明缺失、延滞或者错误。货物重量、体积不符。

③托运人没有及时办理进出口检验检疫、海关等政府手续。

托运人要根据货物性质、重量、形状、体积，采用适合航空运输的内、外包装材料和包装形式，对货物进行包装。由于运输过程中温度、湿度和飞行高度变化产生压差，会导致液体的渗漏和不良气体的散发，因此，鲜活易腐货物的包装必须符合货物特性和承运人的要求（表 7-3）。

表 7-3　鲜活易腐货物对温度、湿度、通风条件的要求

种　类		温度（℃）	湿度（%）	通　风　条　件
亚热带、热带水果		+9～+15	90	气温高时，要通风良好
其他水果		+3～+6		
鲜蔬菜		0～+6		
树苗		+15 左右		
冻肉、水产品		−8 以下		可不通风
种蛋	未入孵的	+13	70～80	通风良好
	已入孵即将孵出的	蛋温不超过 37.8		

托运人托运鲜活易腐货物前，应书面提出在运输中需要注意的事项及允许的最长运输时间，如果承运人认为无法满足其要求可以拒绝收运。为了减少鲜活易腐货物在地面停留的时间，应要求托运人或者收货人直接到机场办理托运或者提取手续。

2. 收运

承运人接收鲜活易腐货物应考虑如下因素。

①有关国家、地区或航线的禁运情况。

②货物从始发到交付所需时间的长短。为减少运输所需时间，应尽量选择直达航班。如果必须采取中转运输时，对于有温度要求的货物，要考虑中转站是否有存放鲜活易腐货物的设备或者设施。

③特殊储运要求。始发站、中转站、目的站是否具有冷藏库等冷藏设施。特殊操作要求。在飞行途中是否需要提供专用冷藏箱等相应设施。

④气候状况。始发站、中转站和目的站地面装卸时的气候状况会有很大差异。

承运人拒绝接收具有如下情况之一的鲜活易腐货物。

①货物已变质。

②包装不适合航空运输。

③托运人提出的运输条件超出承运人的能力。

④承运人认为无法按照托运人提供的收货人地址和名称交付货物。

3. 货运单

在货运单的"储运注意事项"（handling information）栏内，填写承运人认可的储运注意事项。填写内容必须简明、清楚，易于理解，描述货物时应使用三字代码。

PER——鲜活易腐货物（统称）

PEA——猎获物、毛皮、皮革及由 CITES 中列明的物种为原料制成的或者含有物种部分组织的所有产品。

PEF——花卉

PEM——肉类

PEP——水果和蔬菜

PES——鲜鱼或海产品

AVI——活动物

EAT——食品

HEG——种蛋

ICE——干冰

LHO——人体器官或血液

WET——未装在防渗漏包装内的湿货

货运单上不得填写超出承运人能力的储运要求或者特定的温度要求，如"任何时候都保持冷冻状态""保持 0℃以下"等。

如果货物附带有卫生合格证或者其他官方许可证，应在货运单储运注意事项栏内列明。上述文件应牢固地随附在货运单后，不能装在货物包装件内。

在货物品名栏内，应准确描述货物的品名，如冻羊肉或者冻鱼。

7.4.4 鲜活易腐货物的包装、标记和标签

1. 包装

1）包装的符合性要求

鲜活易腐货物应符合国际航协《鲜活易腐货物手册》（Perishable Cargo Manual，PCR）的规定。

①鲜活易腐货物的包装必须有助于保持货物的品质，并能将运输时间、温度和湿度等环境因素变化的影响降到最低。应根据货物的特性决定货物的包装方式。

②鲜活易腐货物的包装都必须能够为内装货物提供足够的保护，防止其中液体的渗漏及对其他货物的污染。

③鲜活易腐货物的包装方式和包装结构都必须能够经受住运输过程中可能发生的正常碰撞。

④设计包装时应当考虑到运输过程中可能出现的温度、高度、角度和方向上发生的变化及始发站、目的站、中转站的地面气候的变化。

⑤通常用于鲜活易腐货物的包装材料有聚苯乙烯泡沫箱、聚乙烯袋、打蜡的纸板箱、纤维板箱、木桶/木箱/板条箱、塑料箱、聚乙烯布、聚苯乙烯泡沫绝缘材料、吸湿纸等。

2）包装的一般要求

（1）重量限制

为便于搬运操作，鲜活易腐货物的单件重量以不超过 30 千克为宜。

（2）品质限制

①鲜活易腐货物的包装必须有助于保持货物的品质并能将运输时间、温度和湿度等环境因素变化的影响降到最低。

②鲜活易腐货物的包装都必须能够为内装货物提供足够的保护，防止其中液体的渗漏及对其他货物的污染。

③鲜活易腐货物的包装方式和包装结构都必须能够经受住运输过程中可能发生的正常震动和碰撞。

④属于活体动物的鲜活易腐货物的包装必须符合 IATA 在 LAR 中规定的包装要求。

（3）包装材料

根据货物性质通常用于鲜活易腐货物的包装材料有如下几种。

①聚苯乙烯泡沫箱。

②聚乙烯包装袋。

③经过蜡浸或蜡封处理的纸板箱。

④纤维板箱。

⑤木桶、木箱、板条箱。

⑥塑料箱。

⑦聚乙烯布。

⑧聚苯乙烯泡沫绝缘材料。

⑨吸水纸或吸水海绵。

2. 标记

（1）标记的形式

①标记是托运人书写在货物外包装上的收货人和托运人的姓名、地址、联系电话等信息。

②包装的方向箭头。

③如果货物内使用了干冰作为制冷剂，应写明干冰的净重量。

④运输全过程中要求冷链运输，应注明"全程冷藏"（keep in cold place）字样。

（2）标记的要求

鲜活易腐货物标记书写要求字迹清楚，格式规范，项目齐全。国际运输的此类货物标记时必须使用英文或中英文对照书写。不得使用自创文字或者字符。电话号码部分必须书写清晰、容易辨认。

3. 标签

①鲜活易腐货物的包装上必须粘贴或者拴挂鲜活易腐货物标签。如果有必要，鲜活

易腐货物的包装上面还应粘贴或者拴挂向上标签。对于湿货，必须粘贴向上标签。

②经承运人同意，托运人关于鲜活易腐货物在运输过程中的温度要求，应当注明在货运单上，并在货物包装上粘贴温度限制标签（图 7-12）。

③如果采用干冰作为鲜活易腐货物的制冷剂，货物的包装上应粘贴相应的危险品标签（图 7-13、图 7-14）。

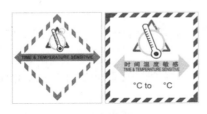  

图 7-12　温度限制标签　　　图 7-13　第九类危险品标签　　　图 7-14　干冰托运行李标签

7.4.5　鲜活易腐货物的运输

1．航线安排

（1）预订舱位

托运人托运鲜活易腐货物时，应提前向始发站舱位控制部门预订航班、舱位。订舱人订舱时必须提供以下信息。

①订舱人单位、地址、联系电话。

②货物始发站、目的站。

③货物的件数、重量。

④货物的品名、包装、包装尺寸和体积。

⑤储运要求。

⑥申请运输的航班、日期。

（2）航线选择

选择货物运输路线时，要考虑以下因素。

①鲜活易腐货物应尽量选择直达航班运输。

②必须中转的鲜活易腐货物，应优先选择承运人全程承运或者运输航线较长、结算收益较大的航线。

③中转运输时，还必须考虑中转衔接时间、中转站的仓库条件、航班密度、续程航班的机型运力等。

④中转站所在国家或地区的气候、灾情、疫情等可能对鲜活易腐货物运输带来的不良影响。

⑤中转的鲜活易腐货物是否符合中转站所在国家或地区的法律和规定。

⑥集装器中转的鲜活易腐货物，在选择运输路线时，应注意续程航班的机型对集装器类型、重量及装载的限制。

2．货物配载

（1）一般规定

①除抢险救灾、急救药品、紧急航材、活体动物、外交信袋和政府指定急运的货物外，鲜活易腐货物优先于其他货物运输。

②已订舱的鲜活易腐货物按照预订航班运输，没有订舱的鲜活易腐货物，可以根据航班情况临时加货或者安排最早的航班运输。

③大多数承运人的客机航班不载运带有不良气味的鲜活易腐货物。例如，波音 747-CMBI 的主货舱禁止装载有不良气味的鲜活易腐货物。客舱与货舱前后相邻的飞机也禁止装载带有气味的鲜活易腐货物，只允许装载少量的无气味的鲜活易腐货物。

④装载含有干冰的鲜活易腐货物时，干冰的使用量不能超过承运人规定的重量限制。因货物性质的限制，在收运、存储、装机过程中必须注意不同类别的鲜活易腐货物之间的隔离要求：干冰不能与种蛋或者活体动物相邻放置；食品不能与灵柩或者活动物相邻放置；种蛋不能与干冰或者液体制冷剂相邻放置。

⑤严禁将食品与有毒物质、有害物质或者传染性物质装在同一集装箱、集装板或者同一散货舱内。装在不同集装板上的食品和有毒物质或者传染性物质不能装在同一货舱内。装在不同集装箱内的食品和有毒物质或传染性物质装机时不能相邻摆放，中间至少应有一个集装箱间隔。

⑥由于水果和蔬菜在运输过程中会产生大量的乙烯气体，并且有些水果在运输前使用了催熟剂，乙烯气体或者催熟剂会导致鲜花早熟或者腐烂。因此，鲜花不能与水果或者蔬菜装在同一集装箱、集装板或者同一散货舱内。

3．货物装卸

（1）一般规定

①地面存储期间、组装集器或者在飞机散货舱内装载鲜活易腐货物时，应严格遵守各类鲜活易腐货物之间的隔离规定。

②鲜活易腐货物不得放在烈日下曝晒，或者放在露天风吹雨淋。

③各生产环节在操作过程中应随时注意检查，一旦发现货物有液体渗漏现象，应立即停止操作，采取补救措施或者尽快通知机组或航空公司驻当地办事处，采取进一步的处置措施。

④鲜活易腐货物的装机时间应尽可能接近飞机的起飞时间。

⑤如果运输的日期在目的站国家的法定节假日期间，应提醒托运人通知收货人到目的站机场等候提取货物，避免因延误交付造成货物损失。

⑥装有鲜活易腐货物的航班离港后 30 分钟内，装机站应拍发电报通知卸机站。

⑦因航班取消、衔接脱班、航班长时间延误而可能对货物产生不良影响时，应立即通知托运人或者收货人，征求处理意见，并尽可能按其意见处理。

（2）含水的鲜活易腐货物

含水的鲜活易腐货物主要是指装在塑料袋中的活鱼、虾、鱼苗、泥鳅、鳗鱼等，塑料袋中充有氧气和水。

①含水的鲜活易腐货物不能直接与飞机货舱地板或者集装器地板接触。装货时应先在集装器或者飞机散货舱的地板上铺设足够面积的塑料布，大小以能够将货物包裹住为宜。塑料布与货物之间应加垫足够的吸水材料，防止在货物发生破损时液体渗漏，污损飞机和设备。

②严格按照货物包装上的操作标签进行作业，保持货物向上，严禁倒置。

③使用泡沫塑料箱和纸箱作为外包装的，组装集装器或者装在飞机散货舱内时，不能与其他货物混装。单独装载时，货物的码放层数一般不超过四层，以防底层的货物被压坏，造成损失。

④货物装完后，将塑料布的四周向上折起，使之包住货物，并使用封口胶带或者绳索将口扎住，以防货物发生破损时液体溢出或者渗漏。

（3）无水类水产品

无水类水产品货物主要包括：螃蟹、虾类、章鱼、八爪鱼等无水类产品。

①这类货物只需在货物底部铺设适量的塑料布或者吸水材料即可。

②当鲜活易腐货物中混有活体动物时，如活龙虾、螃蟹、甲鱼等，不能装入密封的硬门集装箱中运输。

③货物之间应保持适当空隙，以保证通风。

④无论是装在集装器上或是飞机散货舱内，此类货物不能与其他货物混合码放，不能使用塑料布苫盖。

⑤地面存放时应注意放在阴凉的地方，严禁放在露天或者阳光下曝晒。

（4）植物和鲜花

①可以直接装在集装箱中运输。

②装在集装板上的植物或者鲜花尽量不要使用塑料布苫盖。

③装在集装器上或者飞机散货舱内的植物或者鲜花，码放的层数不宜过多，避免底层的货物被压坏，需与普货混装时，此类货物应放在其他货物上面。

④装在集装器上或者散货舱内的植物或者鲜花，货物之间应留有适当的空间以保证良好的通风，防止货物在运输过程中发热导致腐烂。

⑤装有植物或者鲜花的集装器组装完毕后应放到温度和湿度都比较适宜的环境中，禁止在阳光下曝晒，冬季应注意保温，避免因气温过低冻坏货物。

（5）水果和蔬菜

①应特别注意水果和蔬菜与其他货物的隔离要求。

②组装在集装板上的此类货物可以使用塑料布苫盖，其他装载要求同上述"植物和鲜花"的要求。

（6）肉类和肉类制品

①所有的肉类和肉类制品（包括鲜肉和冻肉）在运输过程中必须处于干净卫生的环境中，装载肉类和肉类制品的集装器、飞机货舱、地面设备及仓库均应保持清洁。

②如果条件允许，肉和肉制品在地面存储和运输过程中应放在冷藏或冷冻设备内。特别是在地面停留期间，必须注意此类货物的存放要求，有冷库的航站，应将货物储存在冷库中；没有冷库的航站，应将货物放到阴凉干燥的地方，严禁在阳光下曝晒或将货

物放在温度较高的环境中。

③使用集装箱装载肉类和肉类制品时，应先在集装箱底部放置足够尺寸的塑料布，货物装完后，用塑料布将其完全包裹住，再用胶带将塑料布粘住封好。最好不要将肉或肉制品与其他货物混装在一个集装箱内。

④使用集装板装载肉类和肉类制品时，应先在集装板底部按一般货物装载规定铺设塑料布，根据货物数量按照上述"含水的鲜活易腐货物"的规定和要求单独使用塑料布围裹。装载肉类和肉类制品的集装板上尽量不要装载其他货物，确实需要装载其他货物时，应注意隔离限制，同时应将肉类和肉类制品集中装在集装板的一个区域，上面不能装载其他货物。

⑤散货舱装载肉类和肉类制品时，应先在货舱内铺设塑料布，塑料布的尺寸以能够完全包住货物为宜，塑料布与货物之间应加垫吸水材料。货物装完后，按照上述第 2 条的要求将塑料布的接口封住。装有肉类和肉类制品的散货舱需要装载其他货物时，应注意隔离限制，将肉类和肉类制品放在下面，其他货物可以装在周围或者上面。

（7）保鲜、冷藏和冷冻的鱼及其他海产品

①地面存储时应注意货物的温度要求，一般情况下，冰鲜鱼类应维持在 5℃以下，冻海鲜应保持在–12℃以下。

②由于此类货物中的海水、盐水一旦泄漏会对飞机和设备造成腐蚀和损害，因此，无论组装集装器还是装在飞机散货舱内运输，此类货物上面不能装其他货物，需与其他货物混装时，此类货物应装在最上层。

（8）奶制品和种蛋

运输过程中各环节必须严格按照货物操作标签的指示进行操作。种蛋不能紧邻干冰和低温液体存放，还应远离放射性物质。装载种蛋的飞机货舱温度应保持在 10℃～15℃的范围内。

（9）疫苗和医药用品

疫苗和医药用品通常包装在专用包装内，如冰瓶、冷藏箱等。地面运输和装机过程中必须注意轻拿轻放，并采取相应的固定措施，防止货物损坏。

此类货物当中的一部分可能属于危险品，应按照危险品运输规定处理。用干冰做制冷剂的，必须遵守关于干冰运输的有关规定。

（10）人体器官和血液

人体器官和血液是运输时限较强的货物，始发站装机后应尽快通知卸机站，卸机站应安排专人监督卸机，以保证货物尽快交付给收货人。

如果货物内装有干冰，必须遵守干冰运输的有关规定。如果人体器官或者血液是作为医学诊断用的标本，必须遵守危险品运输的相关规定。

人体器官或者血液在地面或者空中运输时应远离灵柩和传染性物质。

当人体器官或者血液与放射性物质（限 II 级）货物在同一架飞机上时，必须遵守隔离距离。

（11）冷冻胚胎

冷冻胚胎一般使用低温液氮包装，因此，在存储及运输过程中必须严格按照 IATA

的 DGR 规定操作。

此类货物性质特殊，要求装卸搬运过程中应特别注意轻拿轻放。装卸过程中应始终注意保持货物向上，不能倾斜或者倒放。

4. 运输文件

（1）需要随附在货运单后运往目的站的文件

始发站国家检验检疫部门出具的检验检疫证明。

始发站政府规定的濒危植物及其产品和国家保护植物必须提供所在国家林业主管部门或者国家濒危动植物管理部门出具的允许进出口的证明。

（2）特种货物机长通知单

鲜活易腐货物装机后，装机站应填写特种货物机长通知单，与机长进行交接。

如果鲜活易腐货物有特殊的装载和存储要求，托运人应以书面形式通知承运人并在货运单的"储运注意事项"（handling information）栏中注明。装机站应根据货运单上的注明将特殊要求填写在特种货物机长通知单上，与机长交接。

如果飞机在飞行途中更换机组，特种货物机长通知单应由上程机组交接给下程机组。

（3）货邮舱单

编制货邮舱单时，在货物品名栏中填写具体的货物品名，在备注栏内填写对应的三字代码。

如果所装货物当中含有活体动物，应首先注明"AVI"。如果货物没有具体的英文三字代码，应填写"PER"。

（4）特种货物装载电报

装机站应在航班离港后 30 分钟内向卸机站和经停站拍发特种货物装载电报。

5. 货物到达和交付

（1）货物到达

鲜活易腐货物的核对与普通货物处理程序相同。鲜活易腐货物进港后应存放在专用库房内或者专用货位上。不得放在烈日下曝晒或置于露天风吹雨淋。为了避免不同种的鲜活易腐货物之间及鲜活易腐货物与其他货物之间相互污染，存储时还必须遵守隔离原则。

（2）到货通知

鲜活易腐货物到达后至迟应在两小时内电话通知收货人，并记录有关信息。

电话通知不到收货人时，应详细作好有关记录，然后采取传真或者书面形式通知收货人。书面通知时，应记录信函编号等信息。

（3）货物交付

交付货物前应按规定检查收货人的提货证明，计算并收取相关费用。

收货人提取货物前应支付所有应付费用并自行办理动植物检验检疫和海关等手续。交付货物时，如果收货人对货物状态提出异议，应会同收货人对货物进行详细检查，按规定出具货物运输事故记录或者在货运单上注明货物状况。必要时，可以请商品检验检疫部门对货物进行鉴定。

（4）货物不正常运输处理

卸机时发现鲜活易腐货物包装破损或者有液体渗漏现象，应当立即查明是否有液体流入飞机货舱地板上面或者地板下面。如果有渗漏，应通知机务人员做好相关记录，详细说明渗漏液体的危害性，如果有必要应通知卫生检疫部门进行处理。

需要中转运输的鲜活易腐货物发生破损，应填制货物不正常运输记录，并在货物中转舱单上详细注明，同时拍发电报通知有关航站。货物不正常运输记录的其中一份应随附在货运单后面，修复包装或者重新包装货物后，继续运输。对于由此产生的费用，应填制货物运费更改通知单，向有关航站收取。

货物在运输过程中发生腐烂变质或者收货人未能及时提取，致使货物腐烂变质，应当如实填写货物运输事故记录，视具体情况将货物毁弃或者移交检验检疫部门处理。处理结果至迟应在 24 小时内通知托运人或者收货人。除承运人原因造成的货物损失以外，处理腐烂变质货物所发生的费用由托运人或者收货人承担。

7.5　其他特种货物运输

7.5.1　灵柩和骨灰运输

灵柩与贵重货物、易损货物及急件等货物不同，它运输质量的好坏和工作人员的服务态度更容易影响到托运人和收货人的情绪。因此，在处理这类货物时，要极其注意与死者家属的接触方式，即谈话要礼貌、得体。

1. 骨灰运输

①骨灰应装在封口的塑料袋或其他密封容器内，外加木盒，最外层用布包装。

②骨灰可在客货班机上运送，并装在货舱内。

③如旅客要求随身携带，可作为随身携带物品处理，由旅客自行照管，免收运费。每一旅客只可随身携带一个骨灰盒，超出者作为托运货物处理。

④作为货物托运的骨灰，按等级货物运价计费方法收费。

2. 灵柩运输

（1）一般规定

①国内运输灵柩必须有国家民委或中国伊斯兰协会出具的同意运输的有关证明文件。无此文件的灵柩概不承运。

②托运人还须提供县级以上医院出具的死亡证明、殡仪馆出具的入殓证明、防腐证明和卫生防疫部门出具的准运证明。非正常死亡的灵柩，除应有上述证明文件外，还须有县级以上公安部门出具的准运证明或法医证明。

③灵柩内必须是非传染性疾病死亡的尸体。

④尸体经过防腐处理，并在防腐期内办理。

⑤尸体以木质棺材为内包装，外加铁皮箱，最外层加木制棺材，棺材上应有便于装卸的环扣。棺内铺设木屑或木炭等吸附材料。棺材应当钉牢、焊封、无漏缝、确保气味及液体不致外漏。

⑥除死者遗物外，灵枢不能与其他货物使用同一份货运单托运。

⑦托运人必须预先向承运人定妥航班、日期、吨位。

⑧每一灵枢的最低计费重量为250千克。

（2）储运注意事项

①托运人应在航班离港前，按约定的时间将灵枢送到机场办理托运手续，并负责通知收货人到目的站机场等候提取。

②灵枢必须在旅客登机前装机，在旅客下机后卸机。

③灵枢不能与动物、鲜活易腐物品、食品装在同一集装器内。

④散装时，灵枢不能与动物装在同一货舱内；分别装有灵枢和动物的集装器，装机时中间至少应有一个集装器间隔。

⑤灵枢的上面不能装木箱、铁箱及单件重量较大的货物。如需要在灵枢上面装货时，灵枢的表面与货物之间应使用塑料布或其他软材料间隔，以防损坏灵枢。

⑥航班到港后，承运人应电报通知目的站及其他有关航站。

⑦必要时，运送过灵枢的飞机或设备，应请机务和医务人员消毒。

⑧装机前或卸机后，灵枢应停放在僻静地点。如条件允许，应加盖苫布，并与其他货物分开存放。

⑨以包机方式承运的，应按照有关规定办理包机运输手续，并填制货运单作为运输凭证。

⑩包机应选择最短航程的路线飞行，并尽量减少中途停站。

7.5.2　急件运输

急件运输是指托运人要求以最早航班或限定时间运达目的地，并经承运人同意受理的一种运输形式。

1. 急件货物

急件货物是指外交信袋、电视片、录像带、稿件、样品、展品、急救药品、鲜活易腐品及其他要求急运的物品，承运的急件货物最迟应在3日内运到目的站。托运人要求按急件运输时，应按接收货物先后顺序组织运输，并应最迟在7天内运到目的站，不得积压。

2. 急件的航班安排

办理急件运输应以直达航班为主，严格控制联程运输。直达航班的承运数量，视运力情况而定。联程的急件运输，始发站应充分考虑中转站的航班班次、机型。始发站对中转站的每个航班，大型机以 50 千克为限，小型机以 20 千克为限，超过限量需预先订吨位，经中转站同意方可承运。

3. 急件的运输时限

承运急件运输及其他有时限要求的货物，首先要考虑货物的运输期限是否在民航班期之内，运力能否保证按期运达。货运单除准确写明收货人名称、地址外，应尽可能填明电话，以便到达站及时通知提货。"货运单储运事项"栏内应加盖"急件"印章，并应在货物上加贴急件标签。

4. 办理急件货物运输的手续

所有急件货物除发、运双方事先申明或商定外，一般都应在航班起飞当日按双方约定时间在机场办理托运手续。

5. 急件的运价

急件运输的运费按普通货物基础运价的 150% 计收。由于承运人原因造成运输延误时，承运人应按双方协议交付违约金。因天气或不可抗拒的原因造成货物逾期运到，可免除承运人的责任。

6. 急件的安检

急件货物应严格开箱检查或按规定进行安全检测，否则收运后须停放 24 小时才能装机。

7.5.3　押运货物运输

货物押运是指由于货物性质，需要在运输过程中加以照料或护送并由托运人派人押运的货物运输。

根据货物性质，在运输过程中需要专人照料、监护的货物，托运人必须派人押运，否则承运人不予承运。押运货物需预先订妥舱位。

1. 常见押运货物

托运人托运下列货物时，必须派专人押运。

①需要沿途饲喂、供水、浇水、输氧、保温等的鲜活动植物，如家畜、鱼苗、初生家禽、花卉及树苗等（不需要旅途中照料者除外）。

②机密性强和价值很高的货物，如重要文件、档案材料、尖端保密产品和珍贵文物等。

③需要采取特殊防护措施和注意看管，以确保运输安全的货物，如凶猛动物、成批货币和证券及包机运输的危险品等。

④必须有专人照料和护送的其他货物。

2. 押运货物储运注意事项

①托运人托运押运货物之前，应向承运人订妥全程航班、日期、吨位。

②押运员应预先按照规定购买客票，航班起飞当天，按双方约定的时间在机场办理乘机手续，并在押运员的机票上加盖"押运人员"印章，同时注明押运货物的运单号码及件数重量。

③检查托运人出具的证明和押运员的身份证和工作证。

④在货运单"储运注意事项"栏内注明"押运"字样，并写明押运的日期和航班号。

⑤在货物包装上加贴"押运货物"标贴，以便识别和防止装卸错误。

⑥向押运员详细阐明其职责，交给押运员一份"押运员职责"，并应向押运员介绍安全注意事项、乘机规定及其应负的责任，尽可能提供工作上的便利条件。

3. 押运员职责

为了保证飞行和货物的安全，对需要押运的货物，发货人应指派能完成押运任务的人员负责押运。押运员的职责如下。

①负责货物在地面停留期间的照料和地面运输时的护送工作。

②指导押运货物的装卸工作。

③在飞行途中或在经停站时，及时观察和照料货物并采取防止损坏和避免发生事故的措施。

④遇飞行不正常，货物发生损坏或其他事故时，决定货物的处理办法。

⑤有人押运的货物，如发生遗失或损坏，则由押运员负责。

⑥押运员在到达站提取货物时，应在货运单上签字。

⑦承运人应在押运人在场的情况下将押运货物出库、装机。押运人在飞机舱门关闭后方能离开。

⑧客机上载运押运货物时，应注意后装先卸，并装在货舱内容易查看的部位，以便押运员在停站时做必要的照料。

⑨出发站应留足吨位载运有人押运的货物，中途站不得拉卸。

⑩如押运货物由押运人在客舱内自行看管，应请押运人在办理托运手续后即在货运单上签收，并在舱单上注明。国内货物运输不得办理"随机""自理""自提"或贴货标签又挂行李牌，而必须统一以押运货物的规定办理。

4. 押运货物运输责任规定

有人押运的货物如发生遗失或损坏时，除因承运人或其代理人的过失而造成遗失或损坏外，均由押运员负责。

5. 押运员乘机规定

①乘坐班机的押运员，凭身份证及押运货物的证明购票乘机。

②包机的押运员，凭包机单位介绍信和包机运输协议书，由承运人开具免费客票，凭票乘机。

③押运员应遵守民航旅客运输的有关规定。

7.5.4　邮件运输

第一封航空邮件

世界上运送第一封航空信是源自美国的一次飞行大赛。

1910 年 6 月 13 日，美国《纽约时报》和费城《大众记事报》合办了一次飞行大赛，飞行总里程约为 281 千米。在众多的参赛者中，有一名叫汉弥登的年轻飞行员，驾驶着一架螺旋桨推进式双翼机，准备从纽约港内的总督岛起飞。汉弥登身穿皮夹克，腰间缠着几条充了气的自行车内胎，以防万一迫降在海里。重要的是，他带着一封纽约市市长寄送给宾州州长的表示敬意的信，这就是历史上第一封航空信。汉弥登也因此被记入了邮政事业发展的史册。

1. 邮件运输的一般规定

邮件是指邮局交给民航运输的邮政物件，其中包括信函、印刷品、包裹、报纸和杂志等。邮件运输是航空货物运输的重要组成部分，故应按照航班计划安全、迅速、准确地组织运输。

（1）承运范围

航空邮包内不得夹带危险品及国家限制运输的物品，邮政部门承担邮件的安全检查责任。

（2）班期时刻、运送路线

航站应将民航的班期时刻、运价等资料按时提供给当地邮局。如班期时刻临时变更或有加班飞机时，也应随时通知邮局。

机场值班人员应将载运邮件的飞机的起飞和到达时间及时通知邮局，以便邮局按时交接邮件。

邮件的运送路线要做到运程合理、速度最快。

承运人对接收的航空邮政信函应当优先组织运输。

（3）预留吨位

机场货运配载部门根据邮局的要求，参照邮件的一般运量，在每次班机上预留一定吨位，用以载运邮件。在预留吨位数量以内的邮件，应保证运输。超出预留吨位的邮件，应优先于普通货物运输。如发生运力调整或运力不足时，应征得邮政部门同意后可安排异地中转。

如因气候等特殊原因造成飞机载量减少而需拉卸邮件时，承运人应及时通知邮政部门，并向目的站拍发电报。未运出的邮件下次应优先运送。

如邮件交运量经常与预留相差较大时，应与邮局协商调整吨位。如临时有大量邮件交运时，邮局应尽可能与承运人联系，协商解决。

（4）封包要求

航空邮件应当按种类用完好的航空邮袋分袋封装，加挂"航空"标牌。航空邮件应进行安全检查。

对运往同一航站地点的同类小型邮件袋，应汇封总袋交运。

航空邮件袋牌的地点书写清楚准确，不得使用同音字或字迹潦草。对寄往非通航地点的邮件袋，应在袋牌上加注到达地省名。

为了计费方便，除信函与印刷品、报纸与杂志可混合封装外，其他邮件均不得混装交运。

联程邮件应由出发站的邮局直接封包寄往到达站。

（5）交接地点

为了减少装卸和交接环节，应请邮局自备交通工具到机场交接邮件。

2. 邮件的承运

邮件的承运程序一般包括如下几项。

①邮局应按约定时间将邮件送到机场交运。

②对于国际邮件，应请邮局办妥海关手续，并经海关在国际航空邮件总包路单上签章放行后方可承运。

③承运人交运邮件应按航线和到达地点分堆点交。

④承运人应按航空邮件路单上所登记的项目进行核对和检查邮件。

- 逐袋核对邮件号码、重量和到达地点是否与路单相符。
- 核对路单上的编号、邮袋的件数和到达地名是否与邮件相符。
- 检查每个邮袋的外部情况：袋身损坏处有无人工缝补；袋口扎绳是否松动和绳子有无折断接头；铅制字迹是否清楚和有无撬动铅封痕迹；内物有无破碎或渗漏现象等。

⑤一切检验无误后，方可在邮件出港分发交接单上签字。对于不符合承运条件的邮袋，应剔除并请邮局取回。邮件出港分发交接单是民航承运邮件与邮局交接的凭证。此单一式四份：邮局留存一份；民航驻邮局代办人员一份；值机配载室一份；出港办公室一份，以便各部门同时掌握当日邮件邮港的指定航班、飞机、件数、重量和飞机的起飞时间等，保证邮件优先按时运出。

3. 航空邮运结算单

（1）航空邮运结算单

航空邮运结算单（简称邮件运单）是承运人进行邮件运输的票证，是承运人及其代理人接收和承运邮件、承运人与承运人或承运人与代理人之间的结算票证，也是承运人运输邮件的凭证，其作用同货运单证。

每月填制销售月报和运费结算汇总清单一式三份，分别交货运部财务部门、邮局、民航结算中心（表7-4）。

表 7-4　航空邮运结算单

始发站		目的站		航空邮运结算单	
邮件托运局名称、地址				中国国内航空	
电话：		联系人：			
邮件接收局名称、地址				始发站航方接收邮件单位及制单人员	
				（签章）	
电话：		联系人：		制单日期：　　　制单地点：	
承运人		航班日期		到达站	应付运费
第一承运人：					
第二承运人：					
第三承运人：					

（2）邮件运单的组成

邮件运单一式七联，其用途如下。

①第一联，财务联，淡绿色。该联同邮件运费结算汇总清单送接收邮件的承运人财务部门，并由其转送邮运运费清算单位作为记账凭证。

②第二联，结算联，淡蓝色。该联同邮件运费结算汇总清单送接收邮件的承运人财务部门，并由其转送邮运运费清算单位作为向邮方结算邮件运费之用。

③第三联，目的站联，淡粉色。该联随邮件运往目的站，目的站凭此联与当地邮局（代理人）办理交接手续。

④第四联，第一承运人联，淡橙色。该联作为承运人向邮运运费清算单位结算运输收入的凭证。

⑤第五联，中转联，淡粉色。该联作为中转机场的商务部门核对备查之用，直达运输时此联不用。

⑥第六联，第三承运人联，淡黄色。该联作为承运人向邮运运费清算单位结算运输收入的凭证。

⑦第七联，存根联，白色。该联作为接收邮件的承运人存查备用。

（3）邮件运单的填制内容

邮件运单具体填制内容如下。

①始发站栏：填写始发站机场所在城市名称。有两个或两个以上机场的城市应在城市名称后注明机场名称，如上海虹桥、上海浦东。

②目的站栏：填写目的站机场所在城市名称。有两个或两个以上机场的城市应在城市名称后注明机场名称，如上海虹桥、上海浦东。

③邮件托运局名称、地址栏：填写送交邮件的邮局名称、地址、电话和经办人姓名。

④邮件接收局名称、地址栏：填写接收邮件的邮局名称、地址、电话和经办人姓名。

⑤第一承运人栏：填写自始发站承运航空邮件的承运人的名称、航班号和经办人的姓名。

⑥到达站栏：填写第一承运人承运邮件运达的中转站或第二、第三承运人将邮件最

终运往的目的站（填写时，应靠上书写，留出适当空间，以备中转或变更时用）。

⑦应分运费栏：填写按规定的分配办法计算出的，该承运人应分得的邮件运费额。

⑧储运注意事项及其他栏：填写根据托运人提出的在运输中需注意的事项等。

⑨邮件种类栏：填写邮件的具体种类（特快、普件等）。

⑩件数栏：填写邮件的件数、尺寸或体积。

⑪实际重量栏：填写经计重后得出的邮件的实际重量，以千克为单位。

⑫计费重量栏：填写邮件的计费重量，如轻泡邮件，填写按体积折算出的计费重量（轻泡邮件计费重量的折算方法同货物）。

⑬航空运费栏：填写承运人按规定的运价和邮件的计费重量计算出的航空运费。

⑭总额栏：填写承运人应收取的费用总额。

⑮制单日期、制单地址、航方接收邮件制单单位及人员（签章）栏：填写填制邮单的具体日期、地址（机场）、接收邮件的承运人具体单位名称及经办人等，同时加盖销售单位专用公章。

⑯到达站交接情况栏：邮件运达目的地的站后，承运人向目的站邮局交付邮件时双方共同填写后签字盖章，用于备查。

4. 邮件运营

航空邮件按运输时限的不同计收相应的运费。

①普通邮件按国内普通货物运价计收，特快专递邮件按普货基础运价的150%计收。计费费率见邮件运费结算清单。

②寄往同一到达站的邮件，虽经不同航线运送，其运费均按出发站到到达站两地之间规定的费率结算。

5. 运费结算

①各类邮件的运费由各地航站与当地邮局直接结算。

②航站应于每月终根据分路单结算邮件重量和运费，经与当地邮局核实后编制本月邮件运费清单，于次月处理日以前送交邮局一份。

③邮局应在每月9日前将上月的邮件运费付清。航站收到运费后，填制货运单，并将第三联货运单交给邮局作为收清运费的凭证。

6. 航班不正常时对邮件的处理

承运人运输邮件，仅对邮政企业承担责任。

①出发站遇班机延误、取消或改变航路等情况，应及时通知邮局，便于邮局另行安排发运。

②中途站遇班机延误，中断飞行等情况需改用地面运输时，应通知当地邮局自行办理续运。

③如飞机将邮件过带至他站时，他站应利用其他飞机将邮件带至到达站。

7.6　特货机长通知单

7.6.1　特货机长通知单

1. 定义

特货机长通知单是指地面操作人员将即将装上航空器的特种货物的相关信息传递给机组时使用的书面单据。常见的特货机长通知单的样式如图 7-15 所示。

ABC AIRLINE　　SPECIAL LOAD — NOTIFICATION TO CAPTAIN　　IATA

Station of Loading	Flight Number	Date	Aircraft Registration	Prepared by
JFK	AB-1309	3 JAN 04	N-18805	B. Watkins　B. Watkins

DANGEROUS GOODS

Station of Unloading	Air Waybill Number	Proper Shipping Name	Class or Division For Class 1 compat. grp.	UN or ID Number	Sub Risk	Number of Packages	Net quantity or Transp. Ind. per package	Radio-active Mat. Categ.	Packing Group	Code (see reverse)	CAO (X)	Loaded ULD ID	Loaded POSITION
CDG	12345675	METHYL ACETATE	3	UN1231	—	10	14 L	—	II	RFL	X	AA2101	A
CDG	12345675	SELENIUM OXYCHLORIDE	8	UN2879	6.1	4	0.5 L	—	I	RCM		AF5040	23
CDG	12345675	RADIOACTIVE MATERIAL TYPE A PACKAGE	7	UN2915	—	1	3.5	III	—	RRY			53
CDG	2345678	CONSUMER COMMODITIES	9	ID8000	—	50	100 kg 0.6 kg – 2.5 kg	—	—	RMD		0123AN	11R

*There is no evidence that any damaged or leaking packages containing dangerous goods have been loaded on the aircraft.

OTHER SPECIAL LOAD

Stat. of Unload	Air Waybill Number	Contents and Description	Number of Packages	Quantity	Supplementary Information	Code (see reverse)	Loaded ULD ID	Loaded POSITION

Loading Supervisor's Signature	Captain's Signature	Other Information
J. Smith	R. Martin	

图 7-15　特货机长通知单

2. 机长通单的样式

各航空公司、机场使用的特货机长通知单的样式可能会有所区别，主要集中在公司 Logo、格式及内容布局等方面，但内容均基本一致。

通常情况下，特货机长通知单为一式五联：第一联始发站填写人留存；第二联监装员留存；第三联机长留存；第四联目的站留存；第五联额外副本。

7.6.2　特货机长通知单的填写

1. 一般填制要求

特货机长通知单一般由货站库房工作人员出库时填写，所有内容均要清晰、准确。特货机长通知单分为三部分：基础信息部分、危险品信息部分、其他特种货物信息部分。基础信息部分主要填写承运该特种货物航班的相关信息，如运输的特种货物为危险品，应继续填写危险品信息部分，如运输的是除危险品以外的特种货物，应填写其他特种货物信息部分。

特货机长通知单使用时始发站库房填写人留存一份，监装员装机时要与机长确认特种货物装机情况，并请机长在特货机长通知单上签字，监装员留存一份，剩余联交给机长。

2. 填写栏目的填写要求

基础信息部分如下。

①装机站：填写始发站三字代码。

②航班号：填写承运特种货物的航班号。

③离港日期：填写承运特种货物的日期。

④飞机注册号：填写执行承运特种货物航班任务的航空器注册号。

⑤填写人：填写人在此栏签字。

⑥监装人：承运该特种货物航班的监装员在此栏签字。

危险品信息部分如下。

⑦卸机站：填写该危险品运输的目的站三字代码。

⑧货运单号码：填写该票危险品的货运单号码。

⑨运输专用名称：填写按照《危险品运输规则》的相关要求正确识别出危险品的运输专用名称，需用英文填写。

⑩类别项别：填写识别出危险品主要危险性的种类及项别，如是1类爆炸品，还需要将爆炸品配装组的信息写出。

⑪UN或ID编号：填写正确识别出危险品适用的UN或ID代号，填写时必须冠以"UN"或"ID"字样。

⑫次要危险性：填写识别出危险品次要危险性的种类及项别。

⑬包装件数填写该票危险品的总件数。

⑭净重或运输指数：填写危险品的净重，如运输7类放射性物质，则该栏填写放射性物质的运输指数。

⑮放射性物品等级及标签颜色：如运输7类放射性物质，应将放射性物质标签的等级和颜色写在这一栏，如Ⅰ级白、Ⅱ级黄、Ⅲ级黄或裂变物质。

⑯包装等级：填写该危险品的包装等级。

⑰代号：填写该危险品的Cargo-IMP代号。

⑱仅限货机：如该危险品仅限货机运输，在该栏打"√"。

⑲装载位置：填写具体的装机位置，如发生变更也应注明。

⑳应急处置措施代码：填写《危险品运输规则》品名表中对应的应急处置代码。

㉑卸机站：填写该特种货物运输的目的站三字代码。

㉒货运单号码：填写该票特种货物的货运单号码。

㉓货物品名及包装种类：填写特种货物的正确品名及货物包装的材质、类型等信息。

㉔包装件数：填写该票特种货物的总件数。

㉕重量：填写该票特种货物的总毛重。

㉖附加说明：如货物有温度、湿度等特殊的需要可以填写在此栏。

㉗代号：填写该特种货物的 Cargo-IMP 代号。

㉘装载位置：填写具体的装机位置，如发生变更也应注明。

签字栏如下。

㉙装机人：实施特种货物装机的班组长签字。

㉚监装人：承运该特种货物的航班的监装员在此栏签字。

㉛机长签字：监装员将特种货物的装机情况告知机长后，机长在此栏签字确认。

㉜接班机长签字：如该运输为两个航段，由不同机组执行飞行任务，则接班机长应了解该航班上特种货物的装机情况，并在该栏中签字确认。

从一场空难看汽车空运

事件过程

美国国家航空 102 号班机是趟货运班机，主要往返于阿富汗和阿联酋的迪拜。

2013 年 4 月 29 日，一架执行 102 航班的波音 747-400BCF 型货机，从阿富汗的巴格拉姆空军基地起飞后几秒钟，机鼻突然大幅上扬，最终失速坠毁，机上七名机组人员全部遇难。当机鼻大幅上扬时，飞机正爬升至 1200 英尺（370 米）。

事故原因

根据 NTSB（美国国家运输安全委员会）最终报告显示，装载在机舱尾部的 12 吨防雷装甲车因装卸长按照手册错误的计算方式计算捆绑带数量，导致捆绑带无法荷载装甲车重量而断裂，向后位移先撞毁黑匣子，再冲破货舱隔舱撞断两组液压管线，最后撞毁水平尾翼配平器，以致尾翼无法固定角度，使俯仰控制失效，飞机不断仰高最后失速坠毁。

在 NTSB 的调查报告中，有一项重要的提议，就是对所有的货运人员进行强制性资质认证，并为货运人员的处理程序、训练和工作提供更详细、统一的标准。

本章主要讲解民航特种货物运输的一些基本概念和基础知识，以及特种货物运输的操作注意事项等内容。

特种货物是指在收运、储存、保管、运输及交付过程中，因货物本身的性质、价值或重量等条件，需要进行特殊处理的货物。常见特种货物有超大超重货物、押运货物、贵重货物、鲜活易腐物品、活体动物、车辆；公务货物、灵柩骨灰、生物制品、菌种和毒种、植物和植物产品、危险物品、枪械弹药、急件货物、外交信袋等。

1. 危险品的分类有哪些？

2. 国际航空货物运输中鲜活易腐货物运输应注意哪些环节？

3. 血浆的运输是否属于特种货物？如果是属于哪一种？应采取什么样的特殊运输措施？

自学自测　　　　扫描此码

第 **8** 章

货物的不正常运输与赔偿

【学习目标】

- 熟悉货物不正常运输的种类及处理方法；
- 了解变更运输、无法交付货物及货物赔偿；
- 掌握异常情况下操作货物的基本方式。

航空托运16万元物品遗失 只赔偿620元？

　　肝素钠是从猪或牛肠黏膜中提取的硫酸氨基葡聚糖的钠盐。因肝素钠提取工艺复杂且具有广泛的药用价值，所以价格不菲，市价约为每千克 2.5 万元人民币。2010 年 12 月 30 日，A 食品公司与 B 运输服务公司订立运输合同，约定 B 运输服务公司通过航空托运运送肝素钠 10 千克至吴江市某生化制品有限公司。B 运输服务公司在向 A 食品有限公司出具的货运单上载明了运送货物的品名、件数、重量、航空运费等信息。A 食品公司也依合同约定向被告支付了运费 130 元。1 月 2 日，A 食品公司指定的收货人在收货时发现托运的肝素钠丢失了 6200 克，价值 158100 元。A 食品公司得知此情况后，多次就赔偿问题与运输服务公司交涉，但一直未果，随后，A 食品公司起诉至双流法院要求运输服务公司赔偿货物损失 158100 元。

　　法院审理后查明，2010 年 12 月 30 日，B 运输服务公司承接了 A 食品公司代理货运的业务，并向 A 公司出具了货运单。该运单上载明了运送货物的品名、件数、重量、航空运费等信息，但并未在货运单上的运输声明价值栏和运输保险价值栏做相应记载，A 食品公司也未向 B 运输服务公司声明货物的价值或办理运输保险价值。

　　法院认为，在 B 运输服务公司向 A 食品公司出具货运单时，双方即形成了运输合同的法律关系。B 运输服务公司负有将 A 食品公司的货物安全运至约定地点的义务。本案中，A 食品公司的收货人在收货时发现交由被告运输的肝素钠遗失了 6200 克。对此，B 运输服务公司未能举证证明货物的遗失是因不可抗力、货物本身的自然性质或者合理损耗及托运人、收货人的过错造成的，故应予以赔偿。A 食品公司所交托运货物为贵重物品，应申报货物价值，并支付运输声明价值费或保险费。但 A 食品公司没有申报货物价值也没有对货物进行投保，因此 A 食品公司应承担货物遗失后因未办理声明运输价值和运输保险价值的法律后果。

　　根据《中华人民共和国合同法》《中国国际航空公司货物国内运输总条例》的相关规定，B 运输服务公司只是按照货物的重量标准收取了运费，并不知道货物的实际价值，

A 食品公司仅凭向被告支付的运费要求 B 运输服务公司赔偿遗失货物的实际价值不合理。最后，法院按每千克赔偿 100 元的标准，判令 B 运输服务公司赔偿 A 食品公司损失费 620 元。

《中国国际航空公司货物国内运输总条件》第三十三条第二款规定：未办理声明价值的货物，在运输过程中发生损失，承运人承担的最高赔偿额为每千克人民币 20 元（现已将此标准上调至每千克人民币 100 元）。第三款规定：投保航空运输险的货物，在运输过程中发生损失，由保险公司按照有关规定赔偿。

法官提醒：因此，在办理贵重货物航空运输过程中，为避免货物在运输过程中遗失后蒙受不必要的经济损失，托运人在和承运人签订运输合同时，应及时办理货物运输声明价值和运输保险价值。

【案例思考题】

（1）航空货物运输中发生货物丢失是否应按货物价值赔偿？

（2）结合案例思考，航空货物运输中都会产生哪些不正常运输？

货物的不正常是指货物在收运及运输过程中由于运输事故或工作差错而造成的货物少收、多收、漏装、漏卸、错装、错卸、丢失、破损、错贴（挂）标签和延误等不正常情况。凡发生不正常运输情况的航站，承运人必须立即查询，认真调查，及时采取措施，妥善处理，将损失降到最低。

8.1　无法交付货物和品名不符货物

8.1.1　无法交付货物

1. 无法交付货物的定义

有下列情况之一则称为无法交付货物。

①货物到达后满 60 日仍无人提取，且始发站和托运人始终没有提出处理意见的货物。

②收货人拒绝提取或者拒绝支付应付费用的货物。

③按照货运单所列联系方式无法通知到收货人的货物。

④托运人或收货人声明放弃的货物。

2. 无法交付货物的处理

①通知始发站，由始发站通知托运人征求处理意见，并根据托运人的意见对货物进行处理。目的站得到始发站的答复后，按始发站意见处理。

②如果托运人要求将货物退回始发站，变更目的站、变更收货人，按自愿变更运输处理。如果托运人或收货人声明放弃货物，必须出具书面声明，同时必须符合政府规定。

③到达后满 60 日仍然无法交付的货物，可根据国家法律和规定处置货物。

④如活体动物到达目的站后满 24 小时（以航班落地时间为准，以下同）仍然无法交付，经始发站同意后，目的站可以将货物退回始发站处理。在此期间，动物发生死亡

的，经当地货运主管领导同意后，可随时予以销毁，销毁后及时通知始发站。如果当地公安、卫生防疫、检验检疫等政府部门另有要求的，应按政府规定办理。

⑤冰鲜肉类、食品、水产品、蔬菜、水果鲜花等植物类货物及含有鲜活易腐物质成分的食品类货物，到达目的站后满 48 小时仍然无法交付，经始发站同意后，目的站可以将货物退回始发站处理。在此期间，货物发生腐烂、变质的，经当地货运主管领导同意后，可随时予以销毁，销毁后及时通知始发站。如果当地公安、卫生防疫、检验检疫等政府部门另有要求的，应按政府规定办理。

8.1.2　品名不符货物的处理

1. 品名不符货物定义

货物品名不符是指货物的实际名称与运输凭证上填写的货物名称不相符。发现此种情况，要区分其性质，正确处理。

2. 货物品名不符的一般处理要求

①对品名不符的货物，承运人可根据情节轻重，在必要时交由公安或有关部门处理。

②因发货人伪报品名，给承运人或乘机旅客、行李、邮件和其他货物造成损失的，由托运人负完全责任。

③伪报品名的贵重货物发生损失，其赔偿问题应当根据具体情况酌情处理。

3. 贵重物品品名不符的处理

凡不属于有意取巧的，只补收运费差额。如属伪报品名，则应按以下规定处理。

①在始发站：停止发运，通知托运人取回，已收运费不退。如托运人仍要求空运，应当按贵重物品重新办理托运手续。

②在中途站：停止运送，通知托运人，已收运费不退，并对含贵重物品的整票货物按照实际运送航段另核收普通货物基础运价（代号 N）150%的运费。

③在到达站：对贵重物品的整票货物，已收运费不退，另核收普通货物基础运价（代号 N）150%的运费。

4. 伪报夹带禁止运输货物的处理

航站一旦发现托运人伪报品名，货物中夹带政府禁止运输物品，应立即停止运输，采取严格保管措施，不得退运或续运。通知政府有关部门，按程序逐级上报后按下列规定进行处理。

①在始发站停止发运，另向托运人或销售代理人收取不低于整票货物应付运费总额的违约金，然后按政府指令对货物进行移交或处理。如托运人要求退运，须自行到相关政府部门办手续。退运时，应按规定办理退运手续，按规定收取违约金和退运手续费，已付运费不退。

②在中转站停止运输，通知当地政府部门，同时通知始发站另向托运人或代理人收取按不低于整票货物应付运费总额的违约金，然后根据政府部门意见将货物移交或处理。如托运人或收货人要求在中转站提取货物，须自行到相关政府部门办手续。中转站

收取违约金及退运手续费后按规定办理货物交付手续，剩余航段运费不退。

③在目的站停止交付，通知当地政府部门，另向收货人收取不低于应付全程运费总额的违约金。然后按政府指令对货物进行移交、处理或交付收货人。目的站也可通知始发站，由始发站向托运人收取违约金。

④收取违约金不影响其他费用的计收。

⑤属于代理人收运的货物，如果销售代理协议中另有约定的，还应按照销售代理协议进行处理。

5. 伪报夹带限制运输物品

①在始发站暂停发运，通知托运人或代理人。向托运人或代理人收取不低于整票货物应付运费总额的违约金及运费差额，由托运人或代理人自行办妥政府规定的手续后，使用原货运单继续运输（必要时，可以重新填开货运单、重新核收货物运费，原货运单作废，原运费退还托运人）；如果托运人或代理人要求退运处理，可按货物退运处理，原运费不退，按规定收取违约金及退运手续费，由托运人或代理人自行办理政府部门规定的手续后，将货物提取。

②在中转站暂停运输。通知始发站向托运人或代理人收取不低于应付运费总额的违约金及运费差额，由托运人或代理人自行办理政府有关部门规定的手续。接到始发站可以运输的通知后，安排货物继续运输。如果托运人或收货人要求在中转站提取货物，应在始发站或中转站缴纳违约金及运费差额，自行办理政府手续后提取货物，剩余航段运费不退；如果托运人或代理人要求退回始发站，始发站应向其收取不低于应付运费总额的违约金、运费差额及由中转站运回始发站的相应运费（剩余航段运费不退），托运人或代理人在始发站办妥政府手续后，通知中转站将货物运回始发站。

③在目的站，暂停交付。向收货人另收取不低于应付全程运费总额的违约金及运费差额。由收货人自行办理政府有关部门规定的手续后将货物提取；目的站也可通知始发站，由始发站向托运人或代理人收取违约金、运费差额，并由其自行办妥政府手续后，通知目的站交付货物；如果托运人或代理人要求退回始发站，除违约金及运费差额外，始发站还应按相应运价向托运人重新核收全程运费，政府手续由托运人或代理人在始发站办理；如果收货人要求退回始发站，除违约金及运费差额外，目的站还应按相应运价向收货人重新核收全程运费。政府手续由收货人在目的站办理。

④收取违约金不影响其他费用的计收。

⑤对于同时夹带禁止运输物品和限制运输物品的，按照夹带禁止运输物品处理；对于将高运价货物品名伪报为低运价货物品名的，按本条规定处理。

⑥属于代理人收运的货物，如果销售代理协议中另有约定的，还应按照销售代理协议进行处理。

6. 其他货物品名不符情况的处理

①在始发站暂停运输货物，通知托运人或代理人。如托运人或代理人要求退运，原运费不退，另向其收取不高于货物运费总额的违约金及退运手续费，按规定办理货物交付；如托运人或代理人要求继续运输，另向其收取不高于货物运费总额的违约金后，按

新的货物品名以相应运价计算，重新核收运费，重新填开货运单，原货运单作废，原运费退还托运人。

②在中转站暂停运输货物，通知始发站。始发站向托运人或代理人另收取不高于货物运费总额的违约金及运费差额后，通知中转站继续运输货物。

③如果托运人或收货人要求在中转站提取货物应在始发站或中转站缴纳违约金及运费差额，按规定进行交付，剩余航段运费不退。

④在目的站暂停交付，向收货人另收取不高于货物运费总额的违约金及运费差额后，由收货人提取货物；如果收货人要求退回始发站，目的站应核收违约金、运费差额及回程运费。如果托运人要求退回始发站，始发站应核收违约金、运费差额及回程运费。

⑤对于将货物品名填写为能够包含货物具体名称，属于同一类性质的泛指商品名称的，可以减轻或免除违约金。

⑥收取违约金不影响其他费用的计收。

⑦属于代理人收运的货物，如果销售代理协议中另有约定的，还应按照销售代理协议进行处理。

26万元精品服装机场丢失

金女士受邀前往海南并在某高端论坛上发言，由于组委会对活动着装作了要求，金女士准备了大量世界精品服装和配饰。2 月 13 日，她乘坐某航空公司的航班头等舱从北京飞往上海出差，并打算从上海直飞海南。当金女士抵达上海虹桥机场时，发现其托运的行李箱丢失，而她为参加论坛购置的服装和配饰全在这个箱子里。为此，金女士不得不返京重新购置物品，并于当年 2 月 18 日从北京直接飞往海口。由于同航空公司协商未果，金女士向法院起诉索赔 26 万元。

法庭审理查明，金女士托运时未办理声明价值，而其丢失的行李中除部分化妆品外，其余均可携带上飞机。我国《中国民用航空旅客、行李国内运输规则》规定，贵重物品不得夹入行李内托运，承运人对托运行李内夹带贵重物品的遗失或损坏按一般托运行李承担赔偿责任；旅客的托运行李每公斤价值超过 50 元时，可办理行李的声明价值，承运人应按照旅客声明价值中超过每公斤 50 元的价值的千分之五收取声明价值附加费。尽管金女士表示自己丢失的行李中物品价值 26 万余元，但其既未随身携带、妥善保管贵重物品，又未在托运时办理行李的声明价值。最终，法院只能参照《国内航空运输承运人赔偿责任限额规定》中"对旅客托运的行李和对运输的货物的赔偿责任限额为每公斤 100 元"这条规定，确定金女士行李损失的金额并判决航空公司进行赔偿。

释法：贵重行李未办理声明，只按一般行李赔偿。

【案例思考题】　托运人在广州托运一票货物经成都运往西昌，该批货物共 3 件 35千克。承运人在成都发现其中一件 10 千克的货物内夹带有贵重物品，而托运人全部伪报为普通货物。请问：承运人应如何处理该票货物？

8.2 货物运输不正常情况处理

8.2.1 货物不正常运输种类

货物的不正常运输包括多收货物、多收货运单、少收货物、少收货运单、有货无单、有单无货、货物漏装、货物漏卸、货物错运、多收业务袋、少收业务袋、货物丢失、货物破损、错贴（挂）标签、延误运输等情况。

①多收货物：卸机站收到未在货邮舱单上登录的货物，或者实际收到的货物件数多于货邮舱单或货运单上登录的件数。

②多收货运单：卸机站收到未在货邮舱单上登录的货运单，也未收到货物。

③少收货物：卸机站未收到已在货邮舱单上登录的货物，或者收到货物的件数少于货邮舱单上显示的件数。

④少收货运单：卸机站收到已在货邮舱单上登录的货物，但是没有货运单。

⑤货物漏装：在航班起飞后，装机站发现应当装机的全部或部分货物未装上飞机，但货运单和货邮舱单已随飞机带走。

⑥货物漏卸：卸机站未按照货邮舱单卸下该航站应卸下的货物。

⑦货物错运：装机站在货物装机时，将不是该航班的货物装上该航班，致使货物错运。

⑧多收业务袋：卸机站收到非本航站的业务袋。

⑨少收业务袋：卸机站未收到应该到达本航站的业务袋。

⑩货物丢失：货物在承运人掌管期间部分或全部下落不明满 30 日，可以认定为货物丢失。

⑪货物破损：货物的外包装损坏、变形或受潮，致使包装内的货物可能或已经营受损失。

⑫货物错贴（挂）标签：运输标签上的货运单号码、件数、目的站等内容与货运单不符。

⑬货物无标签：货物的外包装上没有运输标签。

⑭货物品名不符：实际运输的货物与运单上申报的货物品名不相符。

⑮货物重量不符：交运的货物重量（如实际重量和计费重量）与货运单上货物毛重栏和计费重量栏内显示的重量不一致。

⑯其他不正常情况。进港不正常货物查询电报应在货物核对完毕后 30 分钟内发出，其他不正常货物运输的查询电报应在发现不正常运输后立即发出。对于同一票不正常货物来说，处理人员所处的岗位不同，处理方法也各不相同。

8.2.2 进港货物不正常运输处理

1. 多收货物的处理

货物到达后，通常使用货邮舱单核对货物，对于多收货物（found cargo，FDCA），在货邮舱单上注明，拍发查询电报，将多收货物的详细情况通知有关航站。

①如果货物的目的站为本航站时，索要货运单。

②如果货物的目的站非本航站，拍发查询电报，将多收货物的详细情况通知有关航站，征求装机站的处理意见，并按装机站的要求将货物继续运输或者退回装机站。

如果继续运输，使用货运单复印件或代货运单将货物运至装机站要求运往的航站；如果退回装机站，使用货运单复印件或代货运单将货物退回装机站。在货运单复印件或代货运单和货邮舱单上注明不正常运输情况。运输货物的航班和日期确定后，拍发电报通知有关航站。需要注意的是，无论是将货物运到目的站或者将货物退回始发站，通常应使用填制该货运单的承运人的航班。例如，多收的货物是由中国南方航空公司收运的，通常使用该承运人的航班继续运输。

有时多收的货物是由于错卸了过站货物造成的，例如广州—北京—哈尔滨航班，在北京过站时，错卸了飞机上由广州到哈尔滨的货物，此时通常安排统一承运人的最早航班将货物运出，并拍发电报通知货物的始发站和目的站。

③如果多收的货物随有货运单，并且货物的目的站就是本航站，只是在货邮舱单上没有显示该货物。此时，并不能认为货物和货运单都是正常运输，也应将货运单号码、货物件数、始发站、目的站等信息记录在货邮舱单上，同时通知有关航站。

④其他航站多收本航站运出的货物。收到其他航站的多收货物电报时，应尽快查明原因，将处理决定通知多收货物的航站。

思考题：

某航空公司沈阳—厦门的航班，在抵达厦门站后，发现一件沈阳到菏泽的货物，该货物未显示在货邮舱单上。厦门航站应该如何处理？

2. 少收货物的处理

对于少收货物（missing cargo，MSCA），应在货邮舱单上注明不正常情况，拍发查询电报，将少收货物的详细情况通知有关航站。

①如果本航站为货物中转站，经证实少收的货物已经由其他航班运至目的站，则将货运单和收到的货物运至目的站，并在货邮舱单或货运单上注明货物不正常运输情况，将有关信息通知相关航站。

②如果既未收到货物又未收到货运单，只是货物信息已在货邮舱单上显示，应在货邮舱单上注明"无单无货"，并发报通知有关航站。

③经过查询，航班到达后 14 日内仍然没有结果，将查询情况报告以下部门：始发站和经停站货运部门、本航站货运主管领导及其他有关航站的货运部门。

④自航班到达之日起满 30 日仍无结果，按货物丢失处理。

⑤收贵重物品、外交信袋或其他特种货物时，除按一般程序处理外，还应立即向上级报告。

3. 多收货运单的处理

对于多收货运单（found air waybill，FDAW），在货邮舱单上注明情况，同时向航班始发站或者经停站拍发查询电报，将多收货运单的详细情况通知这些航站。

①如果货运单的目的站为本航站，应拍发查询电报，通知有关航站。

②货运单的目的站非本航站时，应征求装机站处理意见，并按装机站的要求，将货运单运出到装机站或目的地。同时，在货运单和货邮舱单上注明不正常运输情况，并将有关电报复印件随附在货运单上；确定运出的航班和日期后，拍发电报通知有关航站。

4. 少收货运单的处理

对于少收货运单（missing air waybill，MSAW），在货邮舱单上注明情况，同时向航班装机站或者经停站拍发查询电报，将少收货运单的详细情况通知这些航站，并索要货运单。

①货物的目的站为本航站时，应向装机站索要货运单。

②货物的目的站非本航站时，征求装机站处理意见，并按装机站的要求，将货物继续运输或退回装机站。

如果继续运输，则使用货运单复印件将货物运至装机站要求的航站；如退回装机站，则使用货运单复印件将货物退回装机站；在货运单复印件和货邮舱单上注明不正常运输情况；将有关电报随附在货运单复印件上；确定运出货物的航班和日期后，拍发电报通知有关航站。

5. 货物漏卸的处理

①收到漏卸货物的航班，应立即电告漏卸站，并应将漏卸货物运至目的站或退回至漏卸站。漏卸货物如有原始货运单，应连同货物一起转运；如无原始货运单，应填开货（邮）运代单，予以转运。同时在货邮舱单和代货运单上注明货物不正常运输情况。

②转运漏卸货物应随附相关电文复印件，并将该漏卸货物显示在转运航班货邮舱单上。

③漏卸站发现货物漏卸（overcarried cargo，OVCD），应立即向有关站发电查询，各有关站应及时查找，并复电将查找结果告知漏卸站。

6. 多收业务袋的处理

①立即拍发电报通知有关航站。

②安排最早航班将业务袋运至应到目的站，并拍发电报将运输的航班和日期通知业务袋的装机站和目的站。

③如果业务袋的装机站要求对业务袋另作处理，应按照装机站意见进行处理。

7. 少收业务袋的处理

①少收业务袋的航站应将已到达的货物妥善保管，并检查其中是否有贵重物品、鲜活易腐货物、危险物品、活体动物等，对有时限的货物应立即电话通知有关航站或收货人，并索要货运单，或通过货运计算机系统提取货运单信息，填制代货运单后交付货物。

②立即通知航班的装机站或经停站。

③多收业务袋的航站应安排最早的航班将多收业务袋运至少收业务袋的航站或退回装机站，并拍发电报将运输的航班和日期通知有关航站。

④收到补来的业务袋后，立即按照进港工作程序对货物、邮件进行处理。

⑤3 小时之内如果没有得到反馈信息，应再次向有关航站查询。

⑥业务袋内只有货运单，没有货邮舱单。从货运计算机系统中提取货邮舱单或者根据收到的货运单填制代货邮舱单，并据此核对货物；通知装机站将货邮舱单或复印件传真或带到卸机站；卸机站接到装机站补来的货邮舱单后，与代货邮舱单核对，发现问题及时处理。

⑦货邮舱单、货运单同时丢失。立即拍发电报通知有关航站将货邮舱单、货运单或其复印件迅速带到卸机站；如果有紧急货物需要提取时，可根据收货人提供的货运单副本，或根据收货人提供的货运单号码在货运计算机系统中提取货运单信息，填制代货运单，由收货人办理检验检疫等手续并支付应付费用后，办理货物交付手续。如属于国际国内联程运输的货物，必须经始发站证实不是海关监管货物，方可用加盖始发站公章的货运单传真件或复印件办理货物交付手续；卸机站收到装机站补来的货邮舱单及货运单或其复印件后，应立即对货物进行处理。

8.2.3　出港货物不正常运输处理

出港货物不正常运输包括货物漏装（short shipped cargo，SSPD）、货物错运、未运输前在始发站发生的不正常情况及目的站或相关航站发来的不正常货物运输信息四种情况。

1．货物漏装的处理

①始发站发现货物漏装时，应立即电告货物目的站和中转站，电报中应注明漏装货物的货运单号码、件数、重量、始发站和目的站。同时，应尽可能告知续运的航班、日期。

②漏装货物一般由原承运人的航班运送。如改变运输路线，则应要求原卸机站将原货运单转给改变路线后的货物卸机站或目的站。

③运送漏装货物时，需随附漏装货物货运单副本及相关电文复印件，并将漏装货物列在续运航班的货邮舱单上。

④始发站发现货物漏装时，如货运单和货邮舱单尚未转交财务部门，应立即做出相应的更改；如已转交财务部门，则应通知有关部门更改。

2．货物错运的处理

①装机站如果确认货物被错运到某航站时，应立即电告卸机站（可能是目的站或经停站）和有关站，将错运货物的货运单号码、件数等相关内容及处理办法通知有关航站，并抄送始发站。

②需特殊照料的货物，错卸站应采取相应措施加以保管，以免货物受损。

③应尽快安排错卸货物续运至目的站或原卸机站。续运错卸货物时应随附相关电文复印件和货运单。如无原始货运单，应采取货（邮）运代单。错卸货物应显示在续运航班货邮舱单上。

④如果不能确认货物被错运到何处，应拍发泛查电报向各有关航站查询

3. 未运输前在始发站发生的不正常情况

（1）仓储期间发现有货无单

①记录发生或发现不正常情况的时间、地点和经过。

②根据货物包装上的货物标记、货物标签等，确定货物的始发站，向始发站索要货运单或复印件。

③如果货物包装上无任何标志，应与本航站少收货物的货运单进行核对，如果能确认属于同一票货物，补贴（挂）货物标签。

（2）仓储期间发现有单无货

①记录发生或发现不正常情况的时间、地点和经过。

②核对有关文件，并查找货物可能放置的地方。

③向各有关航站拍发查询电报，如两日内无答复，应发泛查电报。泛查电报可以向相关航站查询，必要时向国内各航站查询。

④收到查询电报的航站，应立即查找货物下落，做好查询记录，并在收到电报后24小时内答复查询站。

⑤找到货物的航站，应立即通知各有关航站，并安排最早航班将货物退回始发站或运至目的站。

4. 根据目的站或相关航站发来的不正常货物运输信息进行处理

（1）多收货物

应尽快查阅货运系统中有无货物出港记录，并查找货运单正本（未找到本货运单时可使用货运单副本），电报通知查询方续运航班/日期。

（2）少收货物

如果有拉货记录，应电报答复对方。

没有临时拉货记录，根据货运系统显示的货物货位，到相应的仓库、货场查找货物。如证实货物确已装机，及时发电报答复对方。

（3）多收货运单

如属于本站始发的货运单，发电报要求对方将货运单退回本站。根据货运系统记录，到相应的仓库、货场查找货物。

（4）少收货运单

查询人员，应尽快查找货运单正本（未找到正本货运单时可使用货运单副本）。电报通知查询方续运航班/日期。

（5）临时加货

装机站可以根据飞机舱位和业载情况，实施临时加货。应注意，不应因临时加货延误航班，在特殊情况下必须或可能延误航班时，应尽早报告。

（6）临时拉货

临时拉货是指装机站或经停站由于各种原因临时将已装上飞机或待装的货物全部或部分拉下。

①机坪保障部门严格按照拉卸货物的顺序拉卸货物。

②在时间允许的情况下，机坪保障部门应保留拉卸货物的货运单，在货邮舱单上注明拉卸情况。

③查询部门立即通知货物卸机站和装机站，并抄报有关航站。

④查询部门通知配载部门尽快将拉卸货物运至目的站。

⑤所有拉货都必须修改有关记录。

8.2.4　其他货物不正常运输处理

1. 货物丢失的处理

（1）货物丢失站应采取以下措施

①核对有关运输文件，分析可能丢失的原因。

②查找货物可能放置的地方，包括清点仓库货物。

③立即向有关站发电查询。

④填制"运输事故记录"。

（2）装机站应采取以下措施

①收到查询电报后，应立即认真查找货物，核对运输文件，清点仓库，调查货物是否确已装机。

②做好调查记录，应在 24 小时内将调查结果电告货物丢失站。

③若货物已找到，应立即电告货物丢失站并告知有关各站，并尽可能安排最早航班运至货物目的地或货物丢失站。

（3）经停站应采取以下措施

①收到查询电报后，应立即查找货物，调查货物是否错卸。

②做好调查记录，在 24 小时内将调查结果告知货物丢失站。

③若货物已找到，该站应立即电告货物丢失站并告知有关各站，并尽可能安排最早航班运至货物目的地或货物丢失站。

2. 货物破损的处理

①发现货物破损时，如发现包装轻微破损，应在修复货物包装后发运；破损严重的，应立即拍发电报通知有关站并及时填制"运输事故签证"，并由地面操作人员在事故签证上签字。

②对联运货物，必须将包装修复或重新包装后，才能续运。所需修理费或包装费由承运人承担。

③在货物转运前，应做好多份"运输事故签证"，转运时将此签证附在货运单上，随货物运往目的站。

④在交付货物前，承运人或航站应填写好"运输事故签证"，会同收货人共同检查货物内容。收货人在注明破损情况的货运单上签收，如收货人提出要求时，可给予一份"运输事故记录"。

3. 货物错贴（挂）标签的处理

①在始发站发现货物错贴（挂）标签，应根据货运单更换运输标签。

②在中转站或目的站发现货物错贴（挂）标签的航站应立即核对货运单和货物外包装上的收货人，复查货物重量，如果内容相符，更换运输标签，并拍发电报通知始发站；如果内容不相符，立即拍发电报通知始发站，并详细描述货物的包装、外形尺寸、特征等，征求处理意见。

③错贴（挂）运输标签的航站收到电报后，应立即查明原因，并答复处理办法。

4. 货物无标签的处理

①将货物的包装、外形特征等基本情况通知装机站和其他有关航站。

②根据装机站或其他航站提供的线索，核对货物外包装上的货物标记与货运单的内容是否相符。如果相符，补贴（挂）运输标签后，按正常货物继续运输；如果货物标记与货运单不相符，检查随附的有关文件、资料，必要时开箱检查。可以确定的，补贴（挂）运输标签，按正常货物运输；仍然不能确定的，在货物外包装上贴（挂）不正常货物标签，将货物存放在指定位置，按无法交付货物进行处理。

5. 货物重量不符（如计费重量不符）的处理

货物重量不符按照以下不同情况进行处理。

①由于承运人原因造成的货物重量不符，运费多退少补。

②由于托运人原因造成货物毛重小于货物实际毛重或计费重量小于货物体积重量的，按如下规定处理。

第一，在始发站按照公布运价的 N 运价或等级运价补收重量差额部分运费，并按照相关规定处理。

第二，在中转站暂停货物运输，通知始发站。始发站得到中转站关于货物重量不符的信息后，应尽快查明原因。收取运费差额后，尽快通知中转站继续运输货物。对于有运输时限要求的货物（如紧急航材、救灾、急救物资、活体动物、灵柩、鲜活易腐、放射性同位素、疫苗、需要冷藏冷冻的货物等），中转站在通知始发站和目的站后可以继续运输。

第三，在目的站向收货人补收差额部分的运费，并按规定处理后交付货物。交付货物后，应尽快通知始发站；也可以暂停交付，通知始发站，由始发站收取运费差额后再行交付货物。

6. 货物运输事故记录单

（1）定义

货物运输事故记录单是指在运输中，承运人为证明货物发生的丢失、损坏、短少、变质、污染等不正常运输情况而填写的书面文件；是承运人内部或承运人之间调查不正常运输原因、落实责任的证据。该记录不可提供给托运人、收货人或其代理人的运输事故记录凭证。

货物不正常运输记录至少一式三联，一联随附在货运单上，一联给装机站，一联本航站留存备查。货物不正常运输记录的参考样式如图 8-1 所示。

填开地点 Issued Place	（1）	填开日期 Issued Date	（2）	编号 No. （3）	
货运单号 AWB No.	（4）	件数 Number of Pieces	（5）	重量 Total Weight	（6）
货物品名 Nature of Goods	（7）	始发站 Airport of Departure	（8）	目的站 Airport of Destination	（9）
航班/日期 FLT/Date	（10）		装机站/卸机站 Station of Loading/Unloading		（11）

货物不正常情况　　丢失□　　　破损□　　　短少□　　　污染□　　　　其他　　（12） 　Category　　　Loss　　　　Damage　　　Shortage　　Contamination　　other

损坏件数 Pieces＿＿＿＿＿＿ 损坏重量 Weight＿＿＿＿＿＿ 其他 Other （13）	外包装 Outer Packing 纸箱　　　　　　　　□ Cardboard Box 木箱　　　　　　　　□ Wooden Box 金属罐/箱　　　　　□ Metal Can/Drum 行李箱　　　　　　　□ Suitcase 其他　　　　　　　　□ Other 　　　　　　　（14）	损坏程度 Condition of Damaged 外包装　　　　　　内包装 Outer　　　　　　　Inner □　　　撕开　　　　□ 　　　　Torn □　　　破碎 　　　　Broken □　　　戳漏 　　　　Punctured □　　　凹陷 　　　　Dented □　　　受潮　　　　□ 　　　　Wet □　　　散包　　　　□ 　　　　Bands Loose □　　　其他　　　　□ 　　　　Other （15）
发现破损的时间和地点 Found Irregularity Cargo Time/Place 　　　　　　　（16） 卸机时 □ Unloading 仓储时 □ In Warehouse 其他 Other	（17） 损失后的重量 Reweight 是否照相　　　　是 □　　否 □ Photographs　　　Yes　　　No	

详细说明： Details 　　　　　　　　　　　　　　　　　（18）

收货人提取货物时，货物状况是否与以上记录相符？　　　　　　　　　　　　　是□　　否□ （19） Have Consignee Noticed Damage Tallying With This Report When Delivering?　　Yes　　No

有关人员签字 Witness	（20）	填表人签字 Prepared by	（21）

图 8-1　货物运输事故凭证

（2）承人运输故记录的填写

①填开地点（issued place）：填写填开该记录的地点。

②填开日期（issued date）：填写填开该记录的时间。

③编号（No.）：填写该记录的顺序号。

④货运单号码（AWB No.）：填写该票货物的货运单号码。

⑤件数（number of pieces）：填写该票货物的件数。

⑥重量（total weight）：填写该票货物的重量。

⑦货物品名（nature of goods）：填写该票货物的货物品名。

⑧始发站（airport of departure）：填写该票货物的始发站。

⑨目的站（airport of destination）：填写该票货物的目的站。

⑩航班/日期（FLT/Date）：填写运输该票货物的航班号和日期。

⑪装机站/卸机站（station of loading/unloading）：填写该票货物的装机站和卸机站。

⑫货物不正常情况（category）：根据货物不正常情况在相应栏的方框内划"√"，通常包括货物丢失、破损、短少、污染等情况。

⑬件数（number of pieces）：填写不正常货件的数量。重量（weight）：填写不正常货件的重量，丢失货件的重量由总重量减去未丢失货件的重量确定，损坏货件的重量通过称重后确定。其他（other）：填写需要说明的有关货物的其他情况。

⑭外包装（outer packing）：填写不正常货件外包装的类型和样式。在相应栏的方框内划"√"表示。如纸箱、木箱、金属罐/桶、行李箱等。

⑮损坏程度（condition of damaged）：填写不正常货件外包装或者内包装的损失程度。在相应栏的方框内划"√"表示。如撕开、破碎、戳漏、凹陷、受潮、散包等。

⑯发现不正常货物的时间和地点（found irregularity cargo time/place）：填写发现货物不正常情况的时间和地点，通常包括在卸机时、仓储时等的情况，在相应栏的方框内划"√"表示。

⑰损失后的重量，是否照相（reweight，photographs）：分别填写货物受损后的重量，以及是否对损失的货物拍照，并在相应栏的方框内划"√"表示。

⑱详细说明（details）：填写有关部门对货物不正常情况的详细说明。

⑲收货人提取货物时，货物状况是否与以上记录相符？（Have consignee noticed damage tallying with this report when delivering?）：根据情况在相应栏的方框内画"√"表示。

⑳有关人员签字（witness）：由承运人的有关工作人员签字。

㉑填表人签字（prepared by）：由填写此记录的工作人员签字。

8.3　货物运输变更

变更运输是指在航空货物运输中，由于种种原因会导致货物改变收货人、订妥航班、运输路线等信息。

变更运输可以分为自愿变更和非自愿变更。

8.3.1　自愿变更

1. 自愿变更定义

自愿变更是指由于托运人的原因，或者由于托运人的原因致使承运人改变运输的部分或全部内容。托运人提出变更运输，通常包括货物发运前退运、变更货物目的站、变更收货人、退回始发站、经停站停运及自愿变更的时限。

2. 自愿变更的条件要求

①自愿变更运输仅适用于一份航空货运单上的全部货物。

②自愿变更运输不应损害承运人或者承运人对之负责的其他人的利益，也不能违反海关等政府有关部门的规定。对于上述损害，托运人应承担责任。例如，如果因为变更运输导致其他托运人的货物或者航班延误，收货人不能按时提取货物的，或者影响其他货物的海关数据传输及续程的监管，要求变更运输的托运人必须对其造成的损失负责。

③自愿变更运输只能在原办理货物托运手续的地点办理，以保证相关单据留存完整。

④托运人提出变更运输时应根据承运人的要求提供证明文件和单据，一般应出具货运单托运人联、书面变更要求和个人有效身份证件及其他相关证明文件。

⑤货物收运后，托运人要求变更运输时，货物品名和运输声明价值不得变更。

⑥承运人应将变更运输的电报、信函、电话记录等留存备查，并将变更运输的情况录入货运计算机系统。如果不能执行托运人的变更运输要求时，应及时通知托运人。

3. 托运人有权对其托运的货物变更

①发运前退运。

②经更。

③变更目的站。

④退回始发站。

⑤变更收货人（变更后的收货人即为航空货运单所指定的收货人）。

4. 各类变更的操作

（1）发运前退运

托运人已经办理货物托运手续，但尚未安排货物运输，可以为其办理货物退运手续。操作方法如下。

①托运人自行办理商品检验检疫等政府部门的手续，经检查无误后办理货物退运。

②承运人向托运人收回航空货运单托运人联，将原航空货运单各联作废。

③承运人扣除已经发生的各项费用，如声明价值附加费、地面运输费、退运手续费、保管费等，将余款退还托运人。

④请托运人在航空货运单上签字后交付货物。

⑤将收回的航空货运单各联及有关文件一并交财务部门，托运人提供的书面变更运输要求等文件留存备查。

（2）在经停站变更

①始发站的处理。始发站受理变更运输时，应首先明确货物所在航站，按规定核收因变更运输产生的费用后，将变更运输的信息通知货物所在航站；根据持有货物的航站的回复，扣除实际使用航段的运费和已经发生的其他费用，差额多退少补；托运人付清

因变更运输产生的所有费用后，承运人执行其变更运输要求；托运人提供的书面变更运输要求等文件由始发站留存备查。

②经停站的处理。收到始发站关于变更运输的通知后，应立即核对货物，并将货物情况及变更可能发生的费用通知始发站；对航空货运单及货物标签做相应的更改；收到始发站已经补收有关费用的书面答复后，执行变更。也可以填写货物运费更改通知单交收入结算部门，然后执行变更；对于其他承运人运输的货物，运费或其他费用发生变化时，必须在得到始发站补收相关费用的收据或其传真件后，才能执行变更。如果始发站填开《货物运费更改通知单》，则必须在收到该单或其传真件后，方可进行变更；始发站要求将货物退回的，按"退回始发站"办理；始发站要求将货物变更目的站的，按"变更目的站"办理；始发站要求收货人在经停站提取货物的，则按照规定办理货物交付手续；将处理情况通知始发站。

（3）变更目的站

①货物发运前变更。向托运人收回航空货运单托运人联，将原航空货运单各联作废，重新办理托运手续；按照变更后的目的站填制新的航空货运单，托运人自行办理政府部门的有关手续。

②货物发运后变更。始发站的处理。始发站受理变更后应将变更的运输信息通知货物所在航站；根据持有货物的航站的回复，收取实际使用航段的运费和已经发生的其他费用，并重新计算货物所在航站至新的目的站的运费，费用差额多退少补；托运人付清因变更运输产生的所有费用后，承运人执行其变更运输要求；填开货物运费更改通知单，或以补收运费的形式填制新的航空货运单；托运人提供的书面变更运输要求等文件由始发站留存备查。

持有货物航站的处理。收到始发站关于变更运输的通知后，应立即核对货物并将货物情况及变更可能发生的费用通知始发站；收到始发站可以进行运输变更的确认后，在航空货运单上注明，同时对航空货运单和货物标签做相应更改，并将始发站要求变更运输的相关文件复印件附在航空货运单上，一同运输至变更后的目的站。货物运出后，通知始发站。

（4）退回始发站

①自目的站退回。始发站的处理。始发站受理变更运输并核收变更运输发生的费用后，应尽快将变更运输的信息通知货物所在航站。托运人提供的书面变更运输要求等文件由始发站留存备查。

持有货物的航站的处理。收到始发站关于变更运输的通知后，应立即核对货物并将货物情况及变更可能发生的费用通知始发站；收到始发站可以进行变更运输的确认后，办理货物退运事宜；在目的站发生的费用，其中可以在目的站收取的部分应在目的站收取而不必到付。

②自经停站将货物退回始发站可以参照自目的站退回的方法办理。

（5）变更收货人

①货物发运前变更收货人。在航空货运单上将原收货人划去，在旁边空白处书填写变更后的收货人名称，并在修改处加盖修改人的戳印。

②货物发运后变更收货人。始发站收取变更产生的费用后，用四码电报将新的收货人姓名及地址等情况通知目的站。电报底稿与托运人的变更申请一起留存。特殊情况下使用传真发送变更信息时，传真上必须盖章，并由当地货运部门领导签发。

货物尚未办理交付的，目的站应根据始发站要求在航空货运单上进行更改。按照新的收货人办理货物交付手续。更改电报或传真应附在航空货运单交付联后一并留存备查。

货物已经交付给收货人的，通知始发站无法办理变更手续。

8.3.2　非自愿变更

1. 非自愿变更的定义

非自愿变更是指由于不可预见、不可抗力或承运人原因产生的货物运输变更。发生非自愿变更运输时，承运人应当及时通知托运人或收货人，商定处理办法。

2. 非自愿变更的原因

造成运输变更的原因有很多，主要包括以下几项。

①天气原因。例如，由于雷雨、地震等自然原因，导致飞机不能按时起飞和到达，承运人不得不改变运输路线或者运输方式。

②机械故障。例如，在始发站或者经停站，飞机发生故障，需要停留一段时间排除故障，货物不能按时到达的，承运人可以将货物签转给其他承运人运输。

③机场关闭。因机场关闭、航班中断无法将货物运达目的站。应尽快通知始发站或者托运人，执行变更运输后，应利用最早航班将货物运输至目的站。

④禁运。禁运原因所造成的运输变更多出现在中转站，由于货物已经运出，到达中转站时，当地承运人或政府禁止运输此种货物，需要退回或者改变中转站的，承运人应尽快通知托运人或者收货人，听取处理意见。

⑤航班取消、机型调整。当货物已经定妥舱位准备离港时，遇到航班取消，承运人依据货物等级或者征求托运人的意见将货物顺延到下一航班或者签转给其他承运人运输。承运人将大机型调整为小机型时，部分货物将被拉下而变更航班或者日期，承运人须及时将信息告知托运人。

⑥政府临时行为。

⑦货物积压或超出机型载运能力，短期内无法按指定路线、指定承运人或指定运输方式运至目的站。这是经常发生的变更原因之一。承运人将变更信息告知始发站或者托运人，并积极想办法予以运输，承运人应将处理意见随时通知托运人或者收货人。

3. 变更内容

①变更航线、航班、日期。
②变更承运人。
③变更运输方式。
④发运前退运。

⑤经停站变更。

⑥自经停站将货物退回始发站。

⑦变更目的站。

4．变更的权力

①填制货运单的承运人、第一承运人有权变更运输。

②货运单上标明的某些航段的指定承运人。货物在该航段运输时，对于所发生的变更该承运人有权作出决定。

③航空货运单上续程航段无指定承运人时，持有货物和航空货运单的承运人有权变更运输。

5．注意事项

①因机场关闭、航班中断无法将货物运达目的站时，应尽快通知始发站或托运人。

②订舱货物需要变更运输时，应征求始发站或托运人的意见。

③执行变更运输后，应利用最早航班将货物运输至目的站。

6．费用处理

由于承运人责任原因造成的货物运输变更，有关费用按下列规定处理。

①因变更运输路线将货物运至目的站产生的费用，由承运人承担。

②改用其他运输方式将货物运至目的站，产生的费用差额由承运人承担。

③发运前退运货物，退还全部运费，免收退运手续费。

④经停站变更，退还未使用航段的运费。

⑤在经停站将货物退回始发站，经停站在货邮舱单和原航空货运单"储运注意事项"栏内注明情况，使用原航空货运单免费将货物退回，并退还已付的全部运费。

⑥变更目的站，退还未使用航段的运费，另核收由变更站至新目的站的运费。

8.3.3 货物运费更改通知单

在运输过程中，货物的始发站、中转站或目的站发现运费多收或少收，应及时通知始发站。始发站确认情况属实后，可以填制货物运费更改通知单（cargo charges correction advice，CCA），通知相关承运人或地面代理人对运费进行更正。使用货物运费更改通知单并非仅仅由于发生货物运输变更，而是在处理货物运输变更的过程中，经常会同时伴随货物运费的变更。例如，在出现变更目的站、经停站停运等情况时，通常使用货物运费更改通知单对货物运费进行调整。

1．CCA 的填写

- 航空货运单号码：填写航空货运单号码。
- 始发站：填写航空货运单的始发站名称。
- 目的站：填写航空货运单的目的站名称。
- 托运人：填写航空货运单托运人名称。
- 收货人：填写航空货运单收货人名称。

- 航空货运单填开日期：填写航空货运单的填开日期。
- 航空货运单填开地点：填写航空货运单的填开地点。
- 航空货运单填开人名称：填写制单承运人或其代理人的名称。
- 中转站、航班号、日期：填写第一承运人运达的目的站或中转站；航班号和日期及参与续运的承运人的中转站、航班号和日期；中转站将货物的续运情况填写清楚后，将其转送给下一承运人；目的站交付货物后，将填写完毕的回执联返回填开人。
- 重量单位：填写货物重量单位。
- 更改后货物毛重：填写更改后货物的实际重量。
- 更改前货物毛重：填写航空货运单上原来的货物毛重。
- 货币代号：填写航空货运单上显示的货币代号。
- 更改后货物运费：按照对应各项填写更改后的货物运费。
- 更改前货物运费：按照对应各项填写航空货运单上原来所列的货物运费。
- 备注和更改原因：运费更改的主要原因及无法交付货物在目的站产生的所有费用。
- 如果货物无人提取，填写应向托运人收取的所有在目的站产生的费用。
- 填开日期和地点：填写 CCA 的填开日期和地点。
- 签字：CCA 填开人签字。
- 编号：填写 CCA 的编号。
- 货物运费更改通知单编号：填写所回复的 CCA 的编号。
- 航空货运单号码：填写航空货运单号码。
- 自：填写回执公司的名称。
- 在：填写回执公司所在地名称。
- 日期：填写发送回执的日期。
- 签字：发送回执部门领导的签字。

2. CCA 各联的分配

CCA 的份数根据所分配的多少确定，至少一式四份，始发站、目的站、填开部门、收入结算部门各一份。分配时，应随附一份航空货运单正本复印件。收到货物运费更改通知单后应登记备查，并连同货运单副本一起交财务部门。

3. 注意事项

①收到 CCA 后，应登记备查，并连同航空货运单副本一起交收结算部门。

②如果货物中转站收到的 CCA 上未指明各航段承运人时，应将续运情况填写在有关栏内，并立即将其转交给下一承运人。

③货物目的站收到 CCA，应在 14 日内将回执联的各栏内容填写完毕，返回填开承运人。

④持有航空货运单的航站，应根据收到的 CCA 要求更改航空货运单。

- 在航空货运单相应栏内修改。
- 在更改处加盖更改人的戳印。

- 在"储运注意事项"栏内注明更改的依据。
- 发送电报将处理情况通知始发站。
- CCA 的调整费用低于货物最低运费时，可不必进行调整。

4. CCA 填开时限

①承运人必须证实货物尚未交付给收货人后，方可填开 CCA。

②发现运费需要更改时，应立即填开 CCA。

③有关航站最迟应在航空货运单填制 180 日内填开 CCA。

8.4　不正常航班的处理

8.4.1　航班延误

1. 始发站航班延误

对于航班延误来说，通常不需要将货物卸下飞机作特别的处理，除非因延误而更换飞机。但是，一些特种货物需要给予重点关注，如活体动物、鲜活易腐物品等对通风状况和温度有特殊要求的货物。

装载特种货物的货舱如果有通风、调温设备，应开启通风设备、调控温度。如果飞机货舱内没有通风设备或者温控设备，则应到飞机货舱内检查货物状况，必要时应将活体动物或者鲜活易腐货物卸下飞机进行通风，如果延误时间过长，还应按托运人的指示给动物喂水或者喂食。

如果航班延误时间过长，而始发站又有飞往同一目的地的其他航班，可以将延误航班上的活体动物、鲜活易腐货物，以及时间性较强的货物安排在这些航班上运输。如果航班并非由同一家承运人执行，应事先征得该承运人的同意后，作出上述安排。

2. 经停站航班延误

航班在经停站发生延误时，应立即查阅货邮舱单上的货物信息，根据飞机上所载货物、邮件的性质和数量，采取有效措施进行处理。

如果飞机上装有活体动物，应提供通风，并使货舱内保持适当的温度。

如果有必要，应立即将航班延误情况通知航班始发站，始发站提出处理意见的，应按照始发站的意见对货物进行处理。始发站得知航班延误后，如果有需要特别关照的货物，应及时与经停站联系，充分了解货物现状，提出处理意见，协助经停站做好货物的处理工作，必要时通知托运人征求处理意见。

在可能的情况下，应将有时限的货物转到其他航班上尽早运至目的站，并通知货物始发站和目的站。

8.4.2　航班取消

1. 始发站航班取消

在始发站航班取消时，应将货物卸回仓库，并重新进行登记。如果当天还有其他航班，应尽量安排货物运出。

急救药品、鲜活易腐货物、活体动物、需要冷藏的货物和其他有时间要求的货物，应采取必要的防护措施，并通知托运人，征求处理意见。如果安排当天的其他航班运输，上述货物应优先于其他货物。

2. 经停站航班取消

在经停站航班取消，应将航班取消情况通知始发站和目的站，始发站应及时向托运人通报情况，并尽快安排将货物运至目的站。对于有时限的货物应进行适当处理和保管，如安排最早的航班运至目的站。

8.4.3　航班备降

航班在发生备降时，应立即查阅货邮舱单上的货物信息，根据飞机上所载货物的性质和数量，采取有效措施进行处理。

如果飞机上装有活体动物，应提供通风，并使货舱内保持适当的温度。

如果有必要，应立即将航班备降情况通知航班始发站，始发站提出处理意见的，应按照始发站的意见对货物进行处理。始发站得知航班备降后，如果有需要特别关照的货物应及时与备降站联系，充分了解货物现状，提出处理意见，协助备降站做好货物的处理工作，必要时通知托运人。

在可能的情况下，应将有时限的货物转到其他航班上尽早运至目的站，并通知货物始发站和目的站。

如果航班备降后，不再继续飞往目的站，备降站的承运人办事机构或者地面代理人根据货物性质对货物进行适当处理和保管，采取一切必要措施减少损失。如果备降站没有承运人的办事机构，通常由该航班的原经停站或者目的站负责与备降站联系有关货物处理事宜。

8.5　航空货运中的赔偿问题

承运人应当保证货物运输安全，但是，在实际运输过程中，仍有可能因为各种各样的原因造成货物损失，致使航空货物运输合同无法按照约定履行。发生货物损失后，托运人或者收货人应就损失的货物提出索赔，承运人应承担责任，双方应按程序处理赔偿。

8.5.1　承运人的责任

1. 货物损失的类型

货物损失的情况通常包括货物的毁灭、遗失或者损坏。

（1）货物毁灭

货物运输中的货物毁灭，包括货物在物理状态上的灭失，也包括货物本身性质全部或者部分的改变，并且发生毁灭的货物已经无法修复，或者即使可以修复，也因为修复的费用高于货物的实际价值而失去修复的意义。对于托运人和收货人而言，这样的货物因失去应有的使用价值，而使他们受到了损失。

（2）货物遗失

货物运输中的货物遗失，主要包括以下两种情形：第一种情形是承运人向收货人或者托运人承认所运输的货物已经遗失。例如，承运人发现货物在运输过程中被盗窃，经过查找没有结果，承运人应当明确告知货物已经遗失；第二种情形是货物在应当到达目的地之日起七日内仍然没有到达，对此，收货人可以推定为货物遗失。货物遗失可能是全部遗失，也可能只是部分遗失。总之，承运人不能实现对货物的全部交付。

（3）货物损坏

货物运输中的货物损坏，主要是指货物被毁坏，其数量或者质量发生某种变化。尽管经过修复，这些货物可以全部或者部分恢复其使用价值，但是仍然对托运人或者收货人造成了一定程度的损伤。损坏和毁灭之间存在一定的联系，货物损坏到完全丧失使用价值并且无法修复的程度，应当认为是毁灭。

2. 一般责任

（1）货物损失责任

承运人自货物收运时起，到交付时止，承担安全运输的责任。在航空运输期间发生的货物损失，承运人应承担责任。但国家法律和规定及承运人另有规定的除外。

航空运输期间是指在机场内、民用航空器上或者机场外降落的任何地点，托运货物处于承运人掌管之下的全部期间。航空运输期间，不包括机场外的任何陆路运输、海上运输、内河运输过程。但是，此种陆路运输、海上运输、内河运输是为了履行航空运输合同而实施，在没有相反证据的情况下，所发生的损失视为在航空运输期间发生的损失。

（2）货物延误责任

在运输过程中，货物延误的责任应当由承运人承担，但承运人及其代理人能够证明已采取一切必要措施或不可能采取此种措施的，承运人不对因延误引起的损失承担责任。

8.5.2　索赔人

1. 索赔人范畴

索赔人是指在航空运输合同执行过程中有权向承运人或其代理人提出索赔要求的人。索赔人通常包括以下三类。

①货运单上的托运人或收货人。

②持有托运人或收货人签署的权益转让书或授权委托书的法人或个人。

③保险公司授权的律师事务所。

2. 索赔地点

索赔人一般应在货物的目的站向承运人提出索赔，并由目的站受理。索赔人也可以在货物的始发站或发生损失的经停站提出索赔。

3. 提出索赔要求时限

索赔人应在下列期限内以书面形式向承运人提出索赔。

①货物明显损坏或部分丢失的，发现后立即提出，至迟应自收到货物之日起 14 日内提出。

②其他货物损失，应自收到货物之日起 14 日内提出。

③货物延误运输的，应自货物处置权交给指定收货人之日起 21 日内提出。

④收货人提不到货物的，应自货运单填开之日起 120 日内提出。

除能证明承运人有欺诈行为外，索赔人未在上述时期内提出索赔的，即丧失向承运人提出索赔的权利。

4. 书面异议的形式

货物运输到达目的站，如果收货人对货物产生异议，必须在规定的时限内以书面形式向承运人提出。

（1）书面异议的依据

民航法规定，货物发生损失的，收货人应当在发现损失后向承运人提出异议。货物发生损失的，最迟应当自收到货物之日起 14 日内提出；货物发生延误的，最迟应当自货物交付收货人处置之日起 21 日内提出。如果收货人未能在上述规定期内向承运人提出异议，将不能向承运人提出索赔。

必须注意的是，1955 年《海牙议定书》规定，如果货物出现损坏情况，收货人应当在发现损坏后立即向承运人提出异议，最迟应在收到货物后 14 日内提出；如果有延误，最迟应当在货物交付收货人自行处置之日起 21 日内提出异议。民航法和《海牙议定书》的规定是不同的，这将对赔偿及可能出现的法律诉讼产生很大影响。民航法中的所谓"损失"，理所当然是指货物毁灭、遗失和损坏所造成的后果；而《海牙议定书》中的"损坏"仅指损坏本身。所以，在适用国内法的情况下，收货人关于货物毁灭、遗失和损坏的异议存在限制，即最迟应当自收到货物之日起 14 日提出异议。

在适用于国际法的情况下，关于货物毁灭、遗失的异议不受上述时间的限制。在货物毁灭或者遗失的情况下，承运人已经确切地知道货物损失的发生，并且不可能向收货人交付货物而履行货物运输合同，因此不需要收货人再向承运人提出异议以确认货物损失的发生，所以关于货物毁灭、遗失的异议不应当与货物损坏一样受到上述时间的限制，否则对收货人是明显不公平的。

（2）书面异议的方式

通常，收货人可以以下述方式向承运人提出异议。

①索赔意向书。索赔意向书是货物的托运人或收货人就其货物运输向承运人提出索赔意向的书面文件。在索赔意向书中应当对货物的实际状态作出正确的描绘，同时声明自己的索赔要求。

承运人收到索赔意向书后，应在上面注明收到的日期，将索赔意向书的内容及收到日期进行登记，回复索赔人，索赔意向书正本留存。

②货物交付状态记录。要求承运人在航空货运单上注明货物交付时的实际状态。

③异常状况的货运单货物交付联。收货人在提取货物时发现货物不正常情况，经承运人认可，并将此情况注明在货运单的货物交付联上，索赔人可以凭此向承运人提出索赔。

5. 索赔函

索赔函是索赔人提出正式索赔的书面文件。

①收到索赔函后，应进行编号和登记备案，并在索赔函上注明收到的日期。收到索赔函后的两个工作日内，书面通知索赔人已经收到其索赔函。

②如果索赔超过索赔时限，应检查是否附有索赔意向书、货物交付状态记录或注明交付时货物状况的货运单交付联。

6. 索赔人应提供的文件

索赔人提出索赔时应同时提供下列资料。

①货运单正本或副本。

②状况运单交付联。

③货物商业发票正本、修复货物所产生费用的发票正本、装箱清单正本和其他必要资料。

④货物损失的详细情况和索赔金额。

⑤商检报告或其他关于损失的有效证明。

⑥承运人认为需要提供的其他文件或资料。

8.5.3 赔偿

1. 接受索赔

（1）处理赔偿所需要的文件

①收货人、承运人双方签字的货运单交付联或其副本。

②货物运输事故记录和事故调查报告。

③货邮舱单。

④货物中转舱单。

⑤货物保管记录。

⑥往来查询电报、信函。

⑦始发站、中转站、目的站的有关记录。

⑧索赔人提供的所有资料，商业发票、检验检疫证明、损失定价、照片等。

（2）索赔受理人

接受赔偿要求的承运人为索赔受理人。

①索赔受理人收到索赔人的索赔函后应进行编号和登记备案，并在索赔函上注明收到的日期。同时，书面通知索赔人已经收到该索赔函。

②索赔受理人应核实索赔人的索赔资格，检查索赔资料是否齐全有效，并对索赔要求进行登记。

③确认索赔时限。如果索赔函发出的时间超过了索赔时限，应检查是否附有货物运输事故记录，或者是否在货运单交付联上注明异议。如果这些文件是在索赔期限内填制的，应认为索赔人的索赔是有效的。

④索赔受理人负责通知各相关承运人，检查是否出现多重索赔或重复索赔，并确定赔偿处理责任人。具体要求如下。

- 一票货物只能有一个索赔人。当出现两个或两个以上的索赔人时，只能接受一个索赔人的索赔要求。
- 收到索赔要求后，应立即书面通知有关航站。
- 收到索赔通知的航站，应立即检查本部门的索赔登记。发现该货物已向本航站提出索赔的，应通知发出索赔通知的航站。

2. 承运人责任的确定

确定责任指确定承运人是否应对此项索赔承担责任。

①对下列原因之一造成的货物损失，承运人不承担责任。

- 货物本身的自然属性、质量或缺陷。
- 承运人或其受雇人、代理人以外的人包装的货物，货物包装不良。
- 货物包装完好，封志无异状，而内件短少或损坏。
- 货物的合理损耗。
- 战争或武装冲突。
- 不可抗力。
- 政府部门实施的与货物运输有关的行为。
- 由于自然原因造成的动物死亡。
- 由于动物自身的或其他动物的咬、踢、角抵或窒息等动作造成的死亡。
- 由于动物包装缺陷造成的死亡。
- 由于动物在运输过程中，经不起不可避免的自然环境的变化而造成或促成的动物死亡或受伤，并由此引起的任何损失、损害和费用。

②除能证明是由于承运人的过失造成损坏之外，承运人对押运货物的损坏不承担责任。

押运活体动物的押运员在押运途中因动物的原因造成的伤害或死亡，承运人不承担责任。

③在运输过程中，经证明货物的损坏或者延误等由托运人或收货人的过错造成或者促成的，应当根据造成或者促成此种损失的过错程度，相应免除或减轻承运人的责任。

④除承运人故意行为外，由于托运人变更运输造成的货物损失，承运人不承担责任。

⑤因货物毁灭、遗失、损坏或延误等造成的间接损失，承运人不承担责任。

⑥对于不符合索赔条件和不应承担责任的索赔，应以书面形式回复索赔人。回复时，应说明不受理或不承担责任的理由，以及所依据的法律或运输合同的条款。属于联程运输的货物，应同时通知相关承运人。

8.5.4 赔偿责任限额

国内航空运输承运人的货物赔偿责任限额，由民用航空主管部门制定，报国务院批转后公布执行，即由民航局负责制定国内航空运输的货物赔偿责任限额。托运人在托运货物时，特别声明在目的地点交付时的利益，并在必要时支付附加费的，除承运人证明托运人声明的金额高于货物目的地点交付时的实际利益外，承运人应当在声明金额范围内承担责任。

①托运人未办理货物声明价值，承运人根据承运人的最高赔偿限额（通常为 100 元/千克进行赔偿；如果能够证明货物的实际损失低于承运人的最高赔偿限额，按实际损失赔偿。

②托运人办理了货物声明价值，并支付了声明价值时，其声明价值为赔偿限额；如果能够证明托运人的声明价值高于货物的实际价值时，按实际价值赔偿。

③航空保险赔偿条例如下。

- 如果承运人的飞机及其所承运的货物已在保险公司加入了航空保险，在货物全部或部分损失的情况下，保险公司赔偿免赔额以外的部分的损失，其中货物免赔额为 10000 美元。

- 如果托运人为货物单独购买了保险，索赔人应向保险公司索赔，由保险公司对索赔人进行赔偿，承运人对其索赔不予受理。如果保险公司理赔后，可由保险公司向承运人提出追偿，承运人应要求保险公司提供托运人购买的保险单、托运人给保险公司的索赔函、保险公司赔付给索赔人的收据和权益转让书。

8.5.5 货物部分损失的赔偿

货物的一部分或者货物中的任何物件发生毁灭、遗失、损坏或者延误时，用以确定承运人赔偿责任限额的重量，仅为该一包件或者数包件的总重量。例如，托运人托运的货物为 4 件，1000 千克，货物的声明价值为人民币 200000 元，运输过程中，部分货物发生损失，损失的货物为 2 件，200 千克。此时，采用损失货物的重量占全部货物重量的比例作为依据求得损失货物的价值，即损失货物为 200 千克，全部货物为 1000 千克，则损失货物价值为货物声明价值的 1/5，人民币 40000 元。

然而，在实际中，如果受到损失的重量小的部分货物的实际价值高于未受到损失的重量大的部分货物，则其责任限额的计算结果可能会小于受到损失货物的实际价值。例如，在电脑设备的运输中，同一台电脑的主机与显示器是分开包装的两件货物，其重量是比较接近的，但是价格差距很大，主机损失的赔偿限额如果参照主机重量在整台电脑重量中的比例来确定，对于托运人和收货人是明显不公平的。因此，民航法对此进行了补充：因货物的一部分或者货物中的任何物件发生毁灭、遗失、损坏或者延误，影响同一份货运单所列其他件包件的价值的，确定承运人的赔偿责任限额时，此种包件的总重量也应当考虑在内。

8.5.6　赔偿款的支付

①货物赔偿处理报告经审批后，随附所有调查材料，报财务部门划拨赔偿款。

②通知索赔人办理赔偿手续。如果不能全额赔偿的，应向索赔人书面说明原因和法律依据。

③索赔人签署责任解除书后向索赔人支付赔偿款。责任解除书一式三份：一份交索赔人，一份交财务部门，一份主办单位留存。

8.5.7　诉讼时限

航空运输的诉讼时效为两年，自民用航空器到达目的地点、应当到达目的地点或者运输终止之日起计算。

本章讲解民航货物不正常运输的基础知识，以及不正常货物运输处理流程和方法。

货物的不正常运输包括多收货物、多收货运单、少收货物、少收货运单、有货无单、有单无货、货物漏装、货物漏卸、货物错运、多收业务袋、少收业务袋、货物丢失、货物破损、错贴（挂）标签、延误运输等情况。

在航空货物运输中会由于种种原因导致货物改变收货人、订妥航班、运输路线等货物信息，从而产生变更运输。变更运输可以分为自愿变更和非自愿变更。

在发生航班延误、航班取消、航班备降等不正常航班的各种情况时，应根据不同的情况采取相应的处理确保装载货物的安全。

在实际运输过程中，因为各种各样的原因造成货物损失，致使航空货物运输合同无法按照约定履行，托运人或者收货人应就损失的货物提出索赔，承运人应承担责任，双方应按程序处理赔偿。

1. 在目的站，发现货物中夹带禁止运输的物品应如何处理？
2. 托运人有权对其托运的货物做什么样的变更？
3. 请列举处理赔偿所需要的文件。

自学自测  扫描此码

第 9 章

航空货物运价与运费

【学习目标】

- 掌握货物计费重量的确定方法；
- 理解航空运价的概念；
- 理解普通货物运价、指定商品运价、等级货物运价的使用方法；
- 能够计算货物的航空运费；
- 了解航空运输中的其他费用。

重量相同，运费悬殊

李先生和王先生同时到北京某航空公司托运货物到广州。李先生托运的货物为两只狗，容器和狗的总重量为 20 千克，容器尺寸为 80 厘米×50 厘米×60 厘米；王先生托运的货物为冻牛肉，毛重也为 20 千克，包装尺寸为 60 厘米×50 厘米×20 厘米。通过计算，货运处要求李先生支付的航空运费是王先生的两倍，李先生当场提出了疑问。

【案例思考题】

（1）为什么李先生支付的航空运费是王先生的两倍？

（2）将李先生和王先生的货物集中托运是否可行？

（3）假如将李先生和王先生的货物集中托运，能否降低总的航空运费？

9.1 货物的计费重量

计费重量（chargeable weight）是指用以计算航空运费的重量。货物的计费重量可能是货物的实际重量，或者货物的体积重量，或者是较高重量分界点的重量等。

9.1.1 货物的实际重量

实际重量（actual gross weight）即俗称的毛重，是指包括货物包装在内的货物重量，是收运货物时用衡器量得的重量。

国内运输中，重量以千克为单位，重量不足 1 千克的尾数四舍五入。每份航空货运单的货物重量不足 1 千克时，按 1 千克计算。贵重物品的重量以 0.1 千克为单位，0.1 千克以下的四舍五入。

国际运输中，重量以千克（kg）或磅（lb）为单位。以千克为单位，重量不足 0.5千克时按 0.5 千克计算，重量超过 0.5 千克时按 1 千克计算；以磅为单位，重量不足 1磅时按 1 磅计算。

9.1.2　货物的体积重量

国内运输中，货物的长、宽、高以厘米（cm）为单位，国际运输中，长、宽、高以英寸（in）为单位。无论货物的形状是否为规则的长方体或正方体，计算货物体积时，均以最长、最宽、最高的三边的长度计算，小数部分按四舍五入取整。

体积重量（volume weight）是指将货物的体积按一定的比例折合成的重量，换算标准为每 6000 cm^3 折合为 1 kg，或 166 in^3 折合为 1 lb。即：

$$体积重量（kg）= 货物体积（cm^3）\div 6000（cm^3/kg）$$
$$体积重量（lb）= 货物体积（in^3）\div 166（in^3/lb）$$

【例 9-1】　以下三件货物的毛重均为 2 千克，分别计算它们的体积重量。

货物 A：30 cm × 10 cm × 20 cm
货物 B：30 cm × 20 cm × 20 cm
货物 C：60 cm × 20 cm × 20 cm

【解】　货物 A：体积 = 30 cm × 10 cm × 20 cm = 6000 cm^3
　　　　　　　　体积重量 = 6000 cm^3 ÷ 6000 cm^3/kg = 1 kg
　　　货物 B：体积 = 30 cm × 20 cm × 20 cm = 12000 cm
　　　　　　　　体积重量 = 12 000 cm^3 ÷ 6000 cm^3/kg = 2 kg
　　　货物 C：体积 = 60 cm × 20 cm × 20 cm = 24000 cm
　　　　　　　　体积重量 = 24000 cm^3 ÷ 6000 cm^3/kg = 4 kg

上例中，货物 A 的体积重量小于实际重量，称为重货，货物 C 的体积重量大于实际重量，称为轻泡货物。

9.1.3　货物的计费重量

航空货物的计费重量可按照如下步骤确定。

①称量货物的实际重量，要保留到小数点后两位，然后将实际重量进行进位。

②量取每件货物的最长、最宽、最高值（单位为 cm），量至小数点后一位，再将量得的数值四舍五入，然后计算出货物的体积。

③计算货物的体积重量。

④比较体积重量和实际重量，取高者作为计费重量。

⑤一票货运单包含有两件或两件以上且体积不同的货物时，则将货物总的体积重量与总的实际重量相比较，取较高者为计费重量。

因此，在一票货物中，既包含重货，又含有轻泡货物时，用相同的运价计算运费的方法将会节省货主的运费。同时，这也是集运商收入的很好来源。

【例 9-2】　一件国内货物的体积为 86.5 cm × 52.3 cm × 25.8 cm，毛重为 11 kg，该货

物的计费重量是多少?

【解】 体积 = 87 cm × 52 cm × 26 cm = 117624 cm

体积重量 = 117624 cm³ ÷ 6000 cm³/kg = 19.604 kg ≈ 20 kg

体积重量 20 kg 大于实际重量 11 kg,所以货物的计费重量为 20 kg。

【例 9-3】 国内一票货运单上有两件货物,请计算该票货物的计费重量。其中,

A 货物为一纸箱,30 kg,尺寸为 90 cm × 50 cm × 70 cm;

B 货物为一圆柱形桶,60 kg,底面直径为 50 cm,高为 120 cm。

【解】 (1)计算该票货物的总体积:

A 货物的体积为:$90 × 50 × 70 = 315000 \text{ cm}^3$

B 货物的体积为:$50 × 50 × 120 = 300000 \text{ cm}^3$

总体积为 615000 cm。

(2)计算该票货物的总体积重量:615000 ÷ 6000 = 102.50 kg ≈ 103 kg

该票货物总的实际重量是 90 kg,总的体积重量是 103kg,因此计费重量是 103 kg。

9.2　航空货物运价

9.2.1　航空货物运价确定的原则

航空货物运价(freight rate),又称费率,是指承运人运输每一单位重量(或体积)货物收取机场与机场间的费用,不包括承运人、代理人或机场收取的其他费用,如提货费、报关费、制单费、仓储费等。有关运价确定的原则如下。

①运价是指从一机场到另一机场,而且只适用于单一方向。

②不包括其他额外费用,如提货、报关、接交和仓储费用等。

③运价与运输路线无关,但影响承运人对运输路线的选择。

④运价通常以始发国当地货币公布。

⑤运价一般以千克(kg)或磅(lb)为计算单位。

⑥航空运单中的运价是运单填开之日所适用的运价。

⑦运价按照递远递减原则制定。

9.2.2　航空货物运价的分类

1. 协议运价和公布运价

按照运价的制定方式划分,航空货物的运价可分为协议运价和公布运价两类。

(1)协议运价

协议运价(arranged rate)是指货运代理与货主或航空公司,通过单独商谈、签订运输协议而确定的运价。根据签约对象分为航空公司与货代企业之间的结算价格,以及货代公司与客户之间的报价两类。此外,还可根据签约时间长短,分长期协议运价(一年)与短期协议运价(半年或半年以下)。

（2）公布运价

公布运价（published rate）是指航空公司运价本上载明的运价，或其通过公开渠道对外声明的报价。国际航协定期出版的运价手册（The Air Cargo Tariff，TACT），也就是由国际航空出版社（International Aviation Press，IAP）与 IATA 合作出版的"空运货物运价表"。1975 年，一些航空公司各自出版其运价手册，其中的内容大致相同，但是格式相差甚远。为了减少浪费，并使运价手册更加具有实用性，国际航协决定共同出版一本通用的运价手册。TACT 主要分为 TACT Rules 和 TACT Rates，其中 TACT Rules 包括 IATA 在国际运输中的所有规则，每年出版两期。TACT Rates 包含北美运价手册和世界（除北美）运价手册，每两个月出版一期。

2. 公布直达运价和非公布直达运价

按照运价的组成划分，航空货物的运价可分为公布直达运价和非公布直达运价。

（1）公布直达运价（published through rates）

指承运人直接公布的，从运输始发地机场至目的地机场间的直达运价。公布直达运价可以根据货物性质分为以下三类。

①普通货物运价（general cargo rates，GCR）：除了指定商品、等级货物以外的一般货物所使用的运价。普通货物运价又可分为以下两种。

- 普通货物标准运价：45 千克以下普通货物所使用的运价，代码为 N。
- 重量分界点运价：45 千克以上（含 45 千克）普通货物所使用的运价，如 45 千克、100 千克、300 千克、500 千克等多个重量分界点运价，代码为 Q。

②指定商品运价（specific commodity rates，SCR）：适用于自指定始发站到指定目的站之间的某些特定货物的运价，一般低于普通货物运价，运价种类代号是 C。指定商品运价是一种优惠性质的运价，在计算货物的航空运费时，应优先考虑指定商品运价。使用指定商品运价，对货物的起止地点、运价使用期限、货物运价的最低重量起点均有特定条件，这些规定可到 TACT Rules 中查阅。

在 TACT Rates Books 的 Section 2 中，根据货物的性质、属性和特点等对货物进行分类，共分为 10 个大组，每个大组又分为 10 个小组。同时，对其分组形式用四位阿拉伯数字进行编号，该编号即为指定商品的品名编号（表 9-1）。

表 9-1　指定商品的品名编号

0001～0999	可食用的动物和植物产品
1000～1999	活体动物及非食用的动植物产品
2000～2999	纺织品、纤维及其制品
3000～3999	金属及其制品，但不包括机器、车辆和电气设备
4000～4999	机器、车辆和电气设备
5000～5999	非金属矿物质及其制品
6000～6999	化工材料及其相关产品
7000～7999	纸张、芦苇、橡胶和木材制品
8000～8999	科学仪器、专业仪器和精密仪器、器械及配件
9000～9999	其他货物

为了减少常规的指定商品品名的分组编号,国际航协还推出了实验性的指定商品运价,该运价用 9700～9799 内的数字编出。其主要特点是一个代号包括了传统指定商品运价中分别属于不同指定商品代号的众多商品品名。这种编号适用于某些城市之间有多种指定商品,虽然品名不同,但运价相同,为公布运价方便的情况。而传统编号中的每一品名代号,一般只代表单一种类的指定商品运价。

常用的几种指定商品代码如下。

0007 Fruit,Vegetables 水果、蔬菜

0008 Fruit,Vegetables(Fresh)新鲜的水果、蔬菜

0300 Fish(Edible),Seafood 鱼(可食用的)、海鲜、海产品

0800 Vegetables 蔬菜

0850 Mushrooms,Mushroom Spawn 蘑菇,蘑菇菌

1093 Worms 沙蚕

1100 Furs,Hides,Skins,Exculding Wearing Apparel 兽皮

……

使用指定商品运价的货物必须满足下列条件,方可使用指定商品运价。

- 运输始发地至运输目的地之间有公布的指定商品运价。
- 托运人所交运的货物,其品名与有关指定商品运价的货物品名相吻合。
- 货物的计费重量满足指定商品运价使用时的最低重量要求。

③等级货物运价(commodity classification rates,CCR):为运输指定的等级货物而制定的货物运价,代码为 S 或 R。通常由在普通货物运价的基础上附加或附减一定百分比的形式构成,附加或附减规则公布在 TACT Rules 3.7 中,运价的使用须结合 TACT Rates Books 一同使用。代码 S 表示附加或者既不附加也不附减的等级货物运价,包括活体动物、贵重物品等。代码 R 表示附减的等级货物运价,包括书报杂志、作为货物运输的行李等。在国内运输中,通常是在普通货物标准运价的基础上附加 50%而构成。使用该运价的货物一般包括贵重物品、活体动物、鲜活易腐货物、危险物品、灵柩、骨灰、特快专递、急件货物等。国际运输中的等级运价将在 9.4.2 节详细介绍。CCR 附加运价必须优先于 GCR 运价和 SCR 运价,而 CCR 附减运价、SCR 运价和 GCR 运价三者之间则是优先适用运价低的。

(2)非公布直达运价(unpublished through rates)

当始发地机场至目的地机场间没有公布直达运价时,则可以采用比例运价和分段相加运价的方法构成全程直达运价,计算全程运费。

①比例运价(construction rates)

当货物运输的始发站至目的站无公布直达运价时,采用货物运价手册(TACT Rates 5.2)中公布的一种不能单独使用的运价附加数(add-on amount),与已知的公布直达运价相加,构成非公布直达运价。

比例运价产生的原因是:由于 TACT 篇幅的限制,无法将所有城市(特别是小城市)的运价都公布出来,为了弥补这一缺陷,根据运价制定的原则(航空运输成本和运输距离)制定比例运价:只要是运输距离在同一个距离的范围内或接近这一范围,就可以采

用以某一地点为运价的组合点，然后用组合点至始发地或目的地的公布运价与组合点至目的地或始发地的比例运价相加，构成全程运价。

②分段相加运价（combination of rates and charges）

当始发站至目的站无公布直达运价，同时也不能使用比例运价时，选择适当的运价构成点，按分段相加的方式组成全程最低运价。

使用分段相加运价应注意以下事项。

- 在采用分段相加的方式组成全程运价时，要选择几个不同的运价构成点，将组成的全程运价相比较，取其低者作为货物的非公布直达运价。
- 当国内运价和国际运价相加时，国际运价的规定同样适用于相加后的全程运价。
- 如果各段运价适用的计费重量不同，计算运费时应在货运单运价栏内分别填写。
- 采用分段相加的方式组成的非公布直达运价可作为等级货物运价的基础。
- 运价相加的原则：见分段相加表（或查 TACT Rules 3.8.2），只有表中公布的组合是允许的。
- 公布直达运价是以始发站国家的货币公布的，货物的航空运费也是以始发地国家货币计算的，因此分段相加运价中，各段运价的货币必须统一换算成始发地国家货币。

9.2.3　最低运费

航空货物的最低运费是指航空公司办理一批货物所能接受的最低收费标准，某两点间货物运输按适用运价乘以计费重量计得的航空运费，不得低于该限额。

国内运输中，普通货物每份货运单的最低航空运费为人民币 30.00 元。等级货物最低航空运费按普通货物最低运费的 150%计算，即按人民币 45.00 元收取。如经民航局和航空公司特别批准，可调整某类货物或航线的最低运费。

国际运输中，公布地点的最低运费按 TACT Rates 4.3 运价公布表中公布的金额收取。根据 TACT Rules 3.4.2 的规定，TACT 未公布地点的最低运费按该表所列金额收取。表 9-2 为从中国始发的货物最低运费。

表 9-2　从中国始发的货物最低运费

From COUNTRY to area sub-area/exception	CURRENCY CODE minimum charge
From CHINA (excluding Hong Kong SAR and Macao SAR) to	CNY
1	420
2　Europe, Middle East	320
2　Africa	451
3　Japan, Korea (Dem. Rep. of), Korea (Rep. of)	230
3　South Asian Subcontinent	230
3　South East Asia except to Hong Kong (SAR), Macao (SAR)	230
3　Hong Kong (SAR), Macao (SAR)	90
3　South West Pacific	420

9.3 国内航空货物运费

9.3.1 航空货物运费的基本概念

航空运费（weight charge）指每票货物根据适用的运价和货物的计费重量计算而得的，承运人、代理人应收取的运输费用及与运输有关的其他费用。不包括承运人、代理人向托运人收取的其他费用。

1. 航空运费的计算方法

航空货物运费的计算公式为

$$航空运费 = 货物的计费重量 \times 适用的货物运价$$

在使用普通货物运价时，应注意按照"从低原则"计算航空运费。即当货物计费重量接近某个重量分界点的重量时，将货物计费重量和对应的货物运价所计算出的航空运费与该重量分界点的重量和对应的货物运价所计算出的航空运费相比较，取其低者。

在使用各种类型的运价时，如果有协议运价，则优先使用协议运价。如果无协议运价，在相同运价种类、相同航程、相同承运人条件下，作如下处理。

（1）优先使用指定商品运价，其次使用等级货物运价。

如果货物可以按指定商品运价计算，但重量未满足 SCR 的最低重量要求，则用 SCR 与 GCR 比较，取低者。

如果该指定商品又属于附加的等级货物，则只能用附加的等级货物运价和 SCR 的计费结果比较，取低者，不能使用 GCR。

如果货物属于附减等级货物，则等级货物计费可与 GCR 比较，取低者。

（2）当无公布直达运价时，应使用非公布直达运价。

优先使用比例运价构成全程直达价。无比例运价时，用分段相加办法组成全程最低运价。

2. 航空运费的支付方法

①在中国境内，航空运费和其他费用以人民币支付。

②确有需要定期记账的个别托运人，经承运人同意后签订协议，运费可以记账，但最少每月结算一次。记账的货运单，应在第二联（出票人联）加盖"记账"的戳印。

③除非托运人与承运航空公司另有约定，否则应使用现金、支票或杂费证支付货物运费。

④中国境内承运人一般不办理运费到付业务。

⑤国内运输中，运价进位到"角"，"角"以下四舍五入。货物运费的结算单位为"元"，"元"以下四舍五入，由托运人在托运货物时付清。发生在货物运输过程中或目的站的与运输有关的费用由收货人在提取货物前付清。

3. 托运人责任

①托运人除支付须支付的费用外，还应保证支付因收货人原因可能使第三人蒙受的

损失。航空公司有权扣押未付清上述费用的货物，并可以拍卖处理，用部分或全部拍卖收入支付费用，但是，此种拍卖不能免除付款不足的责任。

②无论货物是否损失或是否运抵运输契约所指定的目的站，托运人或收货人应支付因承运该货物而产生的所有费用。

③托运人或收货人拒绝支付全部或部分费用时，承运人可以拒绝运输或交付货物。

9.3.2　航空货物运费的计算

1. 普通货物运费计算

【例 9-4】　托运人交运一票从广州运往成都的货物，毛重 3.7 千克，货物品名为服装样品，包装为纸箱，尺寸为 20 厘米×30 厘米×20 厘米。计算该票货物的航空运费。

```
运价：   M          30.00
         N           6.70
         45          4.00
         100         2.30
         300         2.00
```

【解】　体积：$20 \times 30 \times 20 = 12000$ 立方厘米

体积重量：$12000 \div 6000 = 2.0$ 千克

实际重量：4 千克

计费重量：4 千克

运价：N　6.70 元/千克

航空运费：$6.70 \times 4 = 26.80$ 元

以 N 运价计得的运费低于最低运费（M）30.00 元，所以航空运费应提高至最低运费 30 元。

航空货运单运费计算栏填制如下。

件数 No. of Pcs. 运价点 RCP	毛重（千克） gross weight (kg)	运价 种类 rate class	商品 代号 comm. item No.	计费重量 （千克） chargeable weight (kg)	费率 rate/kg	航空 运费 weight charge	货物品名（包括包装、尺寸或体积）Description of goods (incl. Packing, dimensions or volume)
1	4	M		4	30.00	30.00	服装样品/纸箱
1	4					30.00	20 厘米×30 厘米×20 厘米×1

【例 9-5】　托运人交运一票从广州运往北京的货物，毛重 39.8 千克，货物品名为印刷品，包装为纸箱，尺寸为 40 厘米×40 厘米×30 厘米×2。请计算该票货物的航空运费。

```
运价：   M          30.00
         N           8.60
         45          6.50
         100         4.50
         300         3.50
```

【解】 体积：$40 \times 40 \times 30 \times 2 = 96000$ 立方厘米

体积重量：$96000 \div 6000 = 16.0$ 千克

实际重量：40 千克

计费重量：40 千克

运价：N　　8.60 元/千克　　　　航空运费：N　　$8.60 \times 40 = 344.00$ 元

Q45　6.50 元/千克　　　　　　　　　Q45　$6.50 \times 45 = 292.50$ 元

根据运费计算从低原则，使用 Q45 运价计得的运费低于 N 运价计得的运费。

适用运价：Q45　6.50 元/千克

航空运费：人民币 292.50 元 ≈ 293.00 元

航空货运单运费计算栏填制如下。

件数 No. of Pcs. 运价点 RCP	毛重（千克） gross weight (kg)	运价 种类 rate class	商品 代号 comm. item No.	计费重量 （千克） chargeable weight (kg)	费率 rate/kg	航空 运费 weight charge	货物品名（包括包装、尺寸或 体积）description of goods (incl. packing, dimensions or volume)
2	40	Q		45	6.50	293.00	印刷品/纸箱
2	40					293.00	40 厘米 × 40 厘米 × 30 厘米 × 2

【例 9-6】 托运人交运一票从沈阳运往上海的货物，毛重 220.0 千克，货物品名为仪器，包装为纸箱，尺寸为 50 厘米 × 60 厘米 × 65 厘米 × 8。请计算该票货物的航空运费。

运价：	M	30.00
	N	6.60
	45	5.30
	100	4.60
	300	4.00

【解】 体积：$50 \times 60 \times 65 \times 8 = 1560000$ 立方厘米

体积重量：$1560000 \div 6000 = 260$ 千克

实际重量：220 千克

计费重量：260 千克

运价：Q100　4.60 元/千克　　　航空运费：Q100　$4.60 \times 260 = 1196.00$ 元

Q300　4.00 元/千克　　　　　　　　Q300　$4.00 \times 300 = 1200.00$ 元

根据运费计算从低原则，使用 Q100 运价计得的运费低于 Q300 运价计得的运费。

适用运价：Q100　4.60 元/千克

航空运费：人民币 1196.00 元

航空货运单运费计算栏填制如下。

件数 No. of Pcs. 运价点 RCP	毛重 （千克） gross weight (kg)	运价 种类 rate class	商品 代号 comm. item No.	计费重量 （千克） chargeable weight (kg)	费率 rate/kg	航空 运费 weight charge	货物品名（包括包装、尺寸或 体积）description of goods (incl. Packing, dimensions or Volume)
8	220	Q		260	4.60	1196.00	仪器/纸箱
8	220					1196.00	50 厘米 × 60 厘米 × 65 厘米 × 8

2. 指定商品运费计算

当两地之间既有指定商品运价，又有普通商品运价时，优先使用指定商品运价。如果用指定商品运价计得的运费高于普通商品运价计得的运费，则采用普通商品运价计得的运费。指定商品运费的计算步骤如下。

①查找运价表，如果两点间有指定商品代号，则考虑使用指定商品运价，记下指定商品品名编号。

②查找 TACT Rates 2.4 的品名表，找出与所运输货品名相对应的指定商品编号。

③检查最低计费重量限制，如果所运输货物的计费重量超过指定商品运价的最低重量，则可以使用指定商品运价，如果货物的计费重量没有达到指定商品运价的最低重量要求，则需要将普通货物运价计得的运费与指定商品运价较高重量点计得的运费进行比较，选取低者。

【例 9-7】　托运人交运一票从烟台运往上海的货物，毛重 550 千克，货物品名为海鲜，包装为泡沫箱，尺寸为 60 厘米 × 70 厘米 × 50 厘米 × 10。请计算该票货物的航空运费。

运价：		M	30.00
		N	4.70
		45	3.80
		100	1.60
		300	1.50
		500	1.40
	0300	500	1.00

【解】　体积：$60 \times 70 \times 50 \times 10 = 2100000$ 立方厘米

体积重量：$2100000 \div 6000 = 350$ 千克

实际重量：550 千克

计费重量：550 千克

适用运价：C0300　500　1.00 元/千克

航空运费：$1.00 \times 550 = 550$ 元

航空货运单运费计算栏填制如下。

件数 No. of Pcs. 运价点 RCP	毛重 （千克） gross weight (kg)	运价种类 rate class	商品代号 comm. item No.	计费重量 （千克） chargeable weight (kg)	费率 rate/kg	航空运费 weight charge	货物品名（包括包装、尺寸或体积）description of goods (incl. packing, dimensions or volume)
10	550	C	0300	550	1.00	550.00	海鲜/泡沫箱
10	550					550.00	60 厘米 × 70 厘米 × 50 厘米 × 10

3. 等级货物运费计算

等级货物运费的计算步骤如下。

①根据货物品名判断其是否适用于等级货物运价。

②适用的公布运价×百分比，并将计得的运价进位。

③适用的等级货物运价×计费重量，计算出等级货物的运费。

【例 9-8】 托运人交运一票从沈阳运往厦门的货物，毛重 15 千克，货物品名为冻羊肉，包装为纸箱，尺寸为 40 厘米×30 厘米×20 厘米×3。请计算该票货物的航空运费。

```
运价:    M          30.00
         N          9.50
         45         7.60
         100        6.70
         300        5.70
```

【解】 体积：$40 \times 30 \times 20 \times 3 = 72000$ 立方厘米

体积重量：$72000 \div 6000 = 12.0$ 千克

实际重量：15 千克

计费重量：15 千克

运价：冻羊肉属于鲜活易腐物品，是特种货物，应使用等级货物运价 N150%，即：$9.50 \times 150\% = 14.25$ 元/千克 ≈ 14.30 元/千克

航空运费：$14.30 \times 15 = 214.50$ 元 ≈ 215.00 元

最低运费：特种货物的最低运费为 M150%，即 $30.00 \times 150\% = 45.00$ 元

该票货物的运费人民币 215.00 元高于最低运费 45.00 元，因此其航空运费即为 215.00 元。

适用运价：N150% 14.30 元/千克   航空运费：人民币 215.00 元

航空货运单运费计算栏填制如下。

件数 No. of Pcs. 运价点 RCP	毛重 （千克） gross weight (kg)	运价 种类 rate class	商品 代号 comm. item No.	计费重量 （千克） chargeable weight (kg)	费率 rate/kg	航空 运费 weight charge	货物品名（包括包装、尺寸或体积）description of goods (incl. packing, dimensions or volume)
3	15	S	N150	15	14.30	215.00	冻羊肉/纸箱
3	15					215.00	40 厘米×30 厘米×20 厘米×3

【例 9-9】 托运人交运一票从海口运往长春的货物，毛重 1.8 千克，货物品名为天然珍珠，包装为木箱，尺寸为 30 厘米×20 厘米×10 厘米×1。请计算该票货物的航空运费。

```
运价:    M          30.00
         N          13.20
         45         10.60
         100        9.20
         300        7.90
```

【解】 体积：$30 \times 20 \times 10 = 6000$ 立方厘米

体积重量：$6000 \div 6000 = 1.0$ 千克

实际重量：1.8 千克

计费重量：1.8 千克

运价：天然珍珠属于贵重物品，是特种货物，应使用等级货物运价 N150%，即：13.20 × 150% = 19.80 元/千克

航空运费：19.80 × 1.8 = 35.64 元 ≈ 36.00 元

最低运费：特种货物的最低运费为 M150%，即 30.00 × 150% = 45.00 元

该票货物的运费人民币 36.00 元低于最低运费 45.00 元，因此其航空运费为 45.00 元。航空货运单运费计算栏填制如下。

件数 No. of Pcs. 运价点 RCP	毛重 （千克） gross weight (kg)	运价 种类 rate class	商品 代号 comm. item No.	计费重量 （千克） chargeable weight (kg)	费率 Rate/kg	航空 运费 weight charge	货物品名（包括包装、尺寸或体积） description of goods (incl. packing, dimensions or volume)
1	1.8	S	M150	1.8	45.00	45.00	天然珍珠/木箱
1	1.8					45.00	30 厘米 × 20 厘米 × 10 厘米 × 1

4. 非公布直达运价运费计算

【例 9-10】 托运人交运一票从海口运往梅县的货物，毛重 42 千克，货物品名为文具用品，包装为纸箱，尺寸为 30 厘米 × 40 厘米 × 40 厘米 × 3。请计算该票货物的航空运费。

HAK — CAN 运价：	M	30.00	CAN—MXN 运价：	M	30.00
	N	3.50		N	2.60
	45	2.80		45	1.00
	100	2.50			
	300	2.10			

【分析】 海口—梅县没有公布直达运价，采用广州作为运价组合点组成公布运价。

HAK—CAN 运价　N　3.50　Q45　2.80

CAN—MXN 运价　N　2.60　Q45　1.00

【解】 体积：30 × 40 × 40 × 3 = 144000 立方厘米

体积重量：144000 ÷ 6000 = 24 千克

实际重量：42 千克

计费重量：42 千克

运价组合：采用广州作为运价组合点，组成的公布运价为

N　　3.50 + 2.60 = 6.10 元/千克

Q45　2.80 + 1.00 = 3.80 元/千克

航空运费：N　　6.10 × 42 = 256.20 元

Q45　　3.80 × 45 = 171.00 元

根据运费计算从低原则，使用 Q45 运价计得的运费低于 N 运价计得的运费。

适用运价：Q45　3.80 元/千克

航空运费：人民币 171.00 元

航空货运单运费计算栏填制如下。

件数 No. of Pcs. 运价点 RCP	毛重 （千克） gross weight (kg)	运价种类 rate class	商品代号 comm. item No.	计费重量 （千克） chargeable weight (kg)	费率 rate/kg	航空运费 weight charge	货物品名（包括包装、尺寸或体积）description of goods (incl. packing, dimensions or volume)
3 CAN	42	Q		45	3.80	171.00	文具用品/纸箱
3	42					171.00	30 厘米 × 40 厘米 × 40 厘米 × 3

9.4　国际航空货物运费

9.4.1　国际航空货物运输中的货币

1. 货币代号

从 1990 年 1 月起，国际货运使用 ISO 制定的货币代号，该货币代号通常由国家和地区两字代号和货币简称三个字母组成（表 9-3）。例如，"CNY"表示人民币，其中，"CN"是国家两字代号，表示"中国"；"Y"是货币简称，表示"元"。

表 9-3　部分国家和地区的货币代号

货币名称	货币代号	货币名称	货币代号	货币名称	货币代号
人民币	CNY	美元	USD	日元	JPY
欧元	EUR	英镑	GBP	瑞士法郎	CHF
加拿大元	CAD	澳大利亚元	AUD	港币	HKD
瑞典克朗	SEK	丹麦克朗	DKK	挪威克朗	NOK
新西兰元	NZD	泰铢	THB	澳门元	MOP
菲律宾比索	PHP	新加坡元	SGD	韩国元	KRW

2. 货币进位

民航国际货物航空运价及运费的货币进位，因货币的币种不同而不同。TACT 将各国货币的进位单位的规则公布在 TACT Rules 5.7.1 中，进位规则分为最低运费和最低运费以外的运费两种。货币进位的方法归纳如下。

①当货币进位单位是 0.001、0.01、0.1、1 或 10 时，进位方法与四舍五入相似。例如，人民币的货币代号是 CNY，进位单位是 0.01，CNY59.028 进位后为 59.03，CNY59.021 进位后为 CNY59.02。

②当货币进位单位是 0.005、0.05、0.50 或 5 时，以最小进位单位的一半为准，划分为三个进位区。以 0.50 为例，最小进位单位的一般为 0.25，以 0.25 的一倍 0.25 和三倍 0.75 为准划分进位区。当尾数小于 0.25 时舍去；当尾数大于等于 0.25 小于 0.75 时，进位为 0.5；当尾数大于等于 0.75 时，进位为 1。例如，澳元的货币单位是 AUD，进位

单位是 0.05，AUD8.4862 的尾数 0.4862 大于 0.075，进位到 0.1，因此进位后为 AUD8.50。

9.4.2　航空货物运费的计算

1. 普通货物运费计算

【例 9-11】　一票货物的信息如下，请计算该票货物的航空运费。

Routing：	BEIJING, CHINA (BJS) to ROME, ITALY (ROM)
Commodity：	TYPEWRITER RIBBONS
Gross Weight：	15.0 kg
Dimensions：	1 box　40 cm×50 cm×60 cm

公布运价如下。

BEIJING	CN	BJS	
Y. RENMINBI	CNY	KGS	
ROME	IT	M	320.00
		N	45.72
		45	37.98
		100	36.00

【解】

Volume：	$40 \times 50 \times 60 = 120000$ cm^3
Volume Weight：	$120000 \div 6000 = 20.0$ kg
Gross Weight：	15.0 kg
Chargeable Weight：	20.0 kg
Applicable Rate：	GCR　N　45.72 CNY/kg
Weight Charge：	$20.0 \times 45.72 = $ CNY914.40

航空货运单运费计算栏填制如下。

No. of Pieces RCP	Gross Weight	kg lb	Rate Class		Chargeable Weight	Rate/ Charge	Total	Nature and Quantity of Goods (incl Dimension or Volume)
			1	Commodity Item No.				
1	15.0	K	N		20.0	45.72	914.40	TYPEWRITER RIBBONS
1	15.0						914.40	DIMS：40 cm×50 cm×60 cm×1

2. 指定商品运费计算

当货物作为指定商品运输，一种货物可同时按确指品名运价和泛指品名运价计算费用时，如果货物的重量满足确指品名运价的最低重量要求，则优先使用确指品名的指定商品运价，尽管计得的航空运费较高。

如果货物的重量没有满足确指商品运价的最低重量要求，则可以考虑使用泛指品名的指定商品运价。被选用的泛指品名运价必须同时满足以下三个条件。

①泛指品名要求的最低重量低于确指品名要求的最低重量。

②泛指品名的运价高于确指品名的运价。

③用泛指品名的指定商品运价计得的航空运费低于用确指品名商品运价计得的航空运费。

【例9-12】 一票货物的信息如下，请计算该票货物的航空运费。

Routing：	SHANGHAI, CHINA (SHA) to OSAKA, JAPAN (OSA)
Commodity：	WORM (1093)
Gross Weight：	24.1 kg EACH (4PCS)
Dimensions：	4 boxes　42 cm×60 cm×46 cm

公布运价如下。

SHANGHAI Y. RENMINBI	CN CNY	SHA KGS	
OSAKA	JP	M	230.00
		N	30.22
		45	22.71
	0008	300	18.80
	0300	500	20.61
	1093	100	14.72
	2195	500	18.80

【解】 Volume： $42 \times 60 \times 46 \times 4 = 463680 \text{ cm}^3$

Volume Weight： $463680 \div 6000 = 77.28 \text{ kg} \approx 77.5 \text{ kg}$

Gross Weight： $24.1 \times 4 = 96.4 \text{ kg}$

Chargeable Weight： 96.5 kg

（1）按指定商品运价使用规则计算：

Applicable Rate： SCR　1093/Q100　14.72 CNY/kg

Weight Charge： $100.0 \times 14.72 = \text{CNY}1472.00$

（2）按普通货物运价使用规则计算：

Applicable Rate： GCR　Q45　22.71 CNY/kg

Weight Charge： $96.5 \times 22.71 = \text{CNY}2\ 191.515 \approx \text{CNY}2191.52$

比较（1）与（2），取运费较低者，即航空运费为CNY1 472.00。

航空货运单运费计算栏填制如下。

No. of Pieces RCP	Gross Weight	kg lb	Rate Class		Chargeable Weight	Rate/ Charge	Total	Nature and Quantity of Goods (incl Dimension or Volume)
				Commodity Item No.				
4	96.4	K	C	1093	100.0	14.72	1472.00	WORM
4	96.4						1472.00	DIMS： 42 cm × 60 cm × 46 cm × 4

【例9-13】 一票货物的信息如下，请计算该票货物的航空运费。

Routing：	DUBAI, AE (DXB) to BIRMINGHAM, GB (BHX)
Commodity：	CARPETS (2865)
Gross Weight：	550.0 kg

公布运价如下。

DUBAI U. A. E.DIRH.	AE AED		DXB KGS
BIRMINGHAM	GB	M	190.00
		N	30.85
		45	23.15
		100	13.80
		500	9.85
	0300	500	8.95
	2199	250	10.35
	2199	500	8.35
	2865	500	9.80

【解】 Gross Weight： 550.0 kg

Chargeable Weight： 550.0 kg

Applicable Rate： SCR2865/500 9.80 AED/kg

Weight Charge： 550.0 × 9.80 = AED5 390.00

航空货运单运费计算栏填制如下表。

No. of Pieces RCP	Gross Weight	kg lb	Rate Class		Chargeable Weight	Rate/ Charge	Total	Nature and Quantity of Goods (incl Dimension or Volume)
				Commodity Item No.				
1	550.0	K	C	2865	550.0	9.80	5390.00	CARPETS
1	550.0						5390.00	

【例 9-14】 一票货物的信息如下，请计算该票货物的航空运费。

Routing： DUBAI, AE (DXB) to BIRMINGHAM, GB (BHX)

Commodity： CARPETS (2199)

Gross Weight： 450.0 kg

公布运价如下。

DUBAI U. A. E.DIRH.	AE AED		DXB KGS
BIRMINGHAM	GB	M	190.00
		N	30.85
		45	23.15
		100	13.80
		500	9.85
	0300	500	8.95
	2199	250	10.35
	2199	500	8.35
	2865	500	9.80

【解】 （1）按确指品名运价计算

Gross Weight： 450.0 kg

Chargeable Weight：　　500.0 kg

Applicable Rate：　　　SCR2865/500　　　9.80 AED/kg

Weight Charge：　　　 500.0×9.80 = AED4 900.00

（2）按泛指品名运价计算

Gross Weight：　　　　450.0 kg

Chargeable Weight：　　450.0 kg

Applicable Rate：　　　SCR2199/Q250　　　10.35 AED/kg

Weight Charge：　　　 450.0×10.35 = AED4 657.50

比较（1）与（2），取运费较低者，即航空运费为 AED4 657.50。

航空货运单运费计算栏填制如下。

No. of Pieces RCP	Gross Weight	kg lb	Rate Class		Chargeable Weight	Rate/ Charge	Total	Nature and Quantity of Goods (incl Dimension or Volume)
				Commodity Item No.				
1	450.0	K	C	2199	450.0	10.35	4657.50	CARPETS
1	450.0						4657.50	

3. 等级货物运费计算

对于等级货物的国际联运，如果参加联运的某一承运人对其承运的航段有特殊的等级货物百分比，即使运输起讫地点间有公布的直达运价，也不可以直接使用。此时，应采用分段相加的办法计算运输始发地至运输目的地的航空运费。

（1）活体动物运价

IATA 在 TACT Rules 3.7.2 中公布了活体动物运价表，如表 9-4 所示。使用时应注意，动物的容器和食物应包含在活体动物的计费重量中。

表 9-4　活体动物运价表

	IATA 分区					
	TC1	TC2	TC3	TC1 与 TC2 之间	TC2 与 TC3 之间	TC3 与 TC1 之间
所有活体动物 例外：出生不足 72 小时的 雏禽	175% of Normal GCR	175% of Normal GCR	150% of Normal GCR*	175% of Normal GCR	150% of Normal GCR*	150% of Normal GCR*
出生不足 72 小时的雏禽	Normal GCR	Normal GCR	Normal GCR*	Normal GCR*	Normal GCR*	Normal GCR*

*例外：在西南太平洋区域内或从该区域出发，运价为适用的 GCR 的 200%。

其中："normal GCR"，使用 45 千克以下的普通货物运价，如果没有 45 千克以下的普通货物运价，可使用 100 千克以下的普通货物运价。此时，不需要考虑较高重量点的较低运价。

"××% of normal GCR"，按 45 千克（或 100 千克）以下的普通货物运价附加某个百分比使用。

"××% of applicable GCR"，使用与货物重量相适应的普通货物运价。

活体动物的最低运费按公布最低运费的 200%收取。在欧洲共同航空区（European

Common Aviation Area，ECAA）国家之间运输除外。

【例 9-15】　一票货物的信息如下，请计算该票货物的航空运费。

　　　　　Routing：　　　AMSTERDAM, NETHERLANDS (AMS) to TAIPEI, TAIWAN (TPE)

　　　　　Commodity：　BABY POULTRY

　　　　　Gross Weight：3.0 kg

　　　　　Dimensions：　1 cage　40 cm × 30 cm × 30 cm

公布运价如下。

AMSTERDAM EURO	NL EUR		AMS KGS
TAIPEI	TW	M	68.07
		N	17.20
		45	13.00
		100	4.23

【解】　Volume：　　　　　　$40 \times 30 \times 30 = 36000 \text{ cm}^3$

　　　　Volume Weight：　　$36000 \div 6000 = 6.0 \text{ kg}$

　　　　Gross Weight：　　　3.0 kg

　　　　Chargeable Weight：　6.0 kg

　　　　Applicable Class Rate：　Normal　GCR　17.20 EUR/kg

　　　　Weight Charge：　　　$6.0 \times 17.20 = \text{EUR}103.20$

　　　　Minimum Charge：　　$200\% \times 68.07 = \text{EUR}136.14$

因此，该票货物的航空运费为 EUR136.14。

航空货运单运费计算栏填制如下。

No. of Pieces RCP	Gross Weight	kg lb	Rate Class		Chargeable Weight	Rate/ Charge	Total	Nature and Quantity of Goods (incl Dimension or Volume)
				Commodity Item No.				
1	3.0	K S		M200	6.0	136.14	136.14	BABY POULTRY
1	3.0						136.14	DIMS：40 cm×30 cm×30 cm×1LIVE ANIMAL

（2）贵重物品运价

贵重物品运价表如表 9-5 所示。

表 9-5　贵重物品运价表

Area：	Rate：
All IATA areas; excluding between countries in the ECAA (within Europe see also Rule 3.7.1.3)	200% of the Normal GCR
From Exceptions alphabetically listed by country：	% of the Normal GCR / Charge per kg.
France to all areas Russia to all areas (except Canada, USA) Russia to Canada, USA： a. consignments weighing up to 1 000kg. b. consignments weighing 1 000kg. or over	250% 300% 300% 200%

其中：贵重物品按 45 kg 以下普通货物运价的 200%收取（在 ECAA 国家之间运输除外）。

另外：从法国始发，按 45 kg 以下普通货物运价的 250%收取；

从俄罗斯出发（至加拿大、美国除外），按 45 kg 以下普通货物运价的 300%收取；

从俄罗斯始发至加拿大、美国，如果货物重量小于 1000 kg，按 45 kg 以下普通货物运价的 300%收取；如果货物重量大于或等于 1000 kg，则按 200%收取。

贵重物品的最低运费按公布最低运费标准的 200%收取，并且不得低于 50.00 美元或其等值货币。

【例 9-16】 一票货物的信息如下，请计算该票货物的航空运费。

Routing：	BEIJING, CHINA （BJS） to TOKYO, JAPAN （TYO）
Commodity：	GOLD COINS
Gross Weight：	50.0 kg
Dimensions：	2 PCS 50 cm × 40 cm × 30 cm each

公布运价如下。

BEIJING Y. RENMINBI	CN CNY		BJS KGS
TOKYO	JP	M	230.00
		N	37.51
		45	28.13
	0008	300	36.00
	0300	500	20.61
	1093	100	18.43
	2195	500	18.80

【解】

Volume：	$50 \times 40 \times 30 \times 2 = 120\,000$ cm³
Volume Weight：	$120\,000 \div 6\,000 = 20.0$ kg
Gross Weight：	50.0 kg
Chargeable Weight：	50.0 kg
Applicable Rate：	200% of Normal GCR
	$200\% \times 37.51 = $ CNY75.02/kg
Weight Charge：	$75.02 \times 50.0 = $ CNY3 751.00

航空货运单运费计算栏填制如下。

No. of Pieces RCP	Gross Weight	kg lb	Rate Class	Commodity Item No.	Chargeable Weight	Rate/ Charge	Total	Nature and Quantity of Goods (incl Dimension or Volume)
2	50.0	K	S	N200	50.0	75.02	3751.00	GOLD COINSDIMS：50 cm × 40 cm ×
2	50.0						3751.00	30 cm × 2VALUABLE CARGO

（3）报纸、杂志类运价

报纸、杂志、图书、目录、盲人读物及设备等货物重量为 5 kg 以上时，可使用报纸、杂志类运价，具体运价规则如表 9-6 所示（不适用于 ECAA 国家）。

表 9-6　报纸、杂志类运价表

Area:	Rate:
Within IATA area 1; Within Europe (see also Rule 3.7.1.3); Between IATA areas 1 and 2 All other areas Exceptions alphabetically listed by country:	67% of the Normal GCR 50% of the Normal GCR
From	% of the Normal GCR / Charge per kg.
From and within Germany on Lufthansa Cargo Service	Applicable GCR

其中：中国至 IATA 各区，报纸、杂志类货物按 45 kg 以下普通货物运价的 50%收取。

如果按 45 kg 以上运价（Q 运价）计得的运费低于上述规定计得的运费，可以使用此种较低的运费。

书报、杂志类货物的最低运费按公布的最低运费（M）收取。

【例 9-17】　一票货物的信息如下，请计算该票货物的航空运费。

Routing：	SHANGHAI, CHINA (SHA) to LONDON, U.K. (LON)
Commodity：	NEWSPAPERS
Gross Weight：	6.0 kg
Dimensions：	1 box　20 cm × 20 cm × 20 cm

公布运价如下。

SHANGHAI	CN		SHA	
Y. RENMINBI	CNY		KGS	
LONDON	GB	M	320.00
		N	61.65
		45	50.22

【解】

Volume：	$20 \times 20 \times 20 = 8000 \text{ cm}^3$
Volume Weight：	$8000 \div 6000 = 1.33$ kg
Gross Weight：	6.0 kg
Chargeable Weight：	6.0 kg
Applicable Rate：	50% of Normal GCR
	$50\% \times 61.65 = 30.825$ CNY/kg ≈ 30.83 CNY/kg
Weight Charge：	$6.0 \times 30.83 =$ CNY184.98
Minimum Charge：	CNY320.00

因此，该票货物的航空运费为 CNY320.00。

航空货运单运费计算栏填制如下。

No. of Pieces RCP	Gross Weight	kg lb	Rate Class		Chargeable Weight	Rate/ Charge	Total	Nature and Quantity of Goods (incl Dimension or Volume)
			Commodity Item No.					
1	6.0	K	R	M100	6.0	320.00	320.00	NEWSPAPERS
1	6.0						320.00	DIMS：20 cm×20 cm×20 cm×1

（4）作为货物运输的行李运价

作为货物运输的行李指个人衣服和个人物品，包括手提乐器、手提打字机、手提体育用品；但不包括机器及其零配备件、现金、债券、珠宝、手表、金银及镀金、镀银器皿、毛发、胶卷、照相机、客票、文件、药剂、香料、家具、日用品及样品。收运条件具体如下。

①使用此运价运输的行李航程必须包括在旅客所持客票的航程范围内。

②旅客交运行李的时间不得晚于旅客出行的日期。

③旅客的客票号、航班号、日期等旅行信息必须填写到航空货运单上。

④旅客必须做一个行李内容的申报，完成行李发运、海关所要求的文件，负责行李到付及海关的额外费用。

⑤运输行李的航班由承运人决定。

⑥作为货物运输的行李运价不得与45千克以下普通货物运价或指定商品运价相加。

IATA 公布的作为货物运输的行李运价表如表 9-7 所示。

表 9-7　作为货物运输的行李运价表

国家/地区	运　　价
除马来西亚和西南太平洋地区外，所有 IATA 区域出发	Applicable GCR
马来西亚出发	50% of the Normal GCR
澳大利亚、巴布亚和新几内亚出发	75% of the Normal GCR
从新西兰到萨摩亚和汤加	Applicable GCR
从新西兰到所有其他国家	50% of the Normal GCR
西南太平洋的其他国家出发	50% of the Normal GCR
克罗地亚出发	75% of the Normal GCR

其中，作为货物运输的行李运价适用于所有国家之间的运输（ECAA 国家之间和国际航协欧洲分区所属国家之间除外）。

从中国始发的及世界上大部分国家的作为货物运输的行李运价为适用的普通货物运价。如果采用普通货物运价计算的结果低于采用行李运价计算的结果时，则应按照普通货物运价计算的结果收费。

作为货物运输的行李的最低运费按公布的最低运费（M）收取。

【例 9-18】　一票货物的信息如下，请计算该票货物的航空运费。

Routing：　　　　SHANGHAI, CHINA (SHA) to SINGAPORE (SIN)

Commodity：　　PERSONAL EFFECTS

Gross Weight：　15.0 kg

　　　　　　Dimensions：　　　　1 case　　60 cm×40 cm×30 cm

公布运价如下。

SHANGHAI	CN		SHA
Y. RENMINBI	CNY		KGS
SINGAPORE	SG	M	230.00
		N	34.15
		45	25.56
		300	21.86

【解】　Volume：　　　　　$60 \times 40 \times 30 = 72000 \text{ cm}^3$

　　　　Volume Weight：　　$72000 \div 6000 = 12.0 \text{ kg}$

　　　　Gross Weight：　　　15.0 kg

　　　　Chargeable Weight：　15.0 kg

　　　　Applicable Rate：　　34.15 CNY/kg

　　　　Weight Charge：　　　$15.0 \times 34.15 = \text{CNY } 512.25$

航空货运单运费计算栏填制如下。

No. of Pieces RCP	Gross Weight	kg lb	Rate Class		Chargeable Weight	Rate/ Charge	Total	Nature and Quantity of Goods (incl Dimension or Volume)
				Commodity Item No.				
1	15.0	K	R	N100	15.0	34.15	512.25	, PERSONAL EFFECTS
1	15.0						512.25	DIMS: 60 cm × 40 cm × 30 cm × 1

9.4.3　混运货物的运费

　　混运货物是指使用同一份货运单运输的货物中，包含有不同运价、不同运输条件的货物。混运货物中不得包含的物品有：TACT Rules 3.7.6 中规定的任何贵重物品、活体动物、尸体、骨灰、外交信袋、作为货物运输的行李、机动车辆（电力自动车辆除外）等。

　　1. 混运货物的申报方式与计算规则

　　①申报整批货物的总重量（或体积）。计算规则：混运的货物被视为一种货物，根据货物总重量确定一个计费重量。运价采用适用的普通货物运价。

　　②分别申报每一种类货物的件数、重量、体积及货物品名。计算规则：按不同种类货物适用的运价与其相应的计费重量分别计算运费。

　　③如果混运货物使用一个外包装将所有货物合并运输，则该包装物的运输按混运货物中运价最高的货物的运价计收。

　　2. 混运货物的声明价值

　　混运货物只能按整票（整批）货物办理声明价值，不得办理部分货物的声明价值，或办理两种以上的声明价值。所以，混运货物声明价值附加费应按整票货物总的毛重计算。

3. 混运货物的最低运费

混运货物的最低运费按整票货物计收。即无论是整批申报或分别申报的混运货物，按其运费计算方法计得的运费与起讫地点间的最低收费标准比较，取高者。

4. 混运货物的运费计算

计算混运货物运费时，需按照整批申报和分别申报两种方法进行计算，比较算得的运费，取低者。

【例 9-19】 一票货物的信息如下，请计算该票货物的航空运费。

Routing： SHANGHAI, CHINA (SHA) to OSAKA, JAPAN (OSA)

Commodity： MAGAZINES, BEANS AND SAMPLES

Gross Weight：50.0 kg, 100.0 kg AND 80.0 kg

Dimensions： 1 box　　40 cm × 40 cm × 30 cm

2 boxes　50 cm × 50 cm × 60cm

1 box　　40 cm × 60 cm × 70 cm

公布运价如下。

SHANGHAI	CN		SHA
Y. RENMINBI	CNY		KGS
OSAKA	JP	M	230.00
		N	30.22
		45	22.71
	0008	300	18.80
	0300	500	20.61
	1093	100	14.72
	2195	500	18.80

【解】 **1. 按整批申报计算运费**

Total Gross Weight： 50.0 + 100.0 + 80.0 = 230.0 kg

Volume： 40 × 40 × 30 = 48000 cm³

50 × 50 × 60 × 2 = 300000 cm³

40 × 60 × 70 = 168000 cm³

Volume Weight： （48000 + 300000 + 168000）÷ 6000 = 86.0 kg

Chargeable Weight： 230.0 kg

Applicable Rate： GCR Q　22.71 CNY/kg

Weight Charge： 230.0 × 22.71 = CNY5223.30

2. 按分别申报计算运费

（1）MAGAZINES

Volume： 40 × 40 × 30 = 48000 cm³

Volume Weight： 48000 ÷ 6000 = 8.0 kg

Gross Weight： 50.0 kg

Chargeable Weight：　　　50.0 kg

Applicable Rate：　　　　50% of Normal GCR

　　　　　　　　　　　　50% × 30.22 = 15.11 CNY/kg

Weight Charge：　　　　15.11 × 50.0 = CNY755.50

（2）BEANS

①按指定商品运价计算

　　Volume：　　　　　　　50 × 50 × 60 × 2 = 300000 cm³

　　Volume Weight：　　　300000 ÷ 6000 = 50.0 kg

　　Gross Weight：　　　　100.0 kg

　　Chargeable Weight：　300.0 kg

　　Applicable Rate：　　　C0008 300　18.80 CNY/kg

　　Weight Charge：　　　18.80 × 300.0 = CNY5 640.00

②按普通货物运价计算

　　Volume：　　　　　　　50 × 50 × 60 × 2 = 300000 cm³

　　Volume Weight：　　　300000 ÷ 6000 = 50.0 kg

　　Gross Weight：　　　　100.0 kg

　　Chargeable Weight：　100.0 kg

　　Applicable Rate：　　　GCR Q　22.71 CNY/kg

　　Weight Charge：　　　22.71 × 100.0 = CNY2271.00

经比较，该货物的运费为 CNY2271.00。

（3）SAMPLES

　　Volume：　　　　　　　40 × 60 × 70 = 168000 cm³

　　Volume Weight：　　　168000 ÷ 6000 = 28.0 kg

　　Gross Weight：　　　　80.0 kg

　　Chargeable Weight：　80.0 kg

　　Applicable Rate：　　　GCR Q　22.71 CNY/kg

　　Weight Charge：　　　22.71 × 80.0 = CNY1 816.80

三种货物的运费总和为：755.50 + 2271.00 + 1816.80 = CNY4843.30

整体申报的货物运费为 CNY5223.30，分别申报的货物运费为 CNY4843.30，经比较取低者。因此，该票货物的航空运费为 CNY4843.30。

航空货运单运费计算栏填制如下。

No. of Pieces RCP	Gross Weight	kg lb	Rate Class		Chargeable Weight	Rate/ Charge	Total	Nature and Quantity of Goods (incl Dimension or Volume)
				Commodity Item No.				
1	50.0	K	R	N50	50.0	15.11	755.50	
2	100.0	K	Q		100.0	22.71	2271.00	MAGAZINES
1	80.0	K	Q		80.0	22.71	1816.80	BEANS
								SAMPLES
4	230.0						4843.30	

5. 比例运价的运费计算

（1）比例运价表的使用说明

以加拿大 CALGARY 城市为例，比例运价表如表 9-8 所示。

表 9-8　比例运价表

CALGARY　AB CANADIAN $	CAD	CA KGS	YYC KGS
CONST.OVER YMQ MONTREAL QC CA AREA2			
	GCR	N	0.97	1.16
TO EUROPE			
	SCR	45	0.91	1.09
	SCR	100	0.90	1.08
	SCR	300	0.82	0.98
MIDDLE EAST			
	SCR	45	0.97	1.16
CONST.OVER YTO TORONTO ON CA AREA1			
	GCR	N	0.96	1.15
CONST.OVER YVR VANCOUVER BC CA AREA3			
	GCR	N	0.56	0.67

①构成直达运价地点：用比例运价构成直达运价的一地点可以是始发地，也可以是目的地。

②另一地点所在区：用比例运价组成直达运价的另一地点 （目的地或始发地）所在运价区。

③运价组成点：在 TACT Rules 5.2 运价表所要查找的城市下标有"CONST.OVER"字样，其后所列的城市（三字代码）即运价组成点。

④如果在指定区域中，比例运价前列有"FROM"字样，说明该运价只适用于自该特定区域始发。

如果在指定区域中，比例运价前列有"TO"字样，说明该运价只适用于至该特定区域。

⑤运输区域决定运价构成点。

（2）比例运价的分类及使用要求

①比例运价分类

TACT Rates Book 中所列的比例运价分为三类。

普通货物的比例运价，用"GCR"表示。

指定商品的比例运价，用"SCR"表示。

集装箱的比例运价，用"ULD"表示。

②比例运价使用要求

只有相同种类的货物运价才能组成始发地至目的地的货物运价。

普通货物比例运价只能与普通货物运价相加，即 GCR + GCR。

指定商品比例运价只能与指定商品运价相加，即 SCR + SCR。

集装箱比例运价只能与集装箱运价相加，即 ULD + ULD。

（3）比例运价货币换算

比例运价以两种货币单位公布：美元和当地货币。

使用美元所列运价，必须采用 TACT Rates 5.3.1 中公布的换算比价折算成所需货币的运价。使用当地货币（美元以外货币）换算成另一种当地货币（始发国货币）时、必须按上述换算表中的换算比价，将要换算的以当地货币表示的运价乘以始发地货币与美元的比率，然后再除以当地货币与美元的比率，即求得所需货币的运价。

用公式表示为：

始发地货币 = 当地货币 × 始发地货币与美元的比率/当地货币与美元的比率

（4）最低运费

用比例运价组成运价计算货物运费时，该货物的最低运费应采用始发地至目的地的最低运费，即各国最低运费中公布的各国至某一区域或国家的最低运费。

（5）比例运价注意事项

①比例运价只适合于国际运输，不适合于当地运输。

②采用比例运价构成直达运价，比例运价可加在公布运价的两端，但每一端不能连加两个以上的比例运价。

③当始发地或目的地可以经不同运价组成点与比例运价相加组成不同的直达运价，应采用最低运费。

④用公布直达运价同比例运价组合出来的普通货物运价（GCR + GCR）可以用于等级货物。

⑤运价的构成不影响货物的运输路线。

【例 9-20】　一票货物的信息如下，请计算该票货物的航空运费。

Routing:　　　BELJING，CHINA （BJS） to SESHEKE，ZAMBIA （SJO）

Commodity：ELECTRON TURE

Gross Weight: 50.0 kgs

Dimensions:　2 boxes 30 cm × 50 cm × 70 cm each

R.O.E.：　　　USD1.00 = CNY6.36496

公布运价如下。

SESHEKE U.S.DOLLAR	USD	ZM KGS	SJQ KGS
CONST.OVER LUN LUSAKA ZM AREA2			
	GCR	N	0.40
	GCR	45	0.29
AREA3			
	GCR	N	0.40
	GCR	45	0.29

BEIJING	CN	BJS	
Y. RENMINBI	CNY	KGS	
LUSAKA	ZM	M	451.00
		N	106.32
		45	90.37

【解】 分析：查 TACT RATES 4.3，货物从 BJS 运至 SJQ 没有公布直达运价，故此题的关键是组成 BJS 运至 SJQ 的非公布直达运价。首先查阅 TACT RATES5.2，找到此票货物的比例运价，并且比例运价组成点经过 LUN，LUSAKA。表中运价为 LUN-SJQ 的比例运价：GCR N 0.40（USD），GCR 45 0.29（USD），将以美元为单位的比例运价 GCR45 USD0.29 换算成始发地货币。

LUN-SJO 美元货币的换算：USD1.00 = CNY6.36496

USD0.29 = 0.29 × CNY6.36496 = CNY1.846 ≈ CNY1.85

BJS-SJQ 运价构成：　　　　 BJS-LUN-SJQ

BJS-LUN 公布直达运价：　　 GCR 4590.37CNY/kg

LUN-SJQ 比例运价：　　　　 GCR 451.85CNY/kg

所以 BJS-SJQ 直达运价：　　 GCR 4592.22CNY/kg

Volume: 30 cm × 50 cm × 70 cm × 2 = 210000 cm^3

Volume Weight: 210000 cm^3 ÷ 6000 cm^3/kg = 35.0 kgs

Gross Weight: 50.0 kgs

Chargeable Weight : 50.0 kgs

Applicable Rate: GCR 45 92.22CNY/kg

Weight Charge: 50.0 × 92.22 = CNY4611.00

航空货运单运费计算栏填制如下表所示。

No. of Pieces RCP	Gross Weight	kg lb	Rate Class	Commodity Item No.	Chargeable Weight	Rate/ Charge	Total	Nature and Quantity of Goods (incl Dimension or Volume)
2 LUN	50.0	K	Q		50.0	92.22	4611.00	ELECTRON TURE
2	20.0						4611.00	DIMS：30cm×50cm×70cm×2

RCP: RATE CONSTRUCTION POINT（运价组合点）。

9.5　其　他　费　用

在实际工作中，对于航空公司或其代理人将收运的货物自始发地（或从托运人手中）运至目的地（或提取货物后交给提货人）的运输组织过程，除发生航空运费外在运输始发地、中转地、目的地经常发生与航空运输有关的其他费用（other charges），包括声明价值附加费、航空保险费、地面运输费、退运手续费等。

9.5.1　声明价值附加费

在国内运输中，《中国民用航空货物国内运输规则》规定，托运人托运的货物，毛重每千克价值在人民币 100 元以上的，可办理货物声明价值，按规定交纳声明价值附加费。每张货运单的声明价值一般不超过人民币 50 万元。已办理托运手续的货物要求变更时，声明价值附加费不退。计算公式为

$$声明价值附加费 =（声明价值 - 实际重量 \times 100）\times 0.5\%$$

在国际运输中，根据《华沙公约》，航空公司对货物的丢失或延误的最高赔偿限额是每千克毛重 17 个计算单位，即特别提款权。有些国家有特殊的规定，具体参阅 TACT Rules 3.2。当托运人托运的货物每千克毛重的价值超过 17 个计算单位或其等值货币时，可以办理货物声明价值，并按规定向承运人支付声明价值附加费。声明价值附加费的计算公式为

$$声明价值附加费 =（声明价值 - 17SDR 与始发国货币兑换率 \times 货物毛重）\times 0.75\%$$

有关规定如下。

①托运人办理货物声明价值时，须整票货物办理，不得办理部分或高低两种不同的声明价值。

②声明价值附加费和运费一起，只能全部预付或全部到付。

③自愿变更运输时，声明价值附加费不予退还。

④运输用的声明价值，适用于货物的毛重，但不包括航空公司的集装设备重量等。

9.5.2　国内航空保险费

在国内运输中，托运人可以要求办理航空货物运输保险。航空公司作为保险公司的代理方，可以根据货物的性质和易损程度，按照保险公司提供的保险费率表，为托运人办理航空货物运输保险。

托运人办理保险业务时，航空公司凭托运书填开货运单，将保险金额和保费填入货运单相应位置，加盖代理保险戳记。航空运输保险只在始发地办理，保险费需全部预付。托运人托运货物时，航空运输保险和声明价值两者取一。

9.5.3　地面运输费

地面运输费是指使用车辆在机场和市区货运处之间运送货物的费用。对地面运输费的收取规定如下。

①在出发地使用车辆者，每千克（计费重量）收取人民币 0.20 元。

②在到达地使用车辆者，每千克（计费重量）收取人民币 0.20 元，由到达站收取，出发地不应计收到达地的地面运输费。

③不使用车辆者不收费。

④每份航空货运单最低地面运输费为人民币 5.00 元。

⑤对机场与市区货运处路程较远的到达地，可商请当地工商、税务等部门核准收取

地面运输费的标准。

9.5.4　退运手续费

在国内货物运输中，每份航空货运单的退运手续费为人民币 20 元。国际货物运输中，每份航空货运单的退运手续费为人民币 40 元。

9.5.5　货运单费

货运单费又称航空货运单工本费，此项费用为填制航空货运单的费用。中国每份国际货运单收取人民币 50 元。货运单费应填制在货运单的"其他费用"一栏，用两字代码"AW"表示。

9.5.6　运费到付手续费

国际货物运输中，当货物的航空运费及其他费用到付时，在目的地的收货人除支付货物的航空运费和其他费用外，还应支付运费到付手续费。此项费用由最后一个承运航空公司收取，并归其所有。对于运至中国的运费到付货物，运费到付手续费的计算公式为

运费到付手续费 =（货物的航空运费 + 声明价值附加费）× 5%

各个国家的运费到付手续费的收费标准不同，我国的最低收费标准为人民币 100 元。

9.5.7　危险物品处理费

国际航空货物运输中，对于收运的危险物品货物，除按危险品规则收运并收取航空运费外，还应收取危险物品处理费，该费用必须填制在货运单的"其他费用"栏内，用"RA"表示费用种类。从中国始发至 IATA 一区、二区、三区，每票货物的最低收费标准均为人民币 650 元。

9.5.8　超限货物附加费

托运人托运的货物，非宽体飞机单件重量超过 80 千克或体积超过 40 厘米×60 厘米×100 厘米；宽体飞机单件重量超过 250 千克或体积超过 100 厘米×100 厘米×140 厘米的货物称为超限货物。

超限货物的收运应考虑飞机货舱门的尺寸、始发站/中转站/到达站机场装卸设备的操作能力、飞机货舱地板承受力的大小等因素，并应按规定收取超限货物附加费。超限货物附加费的收费标准各航空公司有所不同。

我国国内航空货物运价体系的变革

1971 年以前，航空货物运价的计价方法，是以客票价为基础，按客货运价之间的

一定比率，求得货物实际运价。因此，每次调整旅客运价时，货物运价也随着相应地调整。1971 年 3 月民航大幅度调整运价时，国内货物、邮件、行李运价均按 1967 年原价为准进行调整。此后，货物、邮件、行李运价与旅客运价完全脱钩，改为以货物运价作为邮件、行李运价的基础运价。货物每吨千米运价沿铁路线为 0.65 元；不沿铁路线为 0.80 元。货物与邮件运价的比率为 1∶1.69；货物与行李运价的比率为 1∶1.25。1974 年国内旅客运价实行两种票价时，货物运价也分为两种：第一种货物运价按原规定不变，只适用于国内居住的我国公民；第二种货物运价，45 千克以下货物按客票价的 0.8% 计算，45 千克以上每千克按客票价的 0.6% 计算，适用于外国公民及中国港澳台同胞。国内两种货物运价与客票价同时于 1984 年 9 月起取消，第二种运价改为公布运价，第一种运价改为折扣运价。1998 年 9 月 1 日起，国内航线货物运价按新运价结构执行。

全球空运价格创纪录

英国媒体 2021 年 12 月 13 日报道，随着圣诞节需求猛增，全球航空货运价格上涨至创纪录水平。

英国《金融时报》报道，中国上海至北美航线空运价格上周首次达到每千克 14 美元。这一价格在 8 月底为每千克 8 美元，在 2020 年年初新冠疫情最初干扰供应链时为每千克 12 美元。报道说，中国香港至欧洲和美国航线、德国法兰克福至北美航线空运价格同样上涨。通常情况下，半数空运货物由客机送运。但新冠疫情期间，许多航线停飞。即便一些航空企业建议复飞，也针对那些旅游航线，而非连接重要制造业中心的航线。自美国政府宣布向境外游客重新开放边境以来，法兰克福与北美之间的空运溢价从每千克 3.5 美元增加至 5.4 美元。德国德迅海空运有限公司全球空运部负责人英韦·鲁德说：“每个人都清楚，如果想要商品在圣诞节前摆上货架，就必须利用空运。”作为英国重要货运枢纽，英国东米德兰机场预计本财年处理 47 万吨商品，高于疫情前的 37 万吨。商家不仅空运时尚类和消费电子类商品，也在空运汽车零部件和芯片等商品。商家改用空运前，受集装箱短缺和港口拥堵影响，海运业出现混乱。世界贸易组织总干事恩戈齐·奥孔乔·伊维拉说，供应链问题仍将持续数月。

（资料来源：新华社新媒体公众号）

【案例思考题】

哪些因素能够影响航空运价？

航空货物运费是指航空公司将一票货物自始发地机场至目的地机场所应收取的航空运输费用，该费用根据每票货物所适用的运价和计费重量计算而得。重点掌握普通货物、指定商品、等级货物的运价和运费计算方法及混运货物的运费计算方法，掌握国内与国际航空运费的区别及航空货运单的运费相关栏目的填制内容，掌握货物声明价值附加费、航空保险费等其他费用的计收方法和货运单填制方法。

1. 托运人交运 6 件从上海运往西安的钻石，每件尺寸为 50 cm × 40 cm × 25 cm，总重量为 30.0 kg。声明价值为 20 万元人民币，计算该票货物的航空运费和声明价值附加费。

（运价：M　30.00；N　3.52；45　2.13；100　1.45）

2. 托运人交运 7 件从广州运往成都的普通货物，毛重 39.0 千克，包装为纸箱，每件尺寸为 40 cm × 30 cm × 30 cm。计算该票货物的航空运费。

（运价：M　30.00；N　6.50；45　4.00；100　2.30）

3. 有 2 件从北京运往东京的服装，总重量 23.5kg，每件尺寸为 40cm × 40cm × 50cm。计算航空运费。

BEIJING	CN		BJS	
Y. RENMINBI	CNY		KGS	
TOKYO	JP	M		230.00
		N		37.51
		45		28.13
	0850	100		17.12

4. 计算下列货物的航空运费。

Routing：Brussels, Belgium(BRU) — Sharjah, United Arab Emirates (SHJ)

Commodity：day old chicks（一日龄鸡）

Gross weight：70 kg

Dimensions：100 cm × 60 cm × 20 cm × 10

BRUSSELS	BE		BRU	
EURO	EUR		KGS	
SHARJAH	AE	M		61.97
		N		11.58
		45		8.75
		100		3.92

5. 下列混运货物从北京运往东京，应该选择分别申报还是整批申报？应缴纳的航空运费是多少？

A. 书籍：50.0 kg，140 cm × 40 cm × 30 cm × 1

B. 蘑菇：100.0 kg，50 cm × 50 cm × 60 cm × 7 （0850）

C. 玩具：25.0 kg，40 cm × 60 cm × 60 cm × 1

BEIJING	CN		BJS	
Y. RENMINBI	CNY		KGS	
TOKYO	JP	M		230.00
		N		37.52
		45		28.13
		100		17.12
	0850	200		12.65

扫描此码

自学自测

参 考 文 献

[1]   李智忠. 航空货运代理[M]. 北京：旅游教育出版社，2017.
[2]   张卓远，杨长进，何平. 民航货物运输[M]. 北京：航空工业出版社，2016.
[3]   赵影. 民航货物运输[M]. 北京：人民交通出版社，2014.
[4]   陈文玲. 民航货物运输[M]. 3 版. 北京：中国民航出版社，2015.
[5]   赵忠义. 航空货物运输服务[M]. 北京：中国民航出版社，2018.
[6]   周叶. 航空物流管理[M]. 2 版. 北京：北京大学出版社，2019.
[7]   肖凯云. 基于大数据的中国航空货运发展指数研究[D]. 中国民航大学，2021.
[8]   王国海. 航空货运业务模式研究[D]. 成都：西南交通大学，2019.
[9]   卢伟，张延青. 我国进出口贸易与国际航空货物运输的关系研究[J]. 中国商贸，2014(10):
       140-142.
[10] 王春. 民航货物运输[M]. 2 版. 北京：国防工业出版社，2016.
[11] 景平. 国际货运代理[M]. 北京：中国物资出版社，2007.
[12] 赖怀南，彭巍，陈彦华. 货物运输业务教程[M]. 北京：中国民航出版社，2008.
[13] 李昂，降绍华，杨新涅. 民航概论[M]. 北京：中国民航出版社有限公司，2020.
[14] 陈文玲. 民航货物运输[M]. 北京：中国民航出版社，2006.
[15] 许明月，王晓月，胡瑞娟. 国际货物运输[M]. 北京：对外经济贸易大学出版社，2007.
[16] 李勤昌. 国际货物运输[M]. 大连：东北财经大学出版社，2008.
[17] 许明月. 国际陆空货物运输[M]. 北京：对外经济贸易大学出版社，2003.
[18] 张敏，周敢飞. 国际货运代理实务[M]. 北京：北京理工大学出版社，2007.
[19] 王益友. 航空国内货物运输[M]. 北京：化学工业出版社，2013.
[20] 王吉寅，张桥艳. 民航货物运输[M]. 重庆：重庆大学出版社，2017.
[21] 王今艳，何梅. 民航货物运输[M]. 北京：科学出版社，2013.
[22] 党亚茹，彭丽娜，孙建伟. 航空货运发展的影响因素及对策研究[J]. 空运商务，2012, (5): 31-34.

教师服务

感谢您选用清华大学出版社的教材！为了更好地服务教学，我们为授课教师提供本书的教学辅助资源，以及本学科重点教材信息。请您扫码获取。

≫ 教辅获取

本书教辅资源，授课教师扫码获取

≫ 样书赠送

物流与供应链管理类重点教材，教师扫码获取样书

 清华大学出版社

E-mail: tupfuwu@163.com
电话：010-83470332 / 83470142
地址：北京市海淀区双清路学研大厦 B 座 509

网址：http://www.tup.com.cn/
传真：8610-83470107
邮编：100084